German A2

Zeitgeist 2

Morag McCrorie
Dagmar Sauer
Maria Hunt

OXFORD
UNIVERSITY PRESS

Welcome to Zeitgeist

The following symbols will help you to get the most out of this book:

🔊 listen to the cassette with this activity

S 🔊 this recording is on the *Zeitgeist Solo* cassette

👥 work with a partner

👥 work in a group

Grammatik an explanation and practice of an important aspect of German grammar

➡ 000 refer to this page in the grammar section at the back of the book

➡ W00 there are additional grammar practice activities on this page in the *Zeitgeist Grammar Workbook*

Extra! additional activities, often on Copymaster, to extend what you have learned

Hilfe useful expressions

Tipp practical ideas to help you learn more effectively

Gut gesagt! pronunciation practice

We hope you enjoy learning with Zeitgeist.

Viel Spaß!

Inhalt

DÄNEMARK

OSTSEE

NORDSEE

•Flensburg

•Kiel

•Westerau
•Hamburg

Elbe

•Bremen

POLEN

NIEDERLANDE

Oranienburg
■BERLIN

•Hannover

Weser

•Magdeburg

Bielefeld•

Tauer•

DEUTSCHLAND

Gelsenkirchen•
•Wuppertal
•Düsseldorf
•Köln
•Bonn

Leipzig•

Dresden•

Meißen•

•Erfurt

Rhein

BELGIEN

TSCHECHISCHE
REPUBLIK

Mosel

•Frankfurt am Main

Bayreuth•

•Mainz

Schwetzingen•
Bad Dürkheim• •Mannheim
Schifferstadt• •Heidelberg
Saarbrücken•   •Mosbach
        Speyer• •Sinsheim
Landau• •Kandel
    •Karlsruhe
        •Stuttgart

•Nürnberg

Regensburg•

LUXEMBURG

Donau

FRANKREICH

Augsburg•
•München

Linz•

Wien■

UNGARN

Bad Reichenhall• •Salzburg

Hinterzarten
••Titisee
Basel•   Rhein Bodensee
    •Konstanz

OSTERREICH

Graz•

•Zürich

Ischgl•
•Luzern

Innsbrück•
Galtür• Brenner
         Pass

Wörthersee

■Bern

SCHWEIZ

LIECHTENSTEIN

SLOWENIEN

Genf•

ITALIEN

N

0   100
        km

Der Staat und das Individuum

1

1a Welches Datum passt Ihrer Meinung nach zu welchem Bild?

- **a** 1841
- **b** 1949
- **c** 1949
- **d** 1990
- **e** 1999

1b Begründen Sie Ihre Entscheidungen mit ein paar Fakten.

2 Was wissen Sie über Politik? Hier sind einige wichtige Schlüsselwörter. Informieren Sie sich im Internet (www.bundesregierung.de) oder in einer Enzyklopädie und verbinden Sie die Begriffe mit den Definitionen.

- **a** Demokratie
- **b** Parlament
- **c** Sozialismus
- **d** Gesetz
- **e** Föderalismus
- **f** Bundestagsabgeordneter
- **g** Bundesland

1 eine Regel oder Vorschrift für das Zusammenleben in einem Staat

2 das Prinzip der Verbindung von mehreren Staaten zu einem Land

3 ein Vertreter des Volkes, der im Parlament sitzt

4 Staat, in dem die vom Volk gewählten Vertreter die Herrschaft ausüben

5 das Haus, in dem die Vertreter des Volkes die Gesetze debattieren und neue Gesetze verabschieden

6 sechzehn davon bilden die Bundesrepublik Deutschland

7 auf Karl Marx beruhende Staatsform, die auf Gleichheit aller basiert

1

Grundgesetz Artikel 20

Die Bundesrepublik Deutschland ist ein demokratischer und sozialer Bundesstaat. Alle Staatsgewalt geht vom Volke aus. Sie wird vom Volke in Wahlen und Abstimmungen und durch besondere Organe der Gesetzgebung, der vollziehenden Gewalt und der Rechtssprechung ausgeübt.

3

schwarz-rot-gold

2

der neue Reichstag

5

Einigkeit und Recht und Freiheit
Danach lasst uns alle streben
für das deutsche Vaterland!
brüderlich mit Herz und Hand!

4

erste Sitzung des gesamt-deutschen Bundestages

Die deutsche Regierung

Nach dem Zweiten Weltkrieg hatte Deutschland die Chance, eine völlig neue Demokratie aufzubauen. Wie funktioniert dieses Modell?

Strengeres Vorgehen gegen Drogenmissbrauch verlangt.

Abtreibung ist Kindermord – und das im 21. Jahrhundert!

Asylanten raus - Deutschland ist überfüllt!

Todesstrafe für Kindesschänder gefordert.

Studiengebühren jetzt auch in der BRD?

Schluss mit der Raserei auf den Autobahnen!

Ökosteuer wieder rückgängig machen

1a Mit welcher Aussage identifizieren Sie sich am meisten? Welchem Satz stimmen Sie überhaupt nicht zu?

1b 👥 Diskutieren Sie mit einem Partner/einer Partnerin über diese Slogans. Sind diese Themen auch in Ihrem Land aktuell?

Die wichtigsten Elemente des deutschen Staates

der Bundeskanzler
- vielleicht der wichtigste Mann in Deutschland
- handelt mit den Koalitionspartnern das Regierungsprogramm aus
- wird vom Bundestag auf vier Jahre gewählt
- bestimmt die Richtlinien der Politik
- ist für die Politik verantwortlich
- ernennt und entlässt Minister

der Bundespräsident
- das offizielle Staatsoberhaupt der Bundesrepublik Deutschland
- repräsentiert Deutschland nach innen und außen
- hat nur geringe politische Kompetenzen
- wird von der Bundesversammlung gewählt
- wird auf fünf Jahre gewählt
- ernennt Bundesminister und Richter auf Vorschlag des Kanzlers oder der Regierung

der Bundestag
- die Bundestagsabgeordneten werden in freier Wahl vom Volke gewählt
- besteht aus 669 Bundestagsabgeordneten
- erlässt die meisten Gesetze
- kontrolliert die Verwaltung und die Regierung
- diskutiert die wichtigsten politischen Themen
- wird mit dem Kanzlerkandidaten zusammen auf vier Jahre gewählt

der Bundesrat
- vertritt die Interessen der Länder und unterstreicht den föderativen Charakter der BRD
- besteht aus Vertretern der 16 Bundesländer
- hat insgesamt 68 Stimmen, je nach Größe zwischen drei und sechs pro Land
- wird nicht direkt gewählt: je nach Größe entsendet ein Land eine entsprechende Anzahl von Mitgliedern
- gibt seine Zustimmung zu Gesetzen
- überwacht die Arbeit der Bundesregierung

die Bundesversammlung
- besteht aus Bundesrat und Bundestag
- tritt nur zusammen, um den Bundespräsidenten zu wählen

das Bundesverfassungsgericht
- das oberste Gericht in Deutschland
- schützt die Grundrechte der Bürger
- kontrolliert die vom Parlament erlassenen Gesetze
- kann Entscheidungen aller anderen Gerichte aufheben
- interpretiert Gesetze für die Bundesbürger

2 Lesen Sie „Die wichtigsten Elemente des deutschen Staates". Richtig, falsch oder nicht im Text?

a Der Bundespräsident wird auf vier Jahre gewählt.

b Das Volk wählt den Bundeskanzler.

c Der Bundespräsident hat die größte Macht in Deutschland.

d Das Bundesverfassungsgericht schützt die Rechte der Bundesbürger.

e Der Bundestag entscheidet allein über die Gesetze.

f Der Bundeskanzler ernennt den Bundespräsidenten.

g Der Bundesrat wird alle vier Jahre gewählt.

h Der Bundeskanzler kann nur vier Jahre lang regieren.

3 Ergänzen Sie die folgenden Sätze:

a Im Bundestag sitzen …

b Er ist hauptsächlich verantwortlich für …

c Die Mitglieder des Bundesrates …

d Die Funktion des Bundesrates ist …

e Bundesrat und Bundestag bilden zusammen …

f Die Hauptaufgaben des Bundeskanzlers nach der Regierungsbildung sind, …

g Der Bundespräsident ernennt …

h Durch das Bundesverfassungsgericht werden …

Extra! Machen Sie Übung 1 und 2 auf Arbeitsblatt 1, die einen Vergleich über das deutsche und britische System darstellen.

4a 🔊 Hören Sie sich den ersten Teil der Regierungserklärung des Bundeskanzlers an und verbinden Sie die folgenden Substantive mit den Verben, um seine Ziele darzustellen.

a die Massenarbeitslosigkeit

b bestehende Arbeitsplätze

c neue Arbeitsplätze

d kleine und mittlere Betriebe

e Arbeitnehmer

1 sichern

2 durch steuerliche Maßnahmen fördern

3 durch das Versprechen von DM2700 zur Beschäftigung zurückführen

4 schaffen

5 bekämpfen

4b 🔊 Hören Sie sich den zweiten Teil des Berichtes an und entscheiden Sie, was der Kanzler jungen Leuten verspricht. Welche Aussagen treffen für seine Rede zu?

a mehr Perspektiven auf Ausbildung

b einen Universitätsplatz für jeden

c Sofortprogramm für alle Jugendliche

d mehr Lehrstellen

e dem persönlichen Talent entsprechende Arbeitsplätze für alle

f ist so gut wie andere Länder auf dem europäischen Markt

g ein Rückgang der Jugendkriminalität durch Schaffung einer neuen Perspektive

4c 🔊 Hören Sie sich den dritten Teil über den Aufbau Ost an. Füllen Sie die Lücken aus:

a Die Deutschen hätten in den vergangenen _____ Jahren ihre Solidarität bewiesen.

b Der Aufbau Ost sei jedoch noch lange _____ beendet.

c Seine Regierung werde den neuen Bundesländern weiterhin _____ Mittel zur Verfügung stellen.

d Vor allem die _____ sollen renoviert und saniert werden.

e Die Bundesbürger sollten jetzt vor allem optimistisch und _____ sein.

5a Wer waren die großen deutschen Politiker der neueren Geschichte? Erkundigen Sie sich im Internet oder in sonstigen Nachschlagewerken und halten Sie einen einminütigen Vortrag über das Leben einer wichtigen Persönlichkeit, z.B.:

◆ Otto von Bismarck

◆ Dr. Konrad Adenauer

◆ Willi Brandt

◆ Dr. Helmut Kohl

5b 👥 Wählen Sie einen wichtigen Politiker aus Übung 5a und sagen Sie ein paar Sätze über ihn. Die Klasse rät, wen Sie beschreiben.

Extra! 🔊 Hören Sie sich den Bericht „Schlüsselübergabe im Reichstag" an und machen Sie Übung 3 auf Arbeitsblatt 1.

Das Parteiensystem

Welche politischen Parteien gibt es eigentlich in Deutschland?
Was sind ihre Ziele? Welche Partei bietet den Jugendlichen am meisten?

1 Schauen Sie sich die Parteislogans an und diskutieren Sie zusammen mit einem Partner/einer Partnerin die folgenden Aspekte:

- Was ist auf dem Wahlplakat zu sehen?
- Welche Bilder/Texte/Farben verwendet das Plakat?
- An welche Gruppe von Wählern wendet sich diese Parteiwerbung?
- Auf welchen Aspekt der Politik konzentriert man sich bei jedem Plakat?
- Welches Plakat spricht Sie am meisten an?

2a Lesen Sie sich die drei Ausschnitte aus Leserbriefen (Seite 9) durch. Gegen welche Missstände protestieren diese drei Menschen?

2b Welcher Partei würden die Verfasser dieser drei Leserbriefe jeweils wohl ihre Stimme geben?

Extra! Lesen Sie weitere wichtige Informationen über die Parteien auf Arbeitsblatt 2.

2c Begründen Sie Ihre Entscheidungen für die Antwort auf Frage 2b, nachdem Sie die Zielsetzungen der einzelnen Parteien auf Arbeitsblatt 2 durchgelesen haben.

1

Von allem, was uns vor der Wieder-
vereinigung versprochen worden
ist, ist fast nichts in die
Wirklichkeit umgesetzt worden. In
Brandenburg sind die
Arbeitslosenziffern immer noch
mehr als doppelt so hoch wie in
den alten Bundesländern. Es fehlt
immer noch an Arbeitsplätzen und
Investitionen in Industrie und
Handel. In der DDR hatten wir
kostenlose Kinderkrippen, aber
jetzt beruht alles auf Privat-
initiative. Die Bundesregierung
sollte den neuen Bundesländern
den Vorrang geben.

2

In der Frankfurter Innenstadt
sieht man fast nur Ausländer.
Einige Asylanten betteln, ganz
unverschämt. Können sie nicht in
ihrem Land bleiben und arbeiten wie
jeder redliche Deutsche auch?
Deutschland gehört gar nicht mehr den
Deutschen. Auch fallen Jugendliche
auf, die sich vor dem Bahnhof
herumtreiben. Sie sind teils so jung,
dass ich sie bestimmt nicht alleine in
die Stadt lassen würde, wären sie
meine Kinder. Ich nehme an, das sind
Schlüsselkinder, die nicht in ihre leeren
Wohnungen zurückwollen. Wieso
haben ihre Mütter sich überhaupt
Kinder angeschafft?

3

Überall sieht man nur Verschwendung und Gedankenlosigkeit. Raserei
auf den Autobahnen,
kilometerlange Staus, keiner will die
öffentlichen Verkehrsmittel
benutzen, weil wir einfach keine
vernünftige Verkehrspolitik haben.
Durch die Abgase geht die Umwelt
total kaputt. Baumsterben ist im
Schwarzwald immer noch gang und
gäbe, die Fische im Rhein haben
sich immer noch nicht erholt. Wie
lange noch? Bis alles tot ist, Mensch
und Natur?

3a Lesen Sie sich zuerst die unten stehenden Ausdrücke
durch und schauen Sie unbekannte Wörter im
Wörterbuch nach.
  a Krankenversorgung
  b die Umwelt schützen
  c flotte Mädchen
  d sich hinter seiner Musik verschanzen
  e Parteiveranstaltungen
  f panzersicheres Glas
  g Numerus Clausus
  h Spionagefälle
  i keinen Bock haben auf etwas
  j im Rollstuhl sitzen

3b [🔊] Hören Sie sich das Interview mit Philipp,
Manuela, Johann und Sandra, Schülern der Oberstufe
im Theodor-Heuss Gymnasium in Ludwigshafen am
Rhein, an und ordnen Sie die Begriffe in der
Reihenfolge, wie sie im Text vorkommen.

3c [🔊] Hören Sie sich das Interview noch einmal an
und beantworten Sie die folgenden Fragen.
  a Für welche politische Partei hat sich Philipp
    entschieden? Warum?
  b Warum kritisiert Manuela Philipp?
  c Warum gefallen die traditionellen Parteien Sandra
    nicht?
  d Für wen wird sie ihre Stimme abgeben?
  e Welcher Organisation gehört Manuela an?
  f Was ist ihr Hauptgrund für diese Entscheidung?
  g Welche Partei sagt Johann am meisten zu?
  h Was sind seine Gründe?

4 Sie leben in Deutschland und keine der
angebotenen Parteien sagt Ihnen so richtig zu.
Studieren Sie die Zusammenfassungen der Parteien
auf Arbeitsblatt 2 und versuchen Sie, Ihr eigenes
Manifest für eine neue, von Ihnen gegründete
Partei zu schreiben.

5 [👥] Wählen Sie eine politische Partei aus, deren
Ausrichtung Ihnen zusagt. Stellen Sie sich vor, Sie sind
bereits Mitglied dieser Partei und versuchen, einen
Freund/eine Freundin zu überreden, dass er/sie auch
beitritt. Verwenden Sie bei Ihrem Gespräch die *Hilfe*-
Ausdrücke!

Hilfe

einer Partei beitreten   *to join a political party*
sich für die Jugend engagieren   *to be committed to
  young people*
ein großes Zusammengehörigkeitsgefühl vorfinden
  to find a great sense of belonging
nur einmal mitkommen   *to come along just once*
sich mal etwas anschauen   *to have a look at
  something*
für neue Erfahrungen offen sein   *to be open to new
  experiences*
die Atmosphäre erleben   *to experience the
  atmosphere*
ich bitte dich   *I beg you*
seinen Horizont erweitern   *to extend one's horizons*

Interessenverbände

Die Mitgliedschaft in Verbänden wächst ständig in der Bundesrepublik. Auf welche Weise können Bürger durch ihre Zugehörigkeit zu Vereinen die Politik beeinflussen?

DDR-Bürger auf der Straße – ein Volk hat seine Angst verloren

Weg mit der Ökosteuer!

Wie lange noch Raserei und Umweltschmutz im Naturparadies?

GRUNDGESETZ, ARTIKEL 9

Alle Deutschen haben das Recht, Vereine und Gesellschaften zu bilden.

Einzelpersonen können sich in Vereinen zusammenschließen, um Interessen zu wahren. Diese Verbände formulieren konkrete Forderungen und versuchen, mit wirkungsvollen Mitteln ihre Ziele durchzusetzen.

1a Diskutieren Sie, warum Bürger sich auf diese Weise zusammengeschlossen haben und wogegen sie protestieren.

1b Welche Bürgerinitiativen gibt es in Ihrer Gegend? Machen Sie mit einem Partner/einer Partnerin eine Liste davon.

2a Lesen Sie den Text „Proteste gegen Castor Transport" genau durch und suchen Sie darin Ausdrücke, die diesen Definitionen entsprechen.

  a Wegschaffen von Restprodukten der Kernspaltung

  b Hier wird kurzfristig deponiert, was später weitergeleitet werden soll.

  c wie schnell ein Fahrzeug bei einem Zusammenstoß gefahren ist

  d nicht dicht sein, Material durchlassen

  e Überprüfung, ob etwas schädlich ist

  f in ganz Deutschland

2b Beantworten Sie bitte die folgenden Fragen zum Text:

  a Was hat Rheinland-Pfalz mit dem französischen Atommüll zu tun?

  b Wie hat die Bevölkerung reagiert?

  c Welche Aufgabe hatte die Polizei?

  d Was hatte Greenpeace behauptet?

  e Warum sollen die Sicherheitsmaßnahmen unzureichend gewesen sein?

  f Welche Gefahr könnte bei einem Unfall bestehen?

  g Haben Ihrer Meinung nach die Bürger Recht, sich über den Atommülltransport so aufzuregen?

Proteste gegen Castor Transport

In Rheinland-Pfalz mobilisieren sich die Bürger. Der geplante Atommülltransport aus der französischen Aufbereitungsanlage La Hague soll, wie am Wochenende bekannt gegeben wurde, quer durch das Bundesland bis zum Zwischenlager Gorleben führen und in den nächsten Tagen beginnen. Zwischen Landau und Kandel besetzten umweltfreundliche Protestgruppen die Gleise und diese mussten von der Polizei zeitweise geräumt werden.

Die Menschen protestierten hauptsächlich, weil der Transport zum Teil mitten durch Städte und Dörfer führe. Nach ihren Aussagen hielten die Behälter nur Aufprallgeschwindigkeiten von 80km pro Stunde stand. Die Demonstranten beriefen sich auf Greenpeace, die befürchteten, die Behälter könnten lecken. Die von den französischen Behörden durchgeführten Sicherheitsmaßnahmen seien unzureichend, denn Unfalltests seien ja nur an verkleinerten Modellen durchgeführt worden. Bei einem Unfall könnten die Behälter bersten und Radioaktivität freisetzen.

In den kommenden Tagen werden bundesweit erneute Aktionen und Proteste erwartet.

3a 🔊 Hören Sie sich den Radiobericht über die Proteste gegen die Vergrößerung des Nationalparks „Wattenmeer" an und entscheiden Sie, ob die folgenden Sätze richtig oder falsch sind.

a Der Nationalpark Wattenmeer soll verkleinert werden.

b In dem Gebiet sollen die Wale geschützt werden.

c Die Fischer stimmen dieser Änderung zu.

d Jürgen Sörns sucht nach einer Delphinart.

e Die Fischer können mit den großen Schiffen nicht konkurrieren.

f Man hat die Bürger nicht zu diesem Thema gefragt.

g Das Fischen in Küstennähe bedroht die Umwelt nicht.

3b 🔊 Hören Sie sich den Bericht nochmals an und füllen Sie die Lücken aus.

a Der Protest gegen die Ausdehnung des Naturparks läuft schon seit _____ Jahren.

b Durch die Vergrößerung soll vor allem der _____ geschützt werden.

c Kiel ist die Landeshauptstadt und damit der Sitz des _____.

d Wenn sie nicht mehr _____ dürften, fehlte den Fischern in der Zukunft die Existenzgrundlage.

e Schon seit 27 Jahren sucht Jürgen Sörns mit seinem Kutter nach _____.

f Heike Johannsen _____ auf der Insel Amrun.

g Das Fischen in Küstennähe _____ der Umwelt überhaupt nicht.

4 Wählen Sie eines der folgenden Anliegen und entwerfen Sie ein Flugblatt für Ihre Kampagne. Verwenden Sie mehrere Argumente, um möglichst viele Ihrer Mitbürger anzusprechen und zu begeistern.

◆ Die Einrichtung von Jugendklubs in Ihrer Gegend, wo es so wenig für Jugendliche zu tun gibt

◆ Die Abschaffung der Studiengebühren, die doch eine unerträgliche Belastung für Studenten und Eltern sind

◆ Eine verkehrsfreie Zone in Ihrer Stadt, mit Cafés, Brunnen und Bäumen, wo sich die Bevölkerung zum Einkaufen und zum Schwatzen treffen kann

5a 👥 Diskutieren Sie mit Ihrem Partner/Ihrer Partnerin, ob Sie den hier vorgestellten Bürgerinitiativen (Protest gegen Atommülltransport – gegen die Vergrößerung eines Nationalparks) Ihre Unterstützung geben würden, und geben Sie Gründe an für Ihre Entscheidung.

5b 👥 Erklären Sie Ihrem Partner/Ihrer Partnerin, welche anderen Kampagnen Ihnen tatsächlich am Herzen liegen und zeigen Sie, warum sie Ihnen wichtig sind.

Extra! Planen Sie Ihre eigene Initiative mit kurzen Sätzen. Benutzen Sie die *Hilfe*-Ausdrücke dafür.

Hilfe

sich für ein Anliegen entscheiden   *to decide on a cause*

im Internet oder in der Bibliothek nachforschen   *to do some research on the Internet or in the library*

Fakten auf einer Liste zusammenstellen   *to list the facts*

Flugblätter anfertigen   *to produce flyers*

Informationen verteilen   *to distribute information*

die Presse informieren   *to inform the press*

eine Unterschriftensammlung organisieren   *to collect signatures*

an die Stadt-/Kreis-/Landesverwaltung schreiben   *to write to the town/district/county council*

eine Versammlung zusammenrufen   *to call a meeting*

eine Bürgerinitiative gründen   *to set up a citizens' initiative*

6 👥 Eines Tages sagen Ihre Eltern, Sie stecken zu viel Zeit und Energie in eine Bürgerinitiative. Versuchen Sie Ihre Eltern davon zu überzeugen, dass Ihnen die Bürgerinitiative wirklich wichtig ist und erklären Sie Ihnen, wie Sie Ihre Abiturvorbereitungen nicht vernachlässigen werden. Einer von Ihnen übernimmt die Rolle des Studenten bzw. der Studentin, der/die andere die des Vaters oder der Mutter!

Prüfungstraining

The activities on this spread will help you to:

♦ Develop strategies to improve your listening

♦ Use cases and articles more accurately in your spoken and written work

Tipp

Listening and answering questions in German

♦ First look at the title, any illustrations and the questions for a sense of what the passage is about.

1. What clues are given in the title and illustration?
Example: What does the phrase '*2 Stimmen*' indicate?

♦ Do a brainstorming on the topic to remind yourself of the key vocabulary.

2. Do a spider diagram listing all the key words you anticipate hearing in the passage.

♦ The number of marks allocated to each question helps you decide how many elements to listen out for.

3. Read the questions (on the right) and write down the key words in each.
Example: **a** *gemacht*; **e** *Land*

♦ Use the key words to anticipate the answers.
Example: **a** *gemacht* is a past participle, so you need the past participle of another verb.

4. What kind of vocabulary will match the key words you identified in Activity 3?
Example: **a** *gemacht = besichtigt / besucht / gesehen?*

♦ Create a shorthand for noting numbers.
Example: Tsd. – thousands; Mio.– million; % – percentage

5. Which question might you need this technique for?

6. S🔊 Now do the activity (on the right).

♦ Don't panic if there's a question you can't answer at all. The context may enable you to find the answer. Think about the key words in the question, use your prior knowledge and your common sense and write down an answer which seems plausible. You might just be lucky …

♦ Check your answers to make sure you haven't left anything out and to make the German clear.

Das deutsche Wahlsystem

🔊 Sie hören eine Beschreibung des deutschen Wahlsystems. Beantworten Sie die Fragen **auf Deutsch**.

a Was hatte die englische Schulgruppe gerade in Berlin gemacht? *(1 mark)*

b Was ist das Ziel ihres Interviews? *(1 mark)*

c Warum möchten sie das wissen? *(1 mark)*

d Was haben das englische und das deutsche System gemeinsam? *(3 marks)*

e Nach Frau Davis, in welchem Land herrscht das Verhältniswahlrecht und in welchem das Mehrheitswahlrecht? *(2 marks)*

f Stimmt das so? *(1 mark)*

g Wie viele Stimmen hat ein deutscher Wähler? *(1 mark)*

h Was bedeutet 328 und was 669? *(2 marks)*

i Wodurch zeigt Herr Menzel die Unfairness des Mehrheitswahlrechts? *(4 marks)*

j Was wird durch die Zweitstimme erreicht? *(1 mark)*

k Wie waren die Ergebnisse der SPD bei der letzten Wahl? *(2 marks)*

l Wieso befürchtet Frau Davis, dass jede deutsche Regierung eine schwache Regierung ist? *(1 mark)*

m Was ist eine Koalition? *(1 mark)*

n Unter welchen Bedingungen gibt es so etwas in Großbritannien? *(1 mark)*

o Inwiefern kann eine Koalition gut für eine Demokratie sein? *(2 marks)*

Tipp

Better listening

- Listening improves with practice. Listen to German every day. Find a German-speaking radio station you like.

- Get hold of satellite television materials, your favourite films, some TV programmes that also exist in German.

- Work through all the exercises on the self-study cassette.

- Ask your teacher for extra listening material.

- Spend time in a German-speaking country.

- Keep noting new vocabulary and reading through it. The more words you know, the easier it will be to understand what you hear.

- Get hold of some old examination papers and study the questions. Some phrases come up again and again, such as:

  aus welchen Gründen   *for what reasons*

  wieso   *why*

  inwiefern   *to what extent*

  wodurch   *by what means*

  in welcher Hinsicht   *in what respect*

  in welchem Ausmaß   *to what extent*

  nach Aussagen (z.B. der Polizei)   *according to statements (made by the police)*

- On examination day, it helps to 'tune into' German. Listen to a German cassette on your way to school/college. You won't need so long to adjust to the language.

- Keep an eye on the time in the exam. The longer passages with all the questions in German usually come last. They often carry the most points, so leave enough time for them. Divide up the time roughly to give each text an appropriate amount, even if you are still unsure.

Grammatik   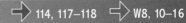 114, 117–118   W8, 10–16

Cases

- As German word order is quite flexible, the function of each noun in the sentence is indicated by case markings in articles and adjective endings. Pronouns and sometimes nouns also have different forms for different cases. See pages 117–118 and Arbeitsblatt 3.

Use of articles

- German uses the definite article with abstract nouns, proper nouns preceded by an adjective, with feminine and plural countries and with parts of the body:

  Die Politik kann doch nicht einfach nur den Parteien überlassen werden.

  Das vereinigte Deutschland sah sich mit vielen Problemen konfrontiert.

  Die Schweiz und Österreich sind auch Bundesstaaten.

(A) Translate into German:
  a Turkey wants to join the EU.
  b The German government has to reduce unemployment in East Germany.
  c In 1990, democracy finally arrived in the former GDR.
  d Modern Germany has welcomed many foreigners.

- The indefinite article is not used in German before words describing professions, status or nationality:

  Kanzler Adenauer verstand sich nicht nur als **Deutscher**, sondern auch als **Europäer**.
  *Chancellor Adenauer saw himself not just as **a** German, but also as **a** European.*

(B) Translate into German.
  a The president of the CDU is an East German (woman).
  b As a member of the Bundestag, he had to find a residence in Berlin.
  c He finally decided to become a party member.
  d The chancellor's mother was a war widow.

Extra! See Arbeitsblatt 3 for further activities to practise the use of cases and the definite article.

Zur Auswahl

1 S🔲 Hören Sie sich den Bericht zur Bundespräsidentenwahl an und beantworten Sie die folgenden Fragen:

  a Was waren die Anlässe zum Feiern am 23. Mai? *(2)*

  b Wie viele Bundespräsidenten hatte es schon gegeben? *(1)*

  c Wie viele Kandidaten waren es diesmal? *(1)*

  d Wer war der Favorit? Warum? *(2)*

  e Was, glaubt Rau, macht ihn zu einem geeigneten Kandidaten für dieses Amt? *(2)*

  f Welche Qualitäten sollte ein Bundespräsident laut Gerhard Schröder besitzen? *(2)*

  g Wie setzt sich die Bundesversammlung zusammen? Nennen Sie auch die genaue Stimmenzahl der einzelnen Parteien! *(9)*

  h Welche Chancen hatten die einzelnen Kandidaten? Begründen Sie Ihre Antwort.

    Johannes Rau *(3)*

    Dagmar Schipanski *(3)*

    Uta Ranke-Heinemann *(2)*

  i Was hatte Dagmar Schipanski in den letzten paar Wochen gemacht? *(1)*

  j Was war laut Wolfgang Schäuble ganz besonders an diesem 23. Mai? *(1)*

  k Warum wollten einige Grüne nicht für Johannes Rau stimmen? *(1)*

  l Warum hätte das Ergebnis eine Überraschung sein können? *(2)*

(32 insgesamt)

2a 👥 Bereiten Sie mit einem Partner/einer Partnerin Definitionen zu den Schlüsselbegriffen in dieser Einheit vor, z.B.:

◆ Parteien   ◆ Bundeskanzler

◆ Bürgerinitiativen   ◆ Verhältniswahlrecht

◆ Wahlen   ◆ Stimme

◆ Bundestag   ◆ Wahlurne

2b 👥 Einigen Sie sich vorher auf eine genau festgelegte Liste von Wörtern. Tragen Sie dann Ihre Definitionen zwei Ihrer Klassenkameraden vor, die raten müssen, worum es sich handelt.

Beispiel: Es scheint ziemlich fair zu sein. Man stimmt für eine Partei ab und die Stimme geht nicht verloren. Jede Stimme ist wichtig. Die Kandidaten kommen nicht direkt in die Regierung, aber die Zahlen zeigen, wie viel Prozent für diese Partei gewählt haben.

Antwort: Verhältniswahlrecht

Gut gesagt! S🔲

3 Hören Sie sich die Kassette an und sprechen Sie die folgenden Sätze nach.

  a Sechshundert Bundestags-abgeordnete sitzen im Bundestag.

  b Die Bundesversammlung ist das einmalige Zusammenkommen von Bundesrat und Bundestag.

  c Viele Bürgerinitiativen sind aus ökologischen Gründen ins Leben gerufen worden.

  d Bündnis 90 und die Grünen kümmern sich hauptsächlich um Umweltfragen.

  e Die Parteiverdrossenheit ist eine Herausforderung an die Demokratie.

4 Schreiben Sie einen Aufsatz über eines der folgenden Themen:

  a Was könnten die modernen Parteien in Deutschland unternehmen, um die Jugend wieder stärker anzuziehen?

  b Beschreiben Sie die Merkmale des Verhältniswahlrechtes und des Mehrheitswahlrechtes. Hat Deutschland Ihrer Meinung nach ein gutes System?

5 Übersetzen Sie die folgenden Sätze zu diesem Thema ins Deutsche.

  a Germans have two votes.

  b The Bundestag is usually elected for four years.

  c The German system is a mixture of proportional representation and a first-past-the-post system.

  d Fishermen from Schleswig-Holstein protested against the planned extension of the nature park.

Armut und Reichtum

Lernziele

- Armut in Deutschland und in der Dritten Welt erarbeiten
- Die Probleme von Obdachlosen diskutieren
- Den Nutzen von Wohlfahrtsorganisationen diskutieren
- Das Leben von Armen und Reichen besprechen

Grammatik

- Adjektive

Tipp

- Aus dem Deutschen übersetzen

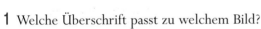

1 Welche Überschrift passt zu welchem Bild?
  a Kinder verhungern in der Dritten Welt
  b Immer mehr junge Obdachlose
  c Herr Feyl wird Millionär
  d Die Börse erreicht ein neues Hoch
  e Arbeitslosigkeit steigt schon wieder

2a Was zeigen die Bilder? Wie reagieren Sie persönlich darauf?
  a Warum feiert der Geschäftsmann?
  b Was wissen Sie über die Länder der Dritten Welt?
  c Warum werden junge Leute obdachlos?
  d Was sind die Gründe für Arbeitslosigkeit?

2b Machen Sie ein Brainstorming und vergleichen Sie Ihre Antworten mit denen von anderen Studenten aus Ihrer Klasse. Benutzen Sie dabei ein Wörterbuch.

3 Bauen Sie in kleinen Gruppen Wortfelder zu den Themen Armut und Reichtum.

15

Die Dritte Welt

Welche Probleme gibt es in der Dritten Welt?

1 Welche Länder gehören zur Dritten Welt? Welche Probleme gibt es dort? Diskutieren Sie mit einem Partner/einer Partnerin und vergleichen Sie Ihre Ideen mit anderen Studenten in Ihrer Klasse.

2a Lesen Sie den Text „Die Dritte Welt" und finden Sie darin Wörter oder Ausdrücke mit der folgenden Bedeutung:
  a der Zustand, wenn man kein Geld oder keine Wertsachen hat
  b das Leben absolut nötig
  c jemand, der weder lesen noch schreiben kann
  d wenn die Bewohner eines Landes gegen einander kämpfen
  e wenn es kein Wasser gibt
  f wenn es nichts zu essen gibt

2b Schreiben Sie eine Liste der Hauptprobleme der Entwicklungsländer.

2c Schreiben Sie diese Sätze zu Ende:
  a Wenn man in absoluter Armut lebt, …
  b Der Durchschnittsbürger in Äthiopien kann erwarten, …
  c In Bangladesch können 70% der Bevölkerung weder …
  d Wegen des Mangels an sauberem Wasser …
  e Wegen politischer Instabilität …
  f Entwicklungsländer sind oft hilflos, wenn …
  g Manche Entwicklungsländer haben weitere finanzielle Schwierigkeiten, weil …
  h In Afrika war Aids schon die Todesursache von …

DIE DRITTE WELT

Zwei Drittel der Menschheit leben heute in den Entwicklungsländern, in der so genannten Dritten Welt. Von diesen rund 300 Milliarden Menschen leben 800 Millionen in absoluter Armut. Es fehlt Ihnen selbst an den lebensnotwendigsten Dingen. Ihr Einkommen ist zu gering, um die Nahrung zu sichern.

Der Unterschied zwischen den Lebensbedingungen in der Ersten und der Dritten Welt ist drastisch. In der Bundesrepublik liegt die Lebenserwartung eines Menschen bei rund 74 Jahren – in Äthiopien liegt sie bei 40 Jahren. In Deutschland gibt es einen Arzt pro 490 Einwohner, in Burkina Faso hat ein Arzt über 49 000 Patienten zu betreuen. In der Bundesrepublik liegt die Analphabetenrate bei 2%, in Bangladesch bei 70%.

Die Entwicklungsländer unterscheiden sich in vielem, aber einige Probleme haben sie gemeinsam: mangelnde Hygiene, geringe Bodenschätze, Überbevölkerung, unzureichende Nahrungsmittel, einen hohen Prozentsatz an Analphabetentum, wenige Schulen und Krankenhäuser. Krankheiten breiten sich schnell aus, oft weil die Menschen keinen Zugang zu sauberem Wasser haben. In manchen Ländern herrscht auch Bürgerkrieg, und finanzielle Mittel, mit deren Hilfe man das Volk ernähren könnte, werden in Waffen gesteckt. Wenn Naturkatastrophen wie Dürren oder Hungersnöte eintreten, ist das Land auf internationale Hilfsorganisationen angewiesen, um die Ernährung und das Überleben der Bevölkerung zu sichern. Dazu kommt, dass viele Entwicklungsländer den Industrieländern Geld schulden, das sie nicht zurückzahlen können.

Was in der Ersten Welt als tragisch empfunden wird, gehört in den Entwicklungsländern zum Alltag. Mohammed Barkale lebt in Äthiopien. Er hat schon seine Frau und seine drei Kinder begraben müssen. Seine Herde ist nach einer Dürreperiode eingegangen. Es gab nichts mehr zu essen. Er selbst ist an Aids erkrankt – neuesten dem Problem der Entwicklungsländer. Kein Kontinent ist so stark von der Ausbreitung des Virus betroffen wie Afrika. Über 20 Millionen sind mit dem Virus infiziert, etwa 14 Millionen sind bereits daran gestorben.

Grammatik ⇨ 120 ⇨ W22–5

Adjectives – revision

A Look over your notes on adjectives from *Zeitgeist 1*. Identify the adjectives in the text and explain their endings.

Example: mangelnde Hygiene = *feminine singular, no article, accusative case*

B Now fill the gaps below with the correct adjective ending:

a Häufig___ Dürren verursachen viel Leid in der Dritten Welt.

b Die Zahl der schwanger___ Frauen, die Aids haben, hat sich in den letzten Jahren verdreifacht.

c In den nächst___ zehn Jahren werden in Namibia voraussichtlich 20 000 Kinder ihre Mütter durch Aids verloren haben.

d Die schwer___ Unwetter in Mosambik haben zu weitflächig___ Überschwemmungen geführt.

e Drei Viertel der Bewohner von arm___ Ländern haben keine richtig___ Sanitäranlage.

3 🔊 Hören Sie sich jetzt den Bericht über Kinderarbeit in der Dritten Welt an und beantworten Sie die Fragen.

a Nennen Sie drei typische Arten von Kinderarbeit. *(3)*

b Warum sind Kinder attraktiv für Arbeitgeber? *(1)*

c Wie hoch ist der Prozentsatz aller Kinder, die weltweit arbeiten müssen? *(1)*

d Warum verkaufen manche Eltern ihre Töchter? *(1)*

e Warum können Eltern auf die Arbeit ihrer Kinder nicht verzichten? *(1)*

f Welche Arbeit erledigen manche Kinder zu Hause? *(1)*

g Was für eine Arbeit macht Omar? *(1)*

h Warum kann man diese Arbeit eigentlich nicht als Ausbeutung bezeichnen? *(2)*

i Welche dauerhafte Folge hat Kinderarbeit? *(2)*

4 Erforschen Sie ein Land der Dritten Welt und halten Sie einen Vortrag darüber in Ihrer Klasse. Sie können unter anderem die folgenden Punkte beachten:

- Lage
- Bevölkerung
- Bodenschätze
- Industrie
- Gesundheit
- Analphabetismus
- Naturkatastrophen
- Lebenserwartung

Hilfe

Das Land liegt …
Die Gesamtbevölkerung beträgt …
Die Bodenschätze bestehen aus …
Industrielle Entwicklung ist …
Im Vergleich zu Europa …
Der Prozentsatz an Analphabetismus liegt bei …

Extra! Schreiben Sie einen Bericht über das Land Ihrer Wahl.

Extra! 🔊 Wie sind die Probleme der Dritten Welt am besten zu lösen? Hören Sie zu und machen Sie Übung 1 auf Arbeitsblatt 4.

Obdachlosigkeit

Warum werden Menschen arbeitslos? Wie ist das Leben auf der Straße?

1 Erklären Sie den Wortkreis. Was sind die Ursachen und Folgen von Obdachlosigkeit? Warum werden Jugendliche obdachlos?

keine Arbeit ... kein Geld ... keine Wohnung ...

Wir leben auf der Straße

Unter der Brücke haben Gabi und Christoph ihre Schlafsäcke ausgerollt. Sie ziehen den Reißverschluss zu, decken sich mit Pullis zu und kuscheln sich aneinander. Das Ufer ist keineswegs ihr Lieblingsschlafplatz. Sie versuchen oft im Münchener Hauptbahnhof oder in einer U-Bahnstation zu schlafen, meistens werden sie jedoch von der Polizei fortgeschickt. Gabi ist 20, Christoph 22. Christoph ist seit zwei Jahren obdachlos, Gabi erst seit vier Monaten. Auf der Straße haben sie sich kennen gelernt.

Gabi stammt aus Bayreuth, Christoph aus Augsburg. Sie haben eine ähnliche Vergangenheit – Krach mit den Eltern hat sie gezwungen, das Elternhaus zu verlassen. Gabi hat die mittlere Reife gemacht, dann ein Praktikum als Erzieherin begonnen. Zur gleichen Zeit heiratete ihre Mutter wieder – ihr Vater ist seit fünf Jahren tot. „Mit meinem Stiefvater hatte ich von Anfang an nur Streit", erzählt sie. „Er hat mich geprügelt und meine Mutter hat nichts dagegen unternommen. Eines Nachts war meine Mutter nicht da und er wollte zu mir ins Bett steigen. Ich hab's meiner Mutter erzählt, aber sie wollte es mir nicht glauben. Da wusste ich – jetzt musst du weg."

Gabi ist nach München geflüchtet, in der Hoffnung, eine Stelle zu finden – aber vergebens. „Ich habe in der Jugendherberge gewohnt, bis mir das Geld ausging. Ich konnte nicht nach Bayreuth zurück. Seitdem bin ich hier auf der Straße."

Christoph hat die Hoffnung auf Arbeit und Wohnung längst aufgegeben. „Wir stecken in einem Teufelskreis. Wer keine feste Adresse hat, bekommt keine Arbeit. Ohne Job kann man keine Unterkunft bezahlen. Niemand scheint, sich groß um uns zu kümmern. Klar gibt es Heime, besonders im Winter, aber niemand versucht, uns aus dieser Situation rauszuholen. Was macht denn bloß das Sozialamt? Das Schlimmste ist weder die Kälte noch der Dreck. Es ist, dass du wie ein Tier behandelt wirst. Die Leute, die vorbeigehen, gucken dich meist gar nicht an."

2a Lesen Sie den Text: „Wir leben auf der Straße" und finden Sie darin die Wörter oder Ausdrücke, die zu den folgenden Definitionen passen:

a sich an jmdn. schmiegen

b Streit

c schlagen

d erfolglos

e eine Situation, aus der man sich nicht befreien kann

2b Wählen Sie jedes Mal die Aussage, die mit dem Sinn des Textes am besten übereinstimmt.

a Gabi und Christoph

   1 schlafen am liebsten unter der Brücke.

   2 würden lieber am Hauptbahnhof schlafen.

   3 werden oft von der Polizei bedroht.

b Gabi

   1 wurde von ihren Eltern rausgeworfen.

   2 will zu ihren Eltern zurückkehren.

   3 hat sich mit ihren Eltern gestritten.

c Gabis Stiefvater

   1 hat Gabis Vater gut ersetzt.

   2 hat ihre Mutter zusammenschlagen.

   3 hat Gabi belästigt.

d Gabi zog aus der Jugendherberge aus

   1 weil sie sich die Übernachtungen nicht mehr leisten konnte.

   2 um Geld einzusparen.

   3 weil sie Christoph kennen lernte.

e Christoph

   1 ist sicher, dass sich seine Situation bald bessern wird.

   2 verlässt sich auf die Arbeit des Sozialamts.

   3 hat keine Aussicht auf eine bessere Zukunft.

f Christoph meint, es sei schwierig

   1 einen Platz in einem Heim für Obdachlose zu finden.

   2 Kontakt zum Sozialamt aufzunehmen.

   3 eine langfristige Lösung zu finden.

g Was Christoph am meisten stört ist

   1 die mangelnde Hygiene.

   2 dass Passanten ihn beleidigen.

   3 dass Passanten ihn nicht wahrnehmen wollen.

3 Übersetzen Sie den letzten Abschnitt „Gabi ist nach München …" ins Englische.

4 „Bürger in sozialen Schwierigkeiten" geben eine Zeitung heraus, um Obdachlose zu unterstützen. Hören Sie sich den Bericht darüber an und beantworten Sie die Fragen.

a Was ist BISS? *(1)*

b Wer ist Klaus Honigschnabel? *(1)*

c Was sind die zwei Hauptziele des Projekts? *(2)*

d Was für finanzielle Unterstützung hatte BISS am Anfang? *(1)*

e Nennen Sie zwei Fakten, die den Erfolg des Projekts belegen. *(2)*

f Welche Regeln gelten für Verkäufer? *(2)*

g Was hat die Zeitung für Hermann Merkl bedeutet? *(1)*

h Was hat sich bei Merkl verbessert, seitdem er die Zeitung verkauft? *(1)*

5 A ist Journalist(in), B ist Obdachlose(r). Machen Sie ein Interview. Die folgenden Punkte sollten erwähnt werden:

♦ wie/warum B obdachlos geworden ist

♦ wovon B lebt

♦ ein typischer Tag

♦ Hilfe

♦ Zukunftsperspektiven

6 Stellen Sie sich vor, Sie sind obdachlos. Schreiben Sie einen Artikel für BISS, in dem Sie erklären, wie Sie obdachlos geworden sind, und wie Ihr Alltag aussieht. Schreiben Sie ungefähr 150 Wörter.

Extra! Wie ist die Situation in den neuen Bundesländern? Lesen Sie den Text und machen Sie die Übungen auf Arbeitsblatt 5.

Wohlfahrtsorganisationen

Wohlfahrtsorganisationen sind sowohl im Inland als auch im Ausland tätig.
Braucht man sie wirklich? Was für Arbeit machen sie?

1 Welche Wohlfahrtsorganisationen kennen Sie?
Verbinden Sie diese Organisationen mit ihrer Arbeit.

a SOS Kinderdorf
b Frauenhaus Duisburg
c Deutscher Kinderschutzbund
d Ärzte ohne Grenzen
e Deutsche Krebshilfe
f Deutsch-russischer Förderverein
g Rotes Kreuz

1 vertritt die Interessen von Kindern in der Bundesrepublik.
2 Hilfestelle, Beratung und Bekämpfung der Krankheit.
3 unterstützt Bürger im Gebiet St. Petersburg, die sich in besonderen wirtschaftlichen Notlagen befinden.
4 bietet Waisen und Straßenkindern weltweit ein Zuhause an.
5 fördert Entwicklungsprojekte in der Dritten Welt.
6 gewährt den Opfern von häuslicher Gewalt Zuflucht.
7 gewährt medizinische Hilfe in Ländern, in denen Menschen durch Krieg oder Naturkatastrophen in Not geraten sind.

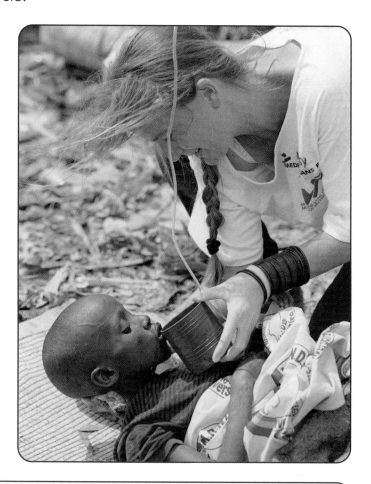

CHIRURGIN IM BUSCH

Seit anderthalb Jahren ist Gabi Kortmann mit ihrem Kollegen Karl Eiter für die deutsche Gesellschaft für technische Zusammenarbeit in Malawi im Einsatz. Ihre Aufgabe: den Gesundheits-Service im Bezirk Chipita zu unterstützen. Im ganzen Bezirk leben 135 000 Leute und für alle diese Menschen gibt es nur ein einziges Krankenhaus mit 120 Betten. Gabi und Karl sind die einzigen Ärzte. Ein malawischer Arzt hat noch nie hier gearbeitet. Keiner will diesen Job. Das Land ist arm, das Gehalt miserabel, die Lebens- und Arbeitszustände sind katastrophal. Bei Regen ist die Verbindungsstraße zum Rest der Welt unbefahrbar. Strom, Benzin und Paraffin sind Glückssache. Im Krankenhaus mangelt es an allem: an Hygiene, heißem Wasser, Medikamenten und Personal.

Nur eines gibt es im Überfluss: Patienten. In Malawi stirbt jedes 10. Kind bei der Geburt. Die durchschnittliche Lebenserwartung liegt bei 38 Jahren. Jeder Dritte hat Aids.

Warum will also die ehemalige Oberärztin hier arbeiten? „Im Urlaub haben Karl und ich wiederholt in der Dritten Welt gearbeitet", erklärt sie. „Hier habe ich halb verhungerte Kinder gesehen, und in einem Flüchtlingslager gearbeitet. Die Probleme in Deutschland schienen wie nichts dagegen." Endlich wurde der Entschluss gefasst, Deutschland zu verlassen, und Nothilfe im Ausland zu leisten. Die beiden kündigten.

2a Lesen Sie den Text „Chirurgin im Busch" und finden Sie darin diese Vokabeln:

a in action
b working conditions
c there is a shortage of everything
d surplus
e repeatedly

2b Sind die folgenden Aussagen richtig, falsch oder nicht angegeben?

a Gabi hat den Auftrag, dem Gesundheitsdienst Beistand zu leisten.
b Der Gesundheits-Service in Chipita hat ausländische Ärzte angeworben.
c Die malawischen Ärzte weigern sich, in Chipita zu arbeiten.
d Bei schwierigen Wetterbedingungen ist es unmöglich, das Gebiet zu erreichen.
e Es gibt genügend Vorräte an den wichtigsten Arzneimitteln.
f Es gibt überflüssige Betten für die Patienten.
g Vor ihrem Einsatz in Malawi hatten Gabi und Karl schon Erfahrung in der Dritten Welt gesammelt.
h Es fiel Gabi schwer, die Lebensbedingungen in dem Flüchtlingslager zu akzeptieren.
i Die beiden entschlossen sich, nach Afrika zu gehen, nachdem ihnen zu Hause gekündigt worden war.

2c Stellen Sie sich vor, Sie sind Gabi Kortmann. Schreiben Sie einen kurzen Bericht über Ihr Leben und Ihre Arbeit in Afrika. Sie können dabei die folgenden Satzanfänge benutzen:

◆ Ich heiße Gabi Kortmann und ich arbeite seit …
◆ Vor meiner Ankunft in Malawi hatte ich …
◆ Ich habe den Entschluss gefasst nach Malawi zu kommen, weil …
◆ Im Vergleich zu Deutschland …
◆ Meine Arbeit besteht darin …
◆ Die Lebensbedingungen sind …

Extra! Machen Sie die Übung auf Arbeitsblatt 6.

3 Hören Sie sich den Bericht über die Arbeit des deutschen Kinderschutzbunds an und wählen Sie jeweils die Ergänzung, die am besten passt:

a Der Kinderschutzbund will die Rechte von Kindern _____ .
   1 vertreten **2** vermindern **3** leugnen
b Johanna wurde von ihren Eltern _____ .
   1 ertränkt **2** erstochen **3** geschlagen
c Die Eltern fühlen sich _____ .
   1 gerechtfertigt **2** überfordert **3** gleichgültig
d Nicole wird _____ mit solchen Fällen konfrontiert.
   1 ausnahmsweise **2** regelmäßig **3** selten
e Der Kinderschutzbund will gewalttätige Eltern _____ .
   1 bestrafen **2** unterstützen **3** subventionieren
f Die meisten Anrufer bei der Nummer ohne Kummer sprechen über _____ .
   1 sexuellen Missbrauch **2** gewalttätige Eltern **3** Beziehungen
g Der Kinderschutzbund _____ .
   1 ist politisch neutral **2** hält sich aus der Politik raus **3** setzt sich politisch ein

4a Im Text meint Gabi Kortmann, die Probleme in Deutschland seien nichts im Vergleich zu den Problemen in der Dritten Welt. Was meinen Sie dazu? Diskutieren Sie mit einem Partner/einer Partnerin.

4b „Wir sollten weniger Geld an die Dritte Welt spenden – es gibt zu Hause schon genug Probleme." Führen Sie eine Debatte zu diesem Thema in Ihrer Klasse. Benutzen Sie die *Hilfe*-Ausdrücke.

Hilfe

Man muss in Betracht ziehen, …
Wir haben die Verantwortung …
Wir müssen … unterstützen.
Ist es zu rechtfertigen, dass … ?

5 Informieren Sie sich über eine Wohlfahrtsorganisation und schreiben Sie einen Bericht über ihre Arbeit. Sie können die folgenden Websites benutzen: www.kinderschutzbund.de, www.rotkreuz.de, www.tdh.de

Prüfungstraining

The activities on this spread will help you to:

♦ Translate from German into English

1 👥 Was bezeichnen Sie als Armut im europäischen Zusammenhang? Diskutieren Sie in Ihrer Klasse.

„Ich lebe am Rande der Gesellschaft"

Elke Schmits ist allein erziehende Mutter. Mit ihren drei Kindern zusammen bewohnt sie eine Zweizimmerwohnung in Düsseldorf. Die Miete bezahlt das Sozialamt. Für vier Personen bekommt sie im Monat 1100 Euro. Von diesem Geld essen sie und kleiden sie sich, und es müssen auch Reparaturen im Haushalt, Schulsachen und die Stromrechnung bezahlt werden. Saft gibt es nur mit Wasser gemischt, Süßigkeiten nie. Spielsachen oder Bücher für die Kinder kauft sie gebraucht. Kino kommt nicht in Frage.

Kurz nachdem Elke ihre Ausbildung als Sozialarbeiterin beendet hatte, wurde sie schwanger. Obwohl sie wusste, dass sie das Kind allein erziehen müsste, entschied sie sich dafür. Arbeiten war also ausgeschlossen – wer will schon eine schwangere Frau einstellen? Nach der Geburt scheiterte die Suche nach einer Arbeitsstelle am fehlenden Kindergartenplatz. Dann wurde sie wieder schwanger – mit Zwillingen. Mit drei Kindern und ohne Mann war an eine regelmäßige Beschäftigung nicht zu denken. Elke blieb zu Hause. War man mit einem Kind beim Sozialamt noch willkommen, spürte sie jetzt deutliche Missbilligung. „Mit drei Kindern", meint sie, „bist du asozial." Ihr Leben ist zum Kampf geworden. Kampf ums Kindergeld, um das Geld für eine neue Waschmaschine. Sie will, dass ihre Arbeit zu Hause auch als Arbeit anerkannt wird. Nächstes Jahr kommen die Kinder in den Kindergarten, dann möchte sie ihren Beruf als Sozialarbeiterin ausüben. „Erfahrung habe ich genug", meint sie, „und zwar ganz persönliche."

„Ich wär' so gerne Millionär ..."

Wer Mitte der 90er Jahre jung war und schnell reich werden wollte, hatte eigentlich nur zwei Möglichkeiten: Lotto spielen oder eine Internet-Firma gründen. Die „dot.coms" sprossen wie Schneeglöckchen aus der Erde. Ihre Gründer waren meist zwischen 20 und Mitte 30. Anfangs nicht selten belächelt, wurden sie über Nacht zu Millionären.

Die Aktien-Kurse der Internet-Unternehmen brachen alle Rekorde und stellten eine Herausforderung an die Fantasie der Börsianer. So bewertete die Börse Unternehmen wie etwa Freeserve mit fast 13 Milliarden Euro. Der Preis dieser Aktien stieg nach ihrem Erscheinen auf dem Markt binnen kürzester Zeit um das Dreifache. Jedoch hat die Firma außerhalb der Börse bis jetzt keinerlei Gewinne erzielt. Der Vorsteuerverlust eines Quartals konnte leicht bei 4 Milliarden Euro liegen.

Einige Gewinner gab es jedoch: Einer von ihnen ist John Pluthero, der Gründer von Freeserve, der durch seinen Geistesblitz um mehrere Millionen Euro reicher geworden ist.

2a Lesen Sie die beiden Texte und finden Sie darin die folgenden Vokabeln:
   a single mother
   b second-hand
   c to fail
   d disapproval
   e shares
   f profits

2b Wählen Sie jedes Mal die Aussage, die mit dem Sinn des Texts am besten übereinstimmt.
   a Elke Schmits
      1 kann sich ab und zu kleine Luxussachen gönnen.
      2 hat Schwierigkeiten, das Familienleben zu finanzieren.
      3 lebt von der Miete einer Eigentumswohnung in Düsseldorf.

b Da sie schwanger wurde,

1 hat sie ihre Arbeit gekündigt.

2 hat sie ihre Ausbildung abgebrochen.

3 konnte sie keinen Arbeitsplatz finden.

c Nach der Geburt konnte sie auch nicht arbeiten,

1 weil der Kindergarten zu teuer war.

2 weil die Kindergärten alle voll waren.

3 weil sie ihr Kind nicht allein lassen wollte.

d Nach der Geburt der Zwillinge

1 hatte sie keinen Anspruch mehr auf Sozialhilfe.

2 fand sie das Sozialamt weniger hilfsbereit.

3 wurden ihr die Schwierigkeiten der Situation deutlich.

e „dot.com" -Firmen

1 wurden in den 90er Jahren ständig gegründet.

2 kamen und verschwanden über Nacht.

3 wurden oft von Lotto-Gewinnern finanziert.

f Die Gründer solcher Firmen

1 konnten über ihren Erfolg lachen.

2 wurden oft nicht ernst genommen.

3 belächelten die Börsianer.

g Die Firma Freeserve

1 erzielt jedes Jahr einen Gewinn von 4 Milliarden Euro.

2 hat für andere Firmen große Verluste verursacht.

3 ist immer noch nicht in den schwarzen Zahlen.

3 Thomas, Elke und Sabine sprechen über Probleme in der heutigen Gesellschaft. Notieren Sie für jede Person:

a das Problem, das erwähnt wird

b die mögliche Lösung

4 Diskutieren Sie mit einem Partner und tauschen Sie Ihre Meinungen in der Klasse aus.

a Was sind Ihrer Meinung nach die dringendsten sozialen Probleme ?

b Wie sind diese Probleme zu lösen?

Extra! Machen Sie Übung 2 auf Arbeitsblatt 4.

Tipp

Translating from German into English

◆ Read the text through twice to get the general gist.

◆ If you don't know a key word, guess from the context what it might mean.

1 Look at these words and discuss with a partner what they might mean by looking at the context in which you find them in the text:

a erziehen **b** ausgeschlossen **c** fehlend **d** Geistesblitz **e** Börsianer

◆ Look carefully at the grammar – cases and verb tenses can give a lot away.

2 Study the sentences 'Kurz nachdem Elke … entschied sie sich dafür'. Decide which tense each verb is in and how you would translate it.

◆ Don't forget the little words – you can lose marks for forgetting to translate words such as *doch* and *schon*.

◆ Often phrases cannot be translated literally – if a phrase does not translate well think about its general meaning and try to find an English equivalent. Paraphrase if you need to.

3 Look again at the sentence from Activity 2 – how would you translate *sie entschied sich dafür*?

◆ Think about the differences between English and German – often we might use a passive where Germans use *man* for example. Translate the sentence so that it sounds best in English

◆ The golden rule: your translation should stick to the original as much as possible, but should sound like natural English.

4 Look at the second text and do the following activities:

a Discuss in your class the best way to translate: 'Die „dot.coms" sprossen wie Schneeglöckchen aus der Erde.' and 'Anfangs nicht selten belächelt, wurden sie über Nacht zu Millionären.'

b Now translate all of the second passage.

Zur Auswahl

1 S 🔘 Hören Sie sich den Bericht über rumänische Kinderheime an und beantworten Sie die Fragen:
  a Wo wohnten André und Attila bis vor drei Jahren? *(1)*
  b Wer wohnt auf jedem Bauernhof? *(2)*
  c Wie waren die Kinder, als sie auf dem Bauernhof ankamen? *(3)*
  d Welche Vorteile bietet der Hof im Vergleich zu einem Kinderheim? *(4)*
  e Was für finanzielle Schwierigkeiten haben die Höfe? *(3)*
  f Was brauchen die Heime, um überhaupt funktionieren zu können? *(1)*
  g Was für Hilfsgüter bekommen sie? *(4)*
  h Warum können die Heime sich nicht um die psychischen Probleme der Kinder kümmern? *(1)*

2 👥 Diskutieren Sie die folgenden Fragen mit einem Partner/einer Partnerin.
  a Was verstehen Sie unter Armut?
  b Welche Probleme haben die Entwicklungsländer und warum?
  c Welches Problem finden Sie am dringendsten und warum?
  d Wie sollte Ihrer Meinung nach die Erste Welt in Bezug auf die Schulden der Dritten Welt handeln?
  e Glauben Sie, dass Armut in der Ersten Welt auch ein großes Problem ist?
  f Wie ist dieses Problem zu lösen?
  g Welche Wohlfahrtsorganisation würden Sie am liebsten unterstützen und warum?
  h Haben Sie schon etwas unternommen, um Geld für eine Wohlfahrtsorganisation aufzubringen?

3 Wählen Sie drei von den Fragen aus Übung 2 und notieren Sie Ihre Ideen.

4 Übersetzen Sie diese Sätze ins Englische:
  a Der deutsche Kinderschutzbund setzt sich für die Interessen von Kindern in der Bundesrepublik ein. Die Grundlage für alle Aktivitäten der Organisation ist die UN-Grundlage über die Rechte des Kindes. Die zwei zentralen Arbeitsbereiche des Bundes betreffen Kinder, die in Armut leben, und Kinder, die Opfer von Gewalt sind.
  b Das Anliegen war sowohl Obdachlosen konkret zu helfen, als auch mehr Aufmerksamkeit auf die Schattenseiten einer reichen Industriegesellschaft zu lenken.
  c Was in der Ersten Welt als tragisch empfunden wird, gehört in den Entwicklungsländern zum Alltag.

Gut gesagt! S 🔘

5 Hören Sie sich die folgenden Sätze an und sprechen Sie sie nach:
  a Manche Länder leiden unter mangelnder Hygiene und einem hohen Prozentsatz an Analphabetentum.
  b Die Hilfsorganisationen sichern die Ernährung der Bevölkerung.
  c Die durchschnittliche Lebenserwartung liegt bei 38 Jahren.
  d Für allein erziehende Mütter kann das Leben sehr schwierig sein.

3 Gesundheit

Lernziele

- Die Ursachen und Folgen von Stress diskutieren
- Diskutieren, ob ein längeres Leben vorteilhaft ist
- Diskutieren, ob Sterbehilfe erlaubt werden sollte
- Verschiedene Suchtformen identifizieren und besprechen
- Die Ursachen und Folgen von Aids besprechen

Grammatik

- Wiederholung – Perfekt, Imperfekt, Plusquamperfekt

Tipp

- Eine Zusammenfassung von einem Hörverständnistext schreiben

1a Wählen Sie mit einem Partner/einer Partnerin zusammen ein Bild und diskutieren Sie die folgenden Fragen:

a Worum geht es auf diesem Bild?

b Welches Gesundheitsthema wird hier behandelt?

c Was kann man machen, um dieses Problem zu bekämpfen?

1b Tauschen Sie Ihre Ideen mit dem Rest der Klasse aus.

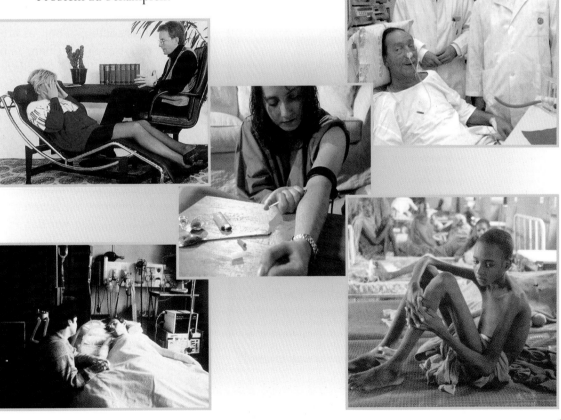

Stress

Was sind die Ursachen und die Folgen von Stress?

1 Stellen Sie ein Wortfeld zum Thema Stress zusammen.

2 Stresstest: Wählen Sie für jede Aussage die Antwort, die zu Ihnen am besten passt: oft, manchmal, nie. Dann bewerten Sie die Ergebnisse mit Hilfe Ihres Lehrers/Ihrer Lehrerin:

a Ich leide an Schlaflosigkeit.

b Ich treibe Sport.

c Ich trinke weniger als 6 Gläser Alkohol in der Woche.

d Ich fühle mich genervt, weiß aber nicht warum.

e Ich muss spät abends arbeiten, um einen Termin einzuhalten.

f Ich kann mit guten Freunden und Bekannten über persönliche Themen sprechen.

g Ich habe das Gefühl, mein Leben unter Kontrolle zu haben.

h Ich habe etwas Zeit, um mich auszuruhen.

0–12: Sie leiden gar nicht unter Stress! Sie haben Ihr Leben völlig unter Kontrolle.

13–17: Sie können mit den meisten Stresssituationen umgehen, aber seien Sie vorsichtig!

18–24: Sie leben in einem Dauerzustand von Stress! Sie müssen sofort etwas dagegen unternehmen.

STRESS – WOHER?

Immer mehr Deutsche sind dem Stress der Gesellschaft nicht gewachsen und werden psychisch krank. Vor allem der Konkurrenzdruck und die Forderung immer mehr und immer schneller zu arbeiten machen die Menschen depressiv, führen zu Angstzuständen und anderen mentalen Erkrankungen. Stress hat auch physische Folgen: wer im Dauerstress lebt, leidet oft an Kopfschmerzen, ist für Infektionen anfällig und geht ein doppeltes Infarktrisiko ein. Heutzutage leiden zehnmal so viele Menschen an Depressionen wie vor 50 Jahren. Vor allem Frauen fühlen sich überfordert. Die stärkste Belastung empfinden junge Frauen mit Kindern, die nebenbei noch einen Vollzeit-Job ausüben.

Die Ursachen von Stress sind zahlreich: Der Tod des Partners oder eine Ehescheidung kann zu Stresszuständen führen. Aber der Anstieg an Stresskrankheiten in den letzten zehn Jahren ist prinzipiell auf den ständig steigenden Leistungsdruck am Arbeitsplatz zurückzuführen. Die neue Technik – Handys, Laptops und das Internet, die das Leben vereinfachen sollten, haben es ermöglicht, rund um die Uhr zu arbeiten. Für manche wird es immer schwieriger, Freizeit und Arbeitszeit zu trennen. Geschäftsleute fahren mit dem Computer und mit dem Handy in Urlaub. Vom Liegestuhl aus regeln sie die Geschäfte zu Hause. Unmöglich abzuschalten – weg vom Arbeitsplatz, machen sie sich Sorgen darum. Und wer sich ständig Sorgen macht, gefährdet dabei sein seelisches Wohlbefinden. Oft dauert es nicht lang bis Nervenkrankheiten und andere seelische Störungen einsetzen.

Ist Stress also nur das Problem des Betroffenen oder ist es ein neues gesellschaftliches Übel? Die zahlreichen Kurse zum Thema Stress-Management deuten darauf hin, dass die Industrie das Problem ernst nimmt. Das mag sie wohl tun: Jedes Jahr verliert die deutsche Industrie 2,5 Millionen Euro, weil Arbeitnehmer durch psychische Krankheiten ausfallen. Jedoch hört man nur noch selten die Worte: „Sie sehen aber müde aus. Nehmen Sie sich ein paar Tage frei ...!"

3a Lesen Sie den Text „Stress – woher?" und finden Sie die folgenden Vokabeln auf Deutsch:

a susceptible

b heart attack

c overburdened

d can be traced back to

e pressure to achieve

f to simplify

g to switch off

3b Richtig, falsch oder nicht im Text?

a Der Anteil an Deutschen, die unter Stress leiden, ist in den letzten Jahren nicht gewachsen.

b Stress kann sowohl körperliche als auch seelische Auswirkungen haben.

c Die größte Gruppe von Patienten bei Psychiatern sind junge Mütter.

d Die Industrie hat Maßnahmen getroffen, die Arbeitnehmern helfen sollten, mit Stress umzugehen.

e Arbeitgeber wollen das Problem lösen, indem sie übermüdete Arbeitnehmer nach Hause schicken.

3c Beantworten Sie folgende Fragen auf Deutsch in vollständigen Sätzen:

a Welche zwei Ereignisse können zu Stress führen? *(2)*

b Welche spezifische Ursache für den Anstieg an Stresskrankheiten in den letzten zehn Jahren wird erwähnt? *(1)*

c Wie hat die neue Technik zu diesem Anstieg beigetragen? *(1)*

d Warum ist es wichtig, abschalten zu können? *(2)*

4 🔊 Hören Sie sich das Interview mit Doktor Aust an und schreiben Sie die Sätze zu Ende:

a Menschen brauchen etwas Stress im Leben …

b Man verursacht seinen eigenen Stress, indem man …

c Es ist wichtig, seine Zeit richtig …

d Um Stress abzubauen, sollte man…

e Die Leistungsfähigkeit ist größer, wenn …

f Wer zu wenig schläft und sich falsch ernährt …

g Es kann vorkommen, dass man sich morgens …

h Man fühlt sich schneller überlastet, wenn …

5 🔊 Hören Sie noch mal zu und notieren sie alle Ratschläge von Doktor Aust. Entwerfen Sie dann eine Broschüre mit Tipps, wie man Stress am besten vermeiden kann. Schreiben Sie auch Ihre eigenen Ideen dazu.

Beispiel: *Nehmen Sie sich nicht zu viel vor.*

6 👥 A: Sie sind Patient(in). Sie leiden unter Stress und suchen den Psychiater/die Psychiaterin auf.
B: Sie sind Psychiater(in). Sie interviewen einen neuen Patienten/eine neue Patientin. Am Ende des Gesprächs sollen Sie sich darauf einigen, was der Patient/die Patientin tun wird, um seinen/ihren Stress zu bekämpfen.

Die folgenden Punkte müssen in Ihrem Gespräch vorkommen:

◆ Symptome

◆ Arbeitssituation

◆ persönliche Umstände

7 Sie leiden unter Stress: Schreiben Sie einen Brief an die Briefkastentante einer Zeitung, in dem Sie Ihre Situation schildern und um Rat bitten. Benutzen Sie die *Hilfe*-Ausdrücke. Erwähnen Sie:

◆ seit wann Sie den Stress haben

◆ die möglichen Gründe

◆ Ihre Symptome

◆ was Sie schon dagegen unternommen haben

Hilfe

Ich fühle mich ständig gestresst.

Ich stehe unter starkem Leistungsdruck.

panische Angst haben

sich konzentrieren

Ich bekomme Kopfschmerzen.

Ich habe versucht, früh ins Bett zu gehen.

Yoga machen

Freizeit und Arbeitszeit trennen

sich Sorgen machen

Extra! 🔊 Hören Sie sich den Bericht „Musik als Therapie bei Depressionen" und machen Sie Übung 1 auf Arbeitsblatt 7.

Wir leben länger

Ist ein langes Leben immer vorteilhaft?

1 Sehen Sie sich die Graphik über die Lebenserwartung in der Schweiz im letzten Jahrhundert an.
   a Wie hat sich die Lebenserwartung verändert?
   b Welche Gründe gibt es Ihrer Meinung nach dafür?
   c Was sind Ihrer Meinung nach die Vor- und Nachteile von einem längeren Leben?

2a Lesen Sie den Text „Die Medizin der Zukunft" und machen Sie eine Liste von Vokabeln, die prinzipiell mit Medizin zu tun haben.

2b Machen Sie eine Liste von den Vorteilen der medizinischen Methoden, die im Text erwähnt werden:
Beispiel: lebenserhaltende Apparate – Frühgeburten können überleben
Schreiben Sie dann Ihre eigenen Ideen dazu.

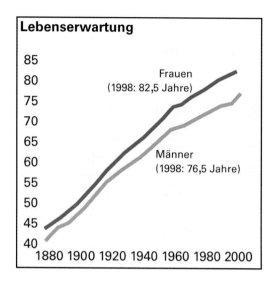

Lebenserwartung

Frauen (1998: 82,5 Jahre)
Männer (1998: 76,5 Jahre)

Die Medizin der Zukunft

Das Wort Medizin wird normalerweise mit Spritzen und Tabletten in Verbindung gebracht – in der Zukunft wird aber der Computer eine immer größere Rolle spielen. Mit Hilfe von Technik ist es schon lange möglich gewesen, Patienten zu retten, die vor zwanzig Jahren hoffnungslose Fälle gewesen wären. Winzige Frühgeburten überleben, lebenserhaltende Apparate bieten schwer Verletzten eine Chance. Und die modernste Technik ermöglicht es sogar Blinden und Tauben ihre verlorenen Sinne zurückzubekommen. Forscher versuchen schon, winzige Videokameras in Spezialbrillen einzubauen. Ein Computer von der Größe einer Zigarettenschachtel übersetzt die Videobilder in elektronische Signale, die zu einem implantierten Netzhautchip gebeamt werden. Daraus kann das Gehirn ein Bild zusammensetzen, obwohl die Technik noch nicht so weit ist, dass Blinde gestochen scharf sehen. Bei Gehörlosen ist die Technik schon weiter – Sprachprozessoren können Höreindrücke bearbeiten und sie als elektrische Impulse zum Hörorgan ins Innenohr schicken. Wer nicht mehr sprechen kann, kann auch von Computern profitieren. Patienten können Wörter in einen Computer eintippen, der daraus Sprache machen kann, wie zum Beispiel Stephen Hawking.

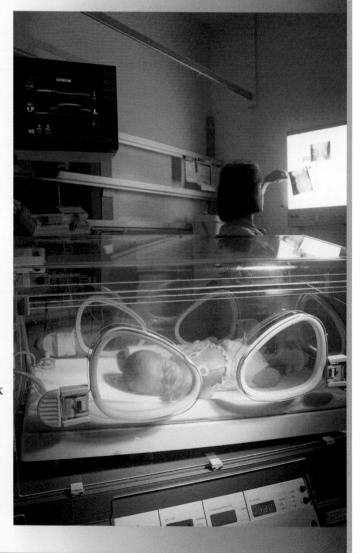

3a Lesen Sie den Text „Das Leben als Sklaverei" und finden Sie darin die folgenden Vokabeln:

a paralysed
b judge
c to condemn
d demeaning
e in certain circumstances
f exempt from punishment

3b Welche Satzhälften passen zusammen?

a Der Selbstmord von Ramon Sampredo
b Ramon hat sich umgebracht,
c Sterbehilfe ist in Spanien
d Ramon hatte schon vor Gericht gebeten,
e Vor 30 Jahren wäre es nicht möglich gewesen,
f Ramon empfand sein Leben
g Sterbehilfe ist in Holland
h Damit Sterbehilfe legal ist,
i In den meisten Fällen leisten Ärzte

1 gesetzlich verboten.
2 Ramon das Leben zu retten.
3 als erniedrigend.
4 nicht unbedingt eine Straftat.
5 wurde im spanischen Fernsehen gesendet.
6 müssen Patienten bestimmte Bedingungen erfüllen.
7 indem er Gift trank.
8 Beihilfe zur Sterbehilfe.
9 sterben zu dürfen.

4 [🔊] Zum Leben verurteilt? Hören Sie sich die Meinungen dieser Leute über Sterbehilfe an und füllen Sie die Tabelle aus.

	Für oder gegen Sterbehilfe	Gründe
1		
2		
3		
4		
5		

5 [👥] Sollte man Sterbehilfe legalisieren? Machen Sie eine Debatte in Ihrer Klasse.

DAS LEBEN ALS SKLAVEREI?

Das Recht zu leben ... das Recht zu sterben? Das spanische Fernsehen zeigte den Selbstmord des seit 29 Jahren vom Hals ab gelähmten Ramon Sampredo und eröffnete neu die Euthanasie-Debatte in Spanien. Wie leblos lag der Mann auf seinem Krankenbett, reckte dann seinen Mund mit Mühe zu einem Glas mit Strohhalm. Zwanzig Minuten später war er tot, das Glas enthielt eine Zyankali-Lösung. Die Bilder sind grausam. Für den Spanier ging aber damit ein Wunsch in Erfüllung. Seit Jahren hatte er vor Gericht um Sterbehilfe gekämpft, doch die Richter hatten ihn zum Leben verurteilt. Vor dreißig Jahren wäre er an den Verletzungen, die ihn lähmten, gestorben – die Fortschritte der Medizin haben ihn gerettet, leben wollte er aber nicht mehr. Mit Freunden zusammen hatte er seinen Tod geplant. Er meinte, er wolle damit „der erniedrigendsten Form der Sklaverei" ein Ende machen.

In den Niederlanden hätte er vielleicht mehr Glück gehabt. Dort ist Sterbehilfe unter bestimmten Umständen straffrei. Unheilbar Kranken, die bei vollem Bewusstsein den Wunsch äußern, aus dem Leben zu scheiden, soll geholfen werden „in Würde zu sterben". Offiziell nennen Regierungsstellen in Den Haag die Zahl von 2300 „Euthanasie"-Fällen im Jahr. In den meisten Fällen hat ein Arzt auf Verlangen des Patienten Gift verabreicht.

6 Schreiben Sie in ca. 250–300 Wörtern Ihre Meinung zu einem der folgenden Themen:

a Medizinische Fortschritte haben nicht nur Vorteile gebracht.
b Ist ein längeres Leben immer ein besseres Leben?

Extra! [🔊] Hören Sie sich den Bericht über alternative Heilmitteln an und machen Sie Übungen 2, 3 und 4 auf Arbeitsblatt 7.

Sucht

Welche Suchtformen gibt es? Was sind die Ursachen und Folgen von Sucht?

1a 👥 Beschreiben Sie und vergleichen Sie die beiden Bilder.

1b 👥 Überlegen Sie sich Antworten zu den folgenden Fragen:
  a Woran leidet das Mädchen auf Bild 1?
  b Was halten Sie von der Körpergröße des Modells?
  c Warum machen so viele Jugendliche eine Diät?
  d Welche Rolle spielen Ihrer Meinung nach Bilder von Fotomodells bei Essstörungen?

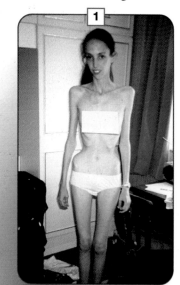

SUCHT NACH MODE

1 Christina ist 16 Jahre alt und schon Ernährungsexpertin. Sie weiß, wie viele Kalorien in einem Schokoladenriegel oder in einem Glas Apfelsaft stecken. Bei jedem Bissen spult sie in ihrem Kopf die Nährwerttabelle und die tägliche Kalorienbilanz herunter. „Ich kann das einfach nicht abschalten", sagte die Schülerin aus Düsseldorf.

2 Mit Genuss gegessen hatte sie schon lange nicht mehr. Christina stopfte sich mehrmals am Tag mit allem voll, was der Kühlschrank hergab und später über der Toilette leicht wieder herausgewürgt werden konnte, denn sie hatte panische Angst davor, dick zu werden. Die Diagnose ihres Arztes: Bulimia nervosa – eine Essstörung, die für betroffene Jugendliche ein Leben mit Sucht bedeutet.

3 Der kollektive Diätwahn bei Kindern, vor allem bei Mädchen, greift um sich. Fast zwei Drittel aller Mädchen im Alter zwischen zehn und sechzehn Jahren haben bereits eine oder mehrere Diäten hinter sich. Die Schlankheitsideologie breitet sich aus: ganze Industrien – Nahrungsmittel, Pharma- und Kosmetikfirmen, Fitness- und Freizeitstudios widmen sich dem Wahn nach Schlankheit. Und Vorbilder gibt es auch genug – Models wie Jodie Kidd und Kate Moss sind für Mädchen zu Mager-Idolen geworden. Die Folge: Essstörungen wie Magersucht und Bulimie nehmen epidemienartig zu.

4 Auch in der Drogenszene spielt Trend eine Rolle. Während Heroin von vielen Jugendlichen als die Droge für Versager betrachtet wird, stehen Technodrogen wie Ecstasy für Spaß und Freiheit. Claudia gehört zu den 38 000 jungen Hamburgern, die im vergangenen Jahr die Technodroge wegen ihrer leicht aufputschenden stimmungsaufhellenden Wirkung eingenommen haben. Ecstasy ist in Mode. Jugendliche nehmen die Droge, weil sie sich dann besser amüsieren können. Claudia ist von allen Warnungen genervt. „Meine Freunde und ich sind keine Süchtigen", meint sie. „Ecstasy ist nicht wie Heroin – ich kenne noch niemanden, der alles verloren hat, um seine Sucht zu finanzieren, wie man oft von Heroinabhängigen hört. Ich nehme Ecstasy einmal in der Woche, normalerweise am Wochenende, einfach, weil mir die Wirkung gefällt. Wer nicht übertreibt braucht keine Angst zu haben."

5 Doch wer die Pillen schluckt, schluckt auch die Gefahr, bestimmte Zonen im Gehirn nachhaltig zu schädigen. Um seine Wirkung zu produzieren, benutzt Ecstasy die Nervenzellen, die die Stimmungslage kontrollieren. Diese Nervenzellen durchziehen große Teile des Gehirns wie ein feines Netz. Sie beeinflussen die Körpertemperatur, das Essverhalten, den Schlaf- und Wachrhythmus. Sind diese Nervenzellen geschädigt, kann es zu Depressionen und Verfolgungswahn kommen. Forscher haben entdeckt, dass irreparable Hirnschäden bei Affen eintraten, nachdem man ihnen nur 500 Milligramm MDMA verabreicht hatte. Eine Ecstasy-Pille enthält zwischen 50 und 150 Milligramm MDMA. Und manche Raver nehmen im Laufe einer Partynacht zwei oder drei Stück.

2a Lesen Sie den Text „Sucht nach Mode". Welche Überschrift passt zu welchem Textabschnitt?
  a Die negativen Auswirkungen von Ecstasy
  b Essstörungen – die Folge eines Diätwahns
  c Drogenkonsum als Modetrend
  d Täglich Kalorien zählen
  e Die Entwicklung einer Sucht

2b Wählen Sie jeweils die Ergänzung, die mit dem Sinn des Textes am besten übereinstimmt:

  a Christina
    1 kann die Nährwerttabelle auswendig.
    2 isst nur Produkte mit hohen Nährwerten.
    3 weiß, dass sie zu viele Kalorien zu sich nimmt.

  b Christina
    1 isst mit Genuss nur fettarme Produkte.
    2 vermeidet es, in den Kühlschrank zu gucken.
    3 hat keine Freude mehr am Essen.

  c Christina
    1 erbrach sich regelmäßig.
    2 litt an Verstopfung, weil sie sich falsch ernährte.
    3 hatte Angst davor, abzunehmen.

  d Claudia
    1 sieht keinen Unterschied zwischen Ecstasy und Heroin.
    2 meint, Ecstasy führe nicht zur Sucht.
    3 hat Schwierigkeiten, ihre Sucht zu finanzieren.

  e Claudia nimmt die Droge
    1 weil ihre Freunde es machen.
    2 weil sie sich dadurch aufgeheitert fühlt.
    3 um Probleme zu verdrängen.

  f Claudia findet den Konsum von Ecstasy
    1 ungefährlich, solange man ihn in Maßen hält.
    2 nötig für ihr seelisches Wohlbefinden.
    3 übertrieben.

2c Beantworten Sie die folgenden Fragen auf Deutsch:
  a Nennen Sie zwei Esskrankheiten.
  b Woran kann man den Stellenwert von Schlankheit in unserer Gesellschaft erkennen?
  c Was sind die Gefahren von Ecstasy?
  d Zu welchen Schäden kann die Droge führen?

Extra! Machen Sie die Übungen auf Arbeitsblatt 8 und 9.

3a Hören Sie sich den ersten Teil des Berichts an und beantworten Sie diese Fragen auf Deutsch:
  a Welche Gemeinsamkeiten gibt es zwischen Essstörungen und Drogensucht? (2)
  b Was wollen die meisten Jugendlichen? (1)
  c Was wollen Mädchen durch das Abnehmen erreichen? (1)
  d Warum ist die Modeindustrie laut Doktor Scheufele teilweise an Essstörungen schuld? (2)
  e Wie hat sich die Idealfigur in den letzten 30 Jahren verändert? (2)
  f Welche Rolle spielen die Medien? (2)
  g Wann beginnen manche Mädchen, Diät zu machen? (1)

3b Hören Sie jetzt den zweiten Teil des Berichts und füllen Sie den Lückentext aus. Benutzen Sie jeweils die richtige Form des gewählten Wortes.

Sucht folgt oft, wenn man mit sich selbst ...**a**... ist. Manche geben ihrem ...**b**... die Schuld an ihren Problemen. Man glaubt, wenn man ...**c**... ist, wird man geliebt. Bilder in den Medien stellen auch eine ...**d**... zwischen Schönheit und Liebe dar. Bei den meisten Essgestörten ist das Problem aber nicht Übergewicht. Essstörungen sind oft der ...**e**... von anderen Problemen. Bei Drogensüchtigen ist es ...**f**... . Sie versuchen, ihre Probleme durch Drogen zu vergessen. Die meisten Süchtigen brauchen eine ...**g**... therapeutische Behandlung und die Sucht soll als eine Krankheit betrachtet werden, deren Heilung von dem Kranken viel ...**h**....

anders	Aussehen	Ausdruck	Folge
schwierig	abnehmen	erfolgreich	schlank
unzufrieden	erfordern	Verbindung	ähnlich

4 Diskutieren Sie mit einem Partner/einer Partnerin:
  a Inwiefern sind Drogensüchtige und Essgestörte an Ihren eigenen Krankheiten schuld?
  b Glauben Sie, dass die Mode eine große Rolle bei solchen Krankheiten spielt?
  c Inwiefern sind die Medien schuld?
  d Wie könnte man die Probleme lösen?
  e Was würden Sie tun, wenn ein Freund oder eine Freundin süchtig würde?

Prüfungstraining

The activities on this spread will help you to:

◆ Revise verb tenses

◆ Summarize a listening passage in German

Revision of tenses (1)

A Read the first half of the text and make a list with examples of the perfect, imperfect and pluperfect tenses.

B Now read the second section of the text and put the verbs in brackets into the correct tense – you will need to use the perfect, imperfect, pluperfect and present tenses.

1 Lesen Sie den ganzen Text. Sind die folgenden Aussagen richtig, falsch, oder nicht im Text?

a Bernhard wurde durch Medien-Kampagnen auf die Gefahren von Aids aufmerksam gemacht.

b Bei Bernhard erfolgte die Ansteckung durch Drogenmissbrauch.

c Bernhard kann damit rechnen, noch fünfzehn Jahre zu leben.

d Bei Bernhard ist die Krankheit schon voll ausgebrochen.

e Für Annalise war es nie eine Frage gewesen, dass sie mit HIV infiziert sein könnte.

f Die meisten Infizierten tragen das Virus über zehn Jahre in sich, bevor sie von der Ansteckung erfahren.

g Forscher arbeiten an Medikamenten, die die Krankheit bald heilen werden.

h Die Lebenserwartung von Aidskranken ist in letzter Zeit gestiegen.

Bernhard ist 32 Jahre alt. Wenn er Glück hat, hat er noch 15 Jahre vor sich, aber nur, wenn er Glück hat. Denn Bernhard ist HIV-Infizierter. Auf ein langes Leben kann er nicht zählen. Bernhard weiß schon lange, dass er mit der Krankheit infiziert ist. Mit 16 begann er Drogen zu nehmen, zuerst Haschisch, dann stieg er auf Heroin um. Die Spritzen waren teuer – natürlich wurden sie geteilt. „Damals hatte man noch nicht so viel über Aids gewusst. Kurz darauf begannen die Kampagnen in den Medien. Ich ließ mich schließlich testen – positiv." Bernhard arbeitet jetzt freiwillig bei einer Selbsthilfegruppe. Er spricht mit Neuinfizierten über die Krankheit, beschreibt seine eigenen Erfahrungen. Heute verbringt er etwas Zeit mit Annalise. Vor einem Monat bekam sie einen Anruf von einem Ex-Freund, mit dem sie vor zehn Jahren das letzte Mal geschlafen hatte. „Er hatte vor kurzem erfahren, dass er infiziert war", erklärt sie. „Da er nicht sicher war, wann die Ansteckung passiert war, empfahl er mir, mich testen zu lassen." Annalise ist infiziert, ihr Mann ist glücklicherweise der Krankheit entkommen.

„Wir (**a** planen) eigentlich, demnächst eine Familie zu gründen", (**b** erklären) sie. „Jetzt (**c** sein) ich aber nicht mehr sicher. Was mich vor allem (**d** schockieren), (**e** sein) dass ich absolut keine Ahnung (**f** haben), dass ich in Gefahr (**g** sein). Ich (**h** kommen) nie auf die Idee, mich testen zu lassen, da ich nicht zu den Risikogruppen (**i** gehören): ich (**j** nehmen) nie Drogen, (**k** haben) nur ein paar Partner. Ich (**l** sein) seit sechs Jahren verheiratet und ich (**m** sein) meinem Mann immer treu. Und die ganze Zeit (**n** sein) ich eigentlich ein Virusträger."

Dass Annalise sich ihres Zustandes nicht bewusst (**o** sein), (**p** sein) durchaus verständlich. Von der Ansteckung bis zum Ausbruch der Krankheit (**q** dauern) es durchschnittlich elf Jahre. Drei von vier neuen Infektionen (**r** sein) auf hetero-sexuellen Geschlechtsverkehr zurückzuführen. Für Infizierte (**s** sich bessern) die Situation jedoch. Aids (**t** sein) zwar noch nicht heilbar, jedoch aber (**u** erfinden) Wissenschaftler und Forscher Medikamente, die die Überlebenszeit (**v** verlängern), indem sie das Virus daran (**w** hindern), sich zu vermehren. In den reichen Ländern des Nordens (**x** zurückgehen) die Aids-Sterblichkeit seit 1996 um die Hälfte.

Tipp

Summarizing a listening passage

The listening passage is about the effect of Aids in Africa. Complete the following activities step by step.

1 📼 Firstly listen to the whole passage. From the list below pick out five sentences which best summarize the whole passage and put them in order.

a 10% der Weltbevölkerung wohnt südlich der Sahara.

b In Ländern, die eine aktive Anti-Aids-Kampagne geführt haben, ist die Infektionsrate gesunken.

c Es fehlt das Geld für Aids-Medikamente.

d Vor allem Frauen und Mädchen stecken sich mit Aids an.

e Junge Mädchen stecken sich oft durch sexuellen Kontakt zu älteren Männern an.

f Die Zahl an HIV-Infizierten steigt sehr schnell in Afrika.

g Nur durch Offenheit kann man die Krankheit bekämpfen.

h Dr. Lieve Fransen ist Direktorin des europäischen Aids-Programms.

i Drei Viertel aller Babys in Afrika mit infizierten Müttern erben die Krankheit.

j Uganda hat eine erfolgreiche Anti-Aids-Kampagne geführt.

2 📼 Listen to the first half of the passage and decide which of the following are key points and which are details:

a Die Sterblichkeitsrate sinkt im Westen.

b Die Krankheit nimmt in Afrika zu.

c Frauen und Mädchen sind besonders in Gefahr.

d Fachleute können dieses Phänomen erklären.

e Die Ansteckungsrate von Mann zu Frau ist höher als umgekehrt.

f In Deutschland kann man schon verhindern, dass Babys die Krankheit von ihrer Mutter erben.

g In Afrika erben viele Babys die Krankheit, weil man weder Medikamente noch sauberes Wasser zur Zubereitung der Babyflasche besorgen kann.

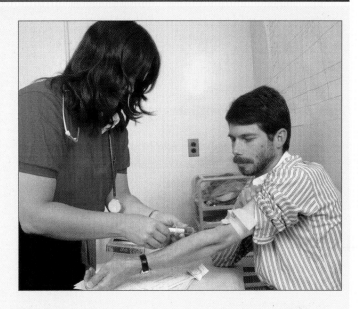

3 📼 👥 Now listen to the second half of the passage and discuss with a partner which of each pair of sentences provides the better summary and why.

a1 In Ländern, wo das Thema Aids tabuisiert wird, ist es schwierig das Thema offen zu behandeln.

a2 Die Tabuisierung von Aids in manchen Ländern erschwert die offene Diskussion, die zur Eindämmung der Krankheit führen könnte.

b1 In Ländern, die Kondomkampagnen und Aufklärung betrieben haben, ist die Infektionsrate gesunken.

b2 In manchen Ländern hat Offenheit zu einer sinkenden Infektionsrate geführt.

4 Now write a summary of the whole passage in German mentioning the following points:

◆ Das Ausmaß von Aids in Afrika

◆ Wer besonders gefährdet ist und warum

◆ Wie viele Babys mit Aids geboren werden

◆ Warum das Virus von der Mutter übertragen wird

◆ Wie die Krankheit zu bekämpfen ist

◆ Wie Aids in manchen Ländern betrachtet wird

◆ Wie andere Länder die Krankheit bekämpft haben

◆ Welchen Erfolg es gegeben hat

Zur Auswahl

Gut gesagt! S 🔊

1 Hören Sie sich die folgenden Sätze an und sprechen Sie sie nach:

   a Psychische Krankheiten haben auch physische Folgen.

   b Ungesunde Nahrung erhöht das Infarktsrisiko.

   c Der Fall des gelähmten Spaniers eröffnete neu die Euthanasie-Debatte.

   d Der Staat beeinträchtigt unsere persönlichen Rechte.

2 Vokabeln. Was wird hier beschrieben?

   a das Leben eines Kranken auf dessen eigenen Wunsch verkürzen

   b eine Krankheit, durch die man sich unzureichend ernährt

   c eine Droge mit einer stimmungsaufhellenden Wirkung

   d sich mit einer Krankheit anstecken

   e ein Beispiel, dem man nachstreben sollte

3 🔊 Hören Sie den Bericht über Vegetarismus und fassen Sie ihn auf Deutsch zusammen. Erwähnen Sie die folgenden Punkte:

   ◆ Die Anzahl von Vegetariern in Deutschland

   ◆ Die Gründe für Vegetarismus

   ◆ Die Schwierigkeiten für Vegetarier

   ◆ Die Schwierigkeiten für Veganer

4 Halten Sie einen kurzen Vortrag über eines der folgenden Themen:

   a Stress

   b Essstörungen

   c Aids

   d Sterbehilfe

5 Schreiben Sie einen kurzen Absatz (250 Wörter) über eines der folgenden Themen:

   a Wie kann man Aids sowohl in der Ersten als auch in der Dritten Welt bekämpfen?

   b Was sind die Ursachen von Stress? Wie ist Stress zu vermeiden?

   c Möchten Sie hundert Jahre alt werden? Warum (nicht)?

   d „Essstörungen sind eine direkte Folge von unrealistischen Schönheitsidealen in den Medien. Fotomodelle sollten eher wie durchschnittliche Menschen aussehen."

6 Übersetzen Sie ins Deutsche:

   a More and more Germans suffer from stress-related illnesses.

   b This increase can be traced back to pressure of work.

   c New technology has made it possible to cure many illnesses.

   d In the Netherlands terminally ill people may be helped to die.

   e Ecstasy is taken regularly by many young people but it can damage areas of the brain.

7 Entwerfen Sie ein Flugblatt zum Thema Sucht. Erwähnen Sie die folgenden Punkte:

   ◆ die Gründe für Suchtzustände

   ◆ die Symptome

   ◆ wie Sucht zu bekämpfen ist

Wiederholung Einheit 1–3

AIDS UND DIE JUGENDLICHEN

Auf dem zweiten Kongress „HIV im Dialog" wurde ausdrücklich davor gewarnt, im Kampf gegen Aids nachzulassen. Dr. Elisabeth Pott von der Bundeszentrale für gesundheitliche Aufklärung (BZgA) verkündete, dass das Schutzverhalten bei einigen Gruppen sogar abnehme, nachdem es nach vielen Jahren der Aufklärung zunächst stagniert hatte.

Besonders erschreckend ist die Zunahme von HIV-Infizierten unter den Jugendlichen. Bei 60% aller Neuinfizierten handelt es sich laut Angaben der BZgA um junge Menschen zwischen 15 und 25 Jahren.

Im Vergleich zu den meisten Ländern scheint Deutschland mit 2000 Neuinfizierungen pro Jahr eher günstig dazustehen. Doch bei all den Kampagnen müsste die Anzahl der Fälle doch noch mehr zurückgehen. Anscheinend hat sich eine gewisse Gummimüdigkeit unter den Jugendlichen breitgemacht. Sie wollen vor allem leben und genießen und sich keine Gedanken um die Zukunft machen.

1 Lesen Sie den Artikel zu Aids unter Jügendlichen und wählen Sie jeweils die Ergänzung, die zu jedem Satzanfang am besten passt.

a Man sollte im Kampf gegen Aids seine Bemühungen _____ .
1 nachlassen 2 aufhören 3 fortsetzen

b Viele gefährdete Gruppen schützen sich _____ .
1 weniger
2 mehr
3 genauso viel

c Bei jungen Menschen zwischen 15 und 25 Jahren _____ .
1 sind über die Hälfte schon lange HIV-positiv
2 gab es die meisten Neuinfizierungen
3 sind 60% wieder geheilt

d Die Jugendlichen stecken sich meist an _____ .
1 weil die Aufklärungskampagnen nachgelassen haben
2 weil sie glauben, in Deutschland bestehe keine Gefahr
3 weil sie hauptsächlich ihr Leben genießen wollen

(4 Punkte)

2a 🔊 Hören Sie sich den Text über Frauen bei der Bundeswehr an und versuchen Sie beim ersten Hören die folgenden Ausdrücke auf Deutsch zu finden.

a to have duties
b to do military service
c barracks
d voluntarily
e a positive attitude
f citizens of our country
g to separate the sexes
h equal rights

2b 🔊 Hören Sie sich den Bericht noch mal an und ergänzen Sie den folgenden Lückentext mit Hilfe der **fett gedruckten** Liste. Wählen Sie jeweils einen passenden Infinitiv bzw. ein Adjektiv bzw. eine Substantivform, und benutzen Sie **die richtige Form** des gewählten Wortes. Sie dürfen jedes Wort nur ein Mal benutzen.

Junge Deutsche im Alter von 18 Jahren dürfen heutzutage ...a... und müssen, wenn sie arbeiten, auch Steuern bezahlen. Junge Männer müssen auch ...b... leisten, doch ab diesem Jahr steht es auch jungen Frauen frei, in die ...c... einzutreten.

Seit dem 2. Januar 2001 rekrutiert die Bundeswehr auch ...d..., im ersten Jahr waren es ...e..., die in die Kasernen einzogen.

Ein Hauptmann meint, durch die Anwesenheit der ...f... werde sich die allgemeine Atmosphäre verbessern, und er begrüßt die Ankunft der gut motivierten Soldatinnen. Die Soldaten müssen gewisse ...g... im Bezug auf die Intimsphäre der Frauen und ihre eigene Ausdrucksweise beachten. ...h.... und sexuelle Anspielungen werden nicht toleriert.

Die Frauen freuen sich auf die ...i... . Sie sehen es als einen Sieg der ...j... an und wollen ihre geistige und körperliche Stärke beweisen.

Frau Regel Gleichberechtigung Ausbildung weiblich Beruf Armee 100 Schimpfwort 244 einrücken Soldatin Mann Soldat männlich Schulbildung Militärdienst wählen

(10 Punkte)

Hilfe für Internetsüchtige

Wenn man von Sucht spricht, denkt man vor allem an Nikotin-, Alkohol- und Drogenabhängigkeit. Doch hat das ausgehende 20. Jahrhundert eine neue Abhängigkeitsform hervorgerufen: den übertriebenen Gebrauch des Internets. Besonders Männer sind in der Hinsicht gefährdet. Das Durchschnittsalter des überdurchschnittlich begeisterten Surfers liegt bei 28 Jahren.

Diese Menschen verlieren oft den rechten Kontakt zu ihrer eigentlichen Umwelt. Sie vernachlässigen Ehepartner und Familie, sodass es häufig zu Trennung kommt und sie sich dadurch noch mehr isolieren. Das Einzige, was für sie zählt, ist der „Kick", den sie beim Surfen empfinden, die Kontakte mit Unbekannten, die sie dabei knüpfen. Sie ziehen sich total in ihre virtuelle Welt zurück, nur noch das Leben im Chat zählt für sie. Wenn sie nicht mehr vor dem Bildschirm sitzen können, werden sie nervös und unzufrieden.

Sind es also die Computer, die diese Sucht hervorgerufen haben? Psychiater Madlen Behrens meint dazu: „Man kann nicht unbedingt dem Computer die ganze Schuld geben. Es handelt sich hier um eine tiefere Persönlichkeitsstörung. Solche Menschen haben Probleme, normale soziale Kontakte zu knüpfen. Der Computer gibt ihnen die Möglichkeit, dies anonym und autonom zu tun, und so wird ihr Bedürfnis nach Zuwendung und Liebe befriedigt und sie können die normalen Konflikte des menschlichen Zusammenlebens vermeiden. Diese Menschen brauchen psychiatrische Hilfe, nicht unbedingt wegen ihrer Internetsucht, sondern wegen der zu Grunde liegenden psychischen Störung."

3 Lesen Sie den Text über eine neue Art von Sucht. Lesen Sie dann diese acht Aussagen. Sind sie jeweils richtig, falsch oder nicht angegeben?

a Suchtkranke leiden nur an Nikotin-, Alkohol- und Drogenabhängigkeit.

b Junge Männer im Alter von 14–28 beschäftigen sich besonders häufig mit ihrem Computer.

c Nur noch beim Surfen fühlen sich diese Menschen total ruhig und glücklich.

d Sie suchen meistens bei ihrer eigenen Familie Liebe und Unterstützung.

e Es ist alles die Schuld der Computer.

f Diese Menschen haben Probleme mit ihren Beziehungen.

g Da sie mit genug Menschen im Internet chatten können, brauchen sie weniger Kontakt mit ihren Mitmenschen.

h Die Internetsucht ist hauptsächlich ein physisches Problem.

(8 Punkte)

4a Lesen Sie die folgenden Probleme der heutigen Zeit aufmerksam durch:

- ◆ Arbeitslosigkeit
- ◆ Ausländerfeindlichkeit
- ◆ Obdachlosigkeit
- ◆ Drogenabhängigkeit
- ◆ die Dritte Welt
- ◆ Vermögensverteilung
- ◆ Aids
- ◆ Stress
- ◆ Alkohol und Nikotin
- ◆ Rechtsradikalismus

4b Besprechen Sie mit einem Partner oder einer Partnerin die oben angegebenen Themen und ordnen Sie sie in einer Rangliste, je nach ihrer Wichtigkeit. Begründen Sie Ihre Entscheidung.

4c Wählen Sie eines der Themen, das Sie für besonders wichtig halten, aus, und erzählen Sie Ihren Klassenkameraden, was Sie in Bezug auf dieses Problem täten, wenn Sie die Macht dazu hätten.

5 Schreiben Sie einen kurzen Abschnitt (je ca. 50 Wörter) über jeden der folgenden Stichpunkte und fassen Sie dann in weiteren 50 Wörtern zusammen, welche der aufgelisteten Phänomene Sie für das größte Problem der heutigen Jugend halten:

- ◆ Alkohol
- ◆ Drogen
- ◆ Arbeitslosigkeit
- ◆ Aids

Vergessen Sie nicht, Ihre eigene Meinung darzustellen.

(10 Punkte)

Mobilität heute

4

Lernziele

- Die Vor- und Nachteile des Autos, der Eisenbahn und anderer Verkehrsmittel diskutieren
- Verstehen, wie Staus und Unfälle entstehen und wie sie zu vermeiden sind
- Herausarbeiten, wie man die Umwelt durch gezielte Transportpolitik schützen kann
- Kreative Alternativen zum Transportproblem kennen lernen und besprechen

Grammatik

- Wiederholung des Passivs
- Das unpersönliche Passiv
- Vermeidung des Passivs

Tipp

- Leseverständnis trainieren und Fragen auf Deutsch beantworten

1 Welcher Satz passt zu welchem Bild?

- **a** In den meisten deutschen Städten immer noch beliebt, da zuverlässig und umweltfreundlich
- **b** Die lange Anreise in den Urlaub
- **c** Sie gleitet schon seit fast 100 Jahren über die Stadt.
- **d** Der Traum von fast jedem kleinen Jungen oder Mädchen
- **e** In 90 Minuten von Hamburg nach Berlin?

2a Machen Sie eine Liste der Vor- und Nachteile der privaten und öffentlichen Verkehrsmittel, z.B.:

- U-Bahn
- S-Bahn
- Straßenbahn
- ICE-Zug
- eigenes Fahrzeug
- Fahrrad
- Flugzeug
- Inlineskates
- Schiff

2b Erzählen Sie Ihrem Partner/Ihrer Partnerin auch, welches Verkehrsmittel Sie normalerweise benützen, wie oft Sie das tun und wann Sie zum letzten Mal damit unterwegs waren.

Blechlawinen

Das Auto, nach dem Krieg ein Zeichen des Wohlstands, bedroht jetzt sowohl Mobilität als auch die Umwelt. Werden die Deutschen ihr liebstes Spielzeug aufgeben müssen?

[1] Unabhängig voneinander entwickelten C. Daimler und G. Benz in Deutschland um 1885 die ersten Kraftwagen. Nach und nach wurden mehr Autos gebaut, doch handelte es sich hier hauptsächlich um Spielzeuge der Begüterten. Der Kaiser selbst hatte mehrere dieser Fahrzeuge in seinem Hof, doch diejenigen, die sich die neue Technik nicht leisten konnten, verteufelten sie eher.

[2] Doch dies änderte sich schlagartig im Ersten Weltkrieg, als sich das Auto als nützlich zum Transport von Soldaten, Waffen und Lebensmitteln erwies. Das erste Massenfahrzeug der Welt wurde in Amerika hergestellt. Das Modell-T-Ford brachte es immerhin zwischen 1909 und 1927 durch serienmäßige Produktion auf 15 Millionen Fahrzeuge.

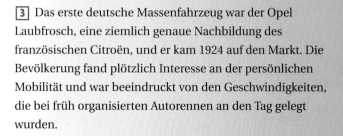

[3] Das erste deutsche Massenfahrzeug war der Opel Laubfrosch, eine ziemlich genaue Nachbildung des französischen Citroën, und er kam 1924 auf den Markt. Die Bevölkerung fand plötzlich Interesse an der persönlichen Mobilität und war beeindruckt von den Geschwindigkeiten, die bei früh organisierten Autorennen an den Tag gelegt wurden.

[4] Hitler und die Nazis nutzten dieses Interesse aus, um für ihre Partei Pluspunkte zu gewinnen, die Industrie anzukurbeln und die Infrastruktur für den Krieg vorzu-bereiten. Ferdinand Porsche entwarf in ihrem Auftrag ein Auto, den KdF-Wagen (aus dem später der Käfer wurde), der mit einem 6 bis 7 Liter Verbrauch pro 100 km sparsam und zu einem Preis von 1000 Reichsmark noch durchaus

erschwinglich war. Zur Vorbereitung dieser Bewegungsexplosion hatten die Nazis die Autobahnen bauen lassen und sie als Straßen der Zukunft propagiert. In Wirklichkeit waren sie hauptsächlich der Kriegsvorbereitung gewidmet: ohne diese Schnellwege wäre ein Blitzkrieg nicht denkbar gewesen.

[5] Nach dem Krieg musste die Mobilität vor allem billig sein, deshalb der Trend zu Motorrädern und zu Kleinwagen. Kraftfahrzeuge wurden schließlich zum Götzen des Zeitalters. Vor allem in den sechziger Jahren war die autogerechte Stadt das Ziel der Verkehrsplaner. Alleen wurden abgeholzt, mehr und mehr Straßen gebaut, Parkplätze geschaffen. Wohn- und Arbeitsbereiche wurden getrennt. Man wohnte am Stadtrand oder draußen im Grünen, doch man arbeitete im Zentrum und pendelte natürlich im eigenen Wagen dazwischen hin und her. Die Automobilindustrie und damit die deutsche Industrie überhaupt erlebten einen ungeheuren Aufschwung.

[6] Erst die Ölkrise im Jahre 1973 brachte die Welt wieder zur Besinnung. Man wurde sich zum ersten Mal der negativen Folgen des Autos bewusst: der Lärmbelästigung, der Verschwendung von Treibstoff, des Landschaftsverbrauchs und der Umweltverschmutzung. Die Krise brachte zwar Alternativen im Nahverkehr zur Diskussion, schuf aber keine nennenswerte Änderung der Verkehrspolitik. Die Automobilindustrie wird immer noch als Grundpfeiler des modernen Wohlstandes angesehen und die größte Herausforderung an die Politiker heute ist, die Interessen der Wirtschaft, der Umwelt und der individuellen Freiheit unter einen Hut zu bringen.

1a Lesen Sie den Text über die Entwicklung des Kraftfahrzeugs in Deutschland und ordnen Sie die Überschriften jeweils einem Paragraphen zu:

  a Kleinfahrzeuge bahnen den Weg zum Wohlstand.

  b Das Auto macht sich in größeren Mengen nützlich.

  c Die Kehrseite der Medaille und doch wenig Änderung

  d Fahrzeuge nur für die Reichen

  e Frühe Käfer auf der Autobahn

  f Ein Laubfrosch rüstet zum Rennen

1b Ordnen Sie die folgenden Sätze, sodass sie den Bericht chronologisch widerspiegeln:

a Hitler benutzte die Entwicklung der Autoindustrie zur Vorbereitung des Krieges.

b Die Städte waren durch breite Fahrbahnen und riesige Parkplätze gekennzeichnet.

c Eine umweltgerechte Verkehrspolitik zu schaffen, ohne Schaden für die Industrie, ist die Aufgabe des Bundestages.

d Erst die Verdreifachung des Ölpreises zeigte die Grenzen der individuellen Mobilität.

e Ein Auto war hauptsächlich das Privileg des reichen Mannes.

f Die ersten deutschen Autos wurden fast zur selben Zeit entworfen.

g Die Verwendung der Fahrzeuge als Gütertransport stärkte ihr Ansehen in der öffentlichen Meinung.

h Das erste deutsche Massenauto war einem französischen Modell nachgebildet.

1c Schreiben Sie eine Zusammenfassung (150 Wörter) über die Hauptgründe, warum der Pkw so beliebt wurde. Beantworten Sie dabei auch die Frage, ob er jetzt an Popularität verliert.

2a 🔊 Frau Eberhardt aus Ostberlin erzählt von ihrem geplanten Autokauf. Hören Sie zu. Sind die folgenden Aussagen richtig oder falsch?

a Frau Eberhardt wohnt jetzt nicht mehr in Ostberlin.

b Jede Fahrt mit öffentlichen Verkehrsmitteln kostete in Ostberlin 20 Pfennig.

c Ein Trabant war nur groß genug für zwei Personen.

d Der Trabant war unheimlich billig.

e Die Lieferzeiten waren unvorstellbar lang.

f Wer konnte, schloss sofort an seinem 18. Geburtstag einen Kaufvertrag ab.

g Die westlichen Autos waren umweltfreundlicher als der Trabi.

h Wegen der ungünstigen Umtauschrate konnten sich die Ostdeutschen nach der Wende keine Autos leisten.

i Frau Eberhardt fährt jetzt einen VW Polo.

2b 🔊 Hören Sie sich das Interview nochmals an und füllen Sie den Lückentext mit Wörtern aus dem Wortkasten aus.

Eine Fahrt mit den öffentlichen Verkehrsmitteln kostete Frau Eberhardt ...**a**... Pfennig. Die Anschaffung eines eigenen Fahrzeuges war also ...**b**... nötig, sondern der normale ...**c**... eines jeden Jugendlichen.

Trabis waren in der DDR sehr ...**d**.... Sie waren praktisch, klein und wendig, aber nicht gerade ...**e**... . Dazu war das Auto für unsere Verhältnisse doch recht ...**f**..., und man musste lange ...**g**... in Kauf nehmen.

Trotzdem beschlossen viele junge Menschen im Alter von ...**h**... Jahren, sich für einen Trabi ...**i**... Die normale Lieferzeit konnte leicht ...**j**... Jahre betragen und sie hofften, bis dahin genug Geld ...**k**... zu haben.

Bei Frau Eberhardt kam die ...**l**... dazwischen. 1989 fiel die Mauer und es war aus mit den Trabis. Nach der ...**m**... hatte sie genug Geld beisammen, um sich einen gebrauchten ...**n**... leisten zu können. Diesen hat sie allerdings seit damals schon ...**o**... gegen ein besseres Auto eingetauscht.

> Wende achtzehn anzumelden gespart zwanzig Lieferzeiten mehrmals nicht zehn Polo beliebt Traum teuer Währungsunion umweltfreundlich

3a Laden Sie sich vom Internet Prospekte für deutsche Kleinwagen herunter. Benutzen Sie dazu folgende Adressen: www.vw-online.de, www.bmw.de, www.audi.com, www.mercedes-benz.de

3b 👥 Vergleichen Sie mit Ihrem Partner/Ihrer Partnerin die Angebote der Hersteller. Begründen Sie Ihre Entscheidungen.

◆ An wen wendet sich die Werbung?

◆ Wie versucht der jeweilige Konzern, eventuell die Finanzierung zu erleichtern?

◆ Für welchen Wagen würden Sie sich entscheiden (a) als Student (b) als im Beruf stehender frischverheirateter Bürger?

◆ Oder würden Sie keinen deutschen Wagen wählen?

4 Schreiben Sie einen Aufsatz (250 Wörter) zu dem Thema „Mein Traumauto – und wie ich es benützen würde".

Staus und Unfälle

Die Anzahl der Automobile pro Familie steigt immer mehr. Wie soll es weitergehen?

1a 🧑‍🤝‍🧑 Beantworten Sie die folgenden Fragen:

a Wer hat den Führerschein?

b Wessen Familie fährt hauptsächlich mit dem Wagen in Urlaub?

c Wie viele Autos gibt's in der Familie?

d Wessen Vater oder Mutter fährt regelmäßig auf der Autobahn?

e War ein Mitglied der Familie schon einmal in einen Unfall verwickelt?

f Was für Erfahrung hat man in Ihrer Klasse mit Staus?

g Wer kann etwas empfehlen, um im Stau die Nerven zu beruhigen?

1b 🧑‍🤝‍🧑 Fassen Sie das, was Sie herausgefunden haben, in einem einminütigen Vortrag vor Ihrer Klasse zusammen.

2 Studieren Sie nun die Tabelle zum Thema „Kraftfahrzeugbestand" und:

♦ Vergleichen Sie den Fahrzeugbestand in den drei alten Bundesländern mit dem in den drei neuen Bundesländern. Welche Unterschiede stellen Sie fest? Was sind wohl die Gründe für die Unterschiede?

♦ Vergleichen Sie den Bestand im Jahre 1979 und die Zunahme bis 1999.

♦ Warum sind für die neuen Bundesländer keine Ziffern für das Jahr 1979 aufgelistet?

♦ Versuchen Sie aus dem Internet Ziffern über den Kraftfahrzeugbestand in Ihrem Land zu bekommen. Vergleichen Sie das mit Deutschland.

Bilanz des Sommers: Über 10 000 Kilometer Stau

Von Jahr zu Jahr werden zur Haupturlaubszeit immer mehr Staus auf den deutschen Autobahnen registriert. Zwischen Ende Juni und Anfang September wurden vom ADAC 617 Staus mit Längen von zehn und mehr Kilometern gemeldet. Zwölf davon waren länger als 50 Kilometer und wurden als so genannte „Superstaus" verzeichnet. Staus unter 10 Kilometer Länge werden vom ADAC gar nicht mehr erfasst, sondern als normales Stop-and-go abgewertet.

Schuld an den Staus ist nach Meinung der Experten hauptsächlich das sehr hohe Verkehrsaufkommen, besonders zu Wochenenden, wo in den verschiedenen Bundesländern die Ferien beginnen oder aufhören. Die Staffelung der Schulferien habe im Vergleich zu unseren EU-Nachbarn ein totales Verkehrschaos zwar verhindert, doch würde eine Verlegung der Hin- und Rückreise auf Mitte der Woche wesentlich zu einer Verminderung der Verkehrsballung beitragen.

Andere Gründe für den zähfließenden Verkehr seien immer noch die zahlreichen Baustellen und vermeidbare Unfälle, häufig hervorgerufen durch Raserei auf freien Strecken sowie Müdigkeit am Steuer, wodurch Fehler beim Überholen gemacht werden können.

Der absolute Spitzenstau wurde im Jahre 1996 auf der Strecke Hamburg – Flensburg gemessen. Er betrug 140 Kilometer.

Bundesland	Bevölkerung 1999	zugelassene Pkws 1999	zugelassene Pkws 1979
Bayern	12 000 000	6 703 000	3 945 000
*Berlin	3 500 000	1 194 000	
Hamburg	2 000 000	748 000	940 000
*Mecklenburg-Vorpommern	1 800 000	855 000	
Rheinland-Pfalz	4 000 000	2 212 000	1 384 000
*Sachsen-Anhalt	3 000 000	1 274 000	
Deutschland insgesamt	82 000 000	42 300 000	22 302 000

* bedeutet neues Bundesland

Die Pkws stellen insgesamt 83% der Fahrzeuge dar. Dazu kommen noch Lkws und andere Fahrzeuge, sodass die Fahrzeugdichte im Moment 516 Pkws bzw. 617 Kraftfahrzeuge pro 1000 Einwohner beträgt.

3 Lesen Sie den Text „Bilanz des Sommers" sorgfältig durch und beantworten Sie die folgenden Fragen:

a Wann kommen die Autofahrer auf den Autobahnen nicht recht voran? (2)

b Welche Gründe gibt es dafür? (1)

c Was ist ein „Superstau"? (1)

d Warum ist der ADAC nicht von Staus unter 10 km beunruhigt? (1)

e Warum ist das Problem an gewissen Wochenenden besonders schlimm? (2)

f Hat die Staffelei der Ferien das Problem nicht gelöst? (2)

g Nennen Sie andere Gründe für Staus. (4)

4a [🔊] Hören Sie nun einen Bericht über Verkehrsunfälle. Bringen Sie die folgenden Ausdrücke in die Reihenfolge, wie Sie sie hören:

a Überholmanöver

b Verkehrsunterricht betreiben

c den Rettungsdienst alarmieren

d Schülerlotsen einstellen

e eine Sondersitzung des Stadtrats

f außer Lebensgefahr sein

g die Kontrolle verlieren

h Radarkontrollen einsetzen

i die Geschwindigkeitsbegrenzung überschreiten

j die Straße überqueren

4b [🔊] Hören Sie sich den Text noch einmal an und füllen Sie den Lückentext aus.

Der BMW-Fahrer war wegen ...**a**... von der Fahrbahn abgekommen. In einer Kurve hatte er die ...**b**... über sein Fahrzeug ...**c**... und war gegen einen Baum geprallt. Er hatte also die vorgeschriebene ...**d**... von 100 km/h nicht eingehalten. Die ...**e**... für den Unfall war also eindeutig bei dem BMW-Fahrer zu suchen.

Der Unfall zwischen den beiden Mädchen auf ihrem ...**f**... und dem Lieferwagen hätte eindeutig vermieden werden können. Überall in der Stadt sollte die Geschwindigkeitsbegrenzung auf ...**g**... zumindest während des Schuljahrs gesenkt werden. Außerdem sollten an viel befahrenen Straßen in Schulnähe ...**h**... eingestellt werden. Auch das Anbringen von ...**i**... und Ampeln wurde dringend empfohlen, um die Zahl der Unfälle auf ein Mindestmaß zu reduzieren. Ferner wurde geraten, verstärkt ...**j**... in der Schule zur Sicherheit der Schüler zu betreiben.

Grammatik

Revision of the passive

- The passive voice in German consists of the appropriate form of *werden* plus the past participle:

  present tense:
  die Straße **wird repariert**

  imperfect tense:
  ein Unfall **wurde gemeldet**

  perfect tense:
  ein Fußgänger **ist überfahren worden**

  pluperfect tense:
  die Autobahn **war gesperrt worden**

  future tense:
  eine Maut **wird** für Lkws **eingeführt werden**

- 'By' can be expressed by *von*, *durch* or *mit* (see p. 134).

  Die Autobahn wurde **von** der Polizei gesperrt.

  Durch Verkehrsberuhigungsmaßnahmen wurde die Anzahl schwerer Unfälle erheblich reduziert.

  Die Verletzten wurden **mit** einem Hubschrauber in die Unfallklinik eingeliefert.

(A) List all the passive forms in the text on p. 40 and translate them into English.

4c Fassen Sie die beiden Verkehrsunfälle mit Ihren eigenen Worten zusammen.

5 [👥] Führen Sie ein Gespräch mit Ihrem Partner/Ihrer Partnerin. Einer ist für, der andere gegen Geschwindigkeitsbegrenzungen auf Autobahnen. Benutzen Sie die Ausdrücke in Übung 4b.

6 Schreiben Sie einen Brief an den Bürgermeister einer Stadt. Sie arbeiten nach Ihrem Abitur als Hilfskraft an einem Gymnasium in Deutschland und vor Ihrer Schule hat sich gerade ein Unfall ereignet. In Ihrem Brief beschreiben Sie die Raserei vor der Schule und bitten ihn, Verkehrsberuhigungsmaßnahmen einzuführen.

Extra! [🔊] Hören Sie sich den Bericht über Staus an und machen Sie dazu Übung 1 auf Arbeitsblatt 10.

Die Eisenbahn

Kann die Eisenbahn mit der Bequemlichkeit des Autos konkurrieren?

Die Auswirkung des Verkehrs auf Menschenleben und Umwelt

Viele Menschen bestehen darauf, tagtäglich mit ihrem eigenen Auto zu fahren. Ob auf dem Weg zur Arbeit oder in der Freizeit, sie fühlen sich in ihrem Wagen geschützt vor Wind und Wetter und können auch noch ungehindert Gepäck und andere Passagiere mitnehmen.

Doch der Preis für diese Bequemlichkeit ist hoch: Die Verkehrsdichte ist enorm gestiegen und der Straßenbau, lange Zeit Priorität der Bundesregierung, hat trotz aller Investitionen einfach nicht mithalten können.

1960 kamen auf einen Kilometer Straße noch 13 Pkws, heute sind es bereits nahezu an die 70. Die Verkehrsdichte hat sich also mehr als verfünffacht. Und damit hat natürlich auch die Anzahl der Unfälle zugenommen. Abgesehen vom Blechschaden darf man nicht vergessen, wie viele Menschen im Straßenverkehr umkommen oder für den Rest ihres Lebens behindert werden. Alles in allem eine traurige Bilanz.

Doch die Auswirkung auf die Umwelt ist genauso erschreckend. Mit 12% sind die Autos am CO_2-Ausstoß beteiligt, der im Wesentlichen für den Treibhauseffekt verantwortlich ist. Zwar wurden durch die Einführung der Drei-Wege-Katalysatoren 95% der Autoabgase unschädlich gemacht, doch gegen das CO_2 kommt auch der beste Katalysator nicht an.

Hier gibt es mehrere Möglichkeiten zur Schadensbegrenzung. Die wichtigste ist natürlich nach wie vor das Umsteigen auf die öffentlichen Verkehrsmittel und die Einschränkung des privaten Autoverkehrs auf wenige unbedingt notwendige Fahrten. Doch davon sind wir noch weit entfernt. Die Eigenmobilität ist einfach zu billig, die Autoindustrie-Lobby bei der Regierung zu stark vertreten und die Bereitschaft zum Verzicht ist weder beim einzelnen Bürger noch bei den Politikern ausgeprägt genug, um wirkliche Ergebnisse zu verzeichnen.

Eine andere Möglichkeit wäre, den Benzinverbrauch zu drosseln, indem man kraftstoffsparende Fahrzeuge herstellt. Ursprünglich war es geplant, dass bis zum Jahre 2000 jedes neu gebaute Auto einen Durchschnitts-verbrauch von 5 Litern pro 100 Kilometer hat, doch der Wunsch nach schnellen Schlitten, die es auf der Autobahn

auf 200 Sachen bringen, hat dieses Ziel höchstens für Zweitwagen, so genannte Stadtflitzer, interessant gemacht. Langsame Prestigewagen sind in Deutschland kaum an den Mann zu bringen.

Elektronische Leitsysteme, die jeweils den günstigsten Weg anzeigen oder zu angemessenem Fahrverhalten auffordern, haben sich immer noch nicht durchgesetzt, könnten aber ein Wegweiser für die Zukunft sein.

Was auch immer die Politiker und die Automobilindustrie sich einfallen lassen, irgendetwas muss geschehen, und zwar in globaler Zusammenarbeit, wenn wir nicht in unverantwortlicher Selbstsüchtigkeit willkürlich unseren Planeten zerstören wollen.

1a Lesen Sie den Text „Die Auswirkungen …" und suchen Sie im Text Synonyme für folgende Ausdrücke:

a die Zahl der Autos auf den Straßen

b was bei einem Unfall am Auto kaputt geht

c vorzeitig sterben

d der Effekt

e eine Methode, schädliche Gase auszufiltern

f wenig Benzin verbrauchend

g mit 200 Stundenkilometern fahren

1b Beantworten Sie die folgenden Fragen zum Text:

a Warum bestehen so viele Leute darauf, ihren eigenen Wagen zu benutzen? *(3)*

b Welche Folgen haben diese häufigen Autofahrten? *(3)*

c Welche Auswirkung hat das Autofahren auf die Umwelt? *(2)*

d Hat die Einführung des Drei-Wege-Katalysators diesen Auswirkungen nicht entgegengewirkt? *(2)*

e Wie kann man den Schaden begrenzen? *(3)*

2 Übersetzen Sie die letzten drei Abschnitte ab „Eine andere Möglichkeit wäre …" ins Englische.

3a Machen Sie ein Assoziationsdiagramm und schreiben Sie alle Wörter auf, die Ihnen zum Thema „Eisenbahn" einfallen.

3b 🔊 Hören Sie sich das Interview mit Herrn Walters, Bundesbahnbeamter im Ruhestand, an und ordnen Sie die folgenden Aussagen in der Reihenfolge, wie Sie sie hören:

a Die wirkliche Konkurrenz ist mit Sicherheit das Auto.

b Die Lokalbähnchen wurden unrentabel und nahmen Platz auf der Straße ein.

c Man müsste Güterverkehr und Personenverkehr entmischen.

d 1955 hatte die Bundesbahn praktisch ein Monopol.

e Viele Nebenstrecken werden wegen Unrentabilität stillgelegt.

f Die BahnCard bringt für alle Benutzer doch erhebliche Vorteile.

g Sie müssen stundenlang in den Großstädten nach einem Parkplatz suchen.

3c 🔊 Hören Sie sich das Interview noch mal an und machen Sie sich unter den folgenden Schlüsselwörtern Notizen.

◆ Bundesbahn 1955

◆ Verbreitung des Pkws

◆ Nachteile des Pkws

◆ Angebote der Bahn AG

◆ Warum Vorzug des Pkws?

◆ Eine attraktive Bahn für alle

◆ Güterverkehr

4 Schreiben Sie jetzt einen Aufsatz zum folgenden Thema: „Die Eisenbahn – wieder ‚in' im 21. Jahrhundert?" Benutzen Sie dabei Ihre Notizen von Übung 3c und beachten Sie folgende Punkte:

◆ Warum ist die Eisenbahn wichtig?

◆ Was macht die deutsche Bahn, um Kunden anzulocken?

◆ Wie ist die Lage in Ihrem Land?

◆ Lösungsvorschläge

5 👥 Ihr Freund/Ihre Freundin hat gerade seinen/ihren Führerschein gemacht. Die Eltern wollen ihm/ihr zum bestandenen Abitur einen Gebrauchtwagen schenken. Er/Sie freut sich riesig über die Aussicht auf eigene Mobilität. Sie versuchen ihn/sie davon zu überzeugen, dass es viel sicherer und umweltfreundlicher wäre, mit der Bahn zu fahren. Wer gewinnt?

Extra! Machen Sie die Übungen auf Arbeitsblatt 11.

The activities on this spread will help you to:

◆ Understand reading passages better and answer questions in German

◆ Use the passive more effectively in your writing

Verkehrsverbund Rhein-Neckar GmbH

Der Verkehrsverbund Rhein-Neckar wurde 1989 gegründet mit dem Ziel, die öffentlichen Verkehrsmittel im Nahverkehr miteinander in Einklang zu bringen, die Fahrpläne aufeinander abzustimmen und dem Fahrgast eine einheitliche und verständliche Tarifstruktur anzubieten. Die Bundes- und die Landesregierungen haben überall in der Bundesrepublik die Entstehung solcher Verkehrsverbünde gefördert. Damit sollten in erster Linie der Verkehr von der Straße in die öffentlichen Verkehrsmittel geleitet und die Umwelt entlastet werden.

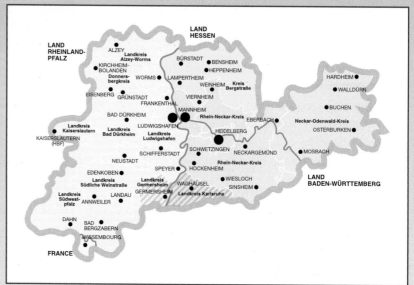

Der VRN besteht mittlerweile aus 33 Verkehrsunternehmen in 19 Landkreisen und kreisfreien Städten im Rhein-Neckar-Dreieck. Für Fahrten mit dem VRN werden eine Vielzahl zielgruppenorientierter Tarifangebote bereitgehalten.

Zur Preisberechnung wurde das Verbundgebiet in Tarifzonen, so genannte Waben eingeteilt. Jede Wabe entspricht einer Preisstufe. Der Preis eines Fahrscheins hängt davon ab, wie viele Waben bei einer Fahrt durchfahren werden.

Verkehrsmittel innerhalb des Verbundes umfassen Straßenbahnen, Busse, Nahverkehrszüge der Bahn AG, regionale Eisenbahnen und sogar Fähren.

Der VRN erweitert ständig seine Angebote. Seit Beginn war er führend beim Transport von Schülern, Studenten und im Berufsverkehr. Im Laufe der Zeit jedoch wurden immer mehr Interessensgruppen angesprochen, z.B. die ältere Generation durch die Karte ab 60 oder der Freizeitverkehr durch Kombi- oder Erlebnistickets, durch die sowohl die Fahrt als auch der Eintritt günstig geregelt waren.

Tarife, Fahrpläne und Angebote lassen sich leicht abchecken, entweder telefonisch, auf CD-ROM oder über das Internet. Der VRN geht auch direkt in die Schulen, um besonders Schüler zu Anfang der Sekundarstufe mit Schnupperprogrammen über öffentliche Verkehrsmittel sachkundig zu machen und vor allem natürlich, um das preisgünstige MAXX Schülerticket vorzustellen. Andere Aktionen sind zum Beispiel Offensiven im Straßenverkehr, etwa die direkte Ansprache von Autofahrern im Stau durch Überreichen von Prospektmaterial samt Gratisprobefahrkarten als Alternative zur Umweltverschmutzung und Frustration.

Im Laufe von zehn Jahren seit seiner Gründung hat der Verbund die Nutzung der Verbundverkehrsmittel um knapp 95 % gesteigert. 1999 lag das Gesamtfahrgastaufkommen mit 223,0 Millionen um 8,7 Millionen oder 4,1% über dem des Vorjahres. Nach der Statistik des Instituts für Wirtschaftsförderung in München belegt der VRN mit dieser Steigerungsrate gegenüber dem Vorjahr den zweiten Platz innerhalb der großen Ballungsgebiete in der Bundesrepublik Deutschland.

Tipp

Understanding reading passages and answering questions in German

- Look at any visual clues, such as the map on p. 44.

- Read the text through twice. Jot down 4 or 5 key points in German which summarize the passage.

- Pick out the key words in each question. See *Tipp* p.12.

- Note the number of marks for each question and pick out the elements in the text which you think might be needed for the answer.

- If you cannot answer a question, go on to the next one. The answer may come to you later.

- Avoid using expressions verbatim from the German text. Show you can manipulate the language to answer in your own words.

- Check through to see that your answers make sense.

- Now go back to any unanswered questions. Make a point you think might be relevant, rather than leaving a complete blank.

1 Follow all the steps to answer these questions on the text:
  a Auf welche Weise sollte die Gründung des VRN zu einer Verbesserung der öffentlichen Verkehrsmittel beitragen? *(2)*
  b Inwiefern sollte sich diese Maßnahme als umweltfreundlich erweisen? *(2)*
  c Wie sind die Fahrkarten preislich strukturiert? *(2)*
  d Beschränkt sich der VRN nur auf die normalen Linienbusse und Straßenbahnen? *(1)*
  e Sind die Angebote des VRN nur für regelmäßig Reisende interessant? *(1)*
  f Wie versucht der VRN die breite Masse der Bevölkerung für seine Dienste zu interessieren? *(5)*
  g Warum könnte die Aktion direkt im Straßenverkehr besonders erfolgreich sein? *(2)*
  h Welche Indikationen gibt es für den Erfolg des VRN? *(2)*

Extra! 🔊 Hören Sie sich jetzt das Interview mit Frau Engesser vom VRN an und machen Sie Übung 2 auf Arbeitsblatt 10.

Grammatik   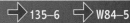 135–6 W84–5

More on the passive (revision)

- The passive of verbs followed by a dative case is impersonal in German (subject = *es*):
  Es wurde den Schülern empfohlen sich eine MAXX Fahrkarte zu besorgen.
  The students were recommended to get a MAXX ticket.

- If the sentence starts with another word, *es* is usually omitted:
  Den Schülern wurde empfohlen, sich eine MAXX Fahrkarte zu besorgen.

  Common examples include:
  mir wurde gesagt   *I was told*
  mir wurde geholfen   *I was helped*
  mir wurde geschenkt   *I was given*
  mir wurde gezeigt   *I was shown*

A Put these sentences into the passive voice:
  a Man sagte den Schülern, welche Fahrkarten für sie in Frage kämen.
  b Das VRN-Team erklärte den Azubis, wie sie Zuschüsse bekommen könnten.
  c Man zeigte den Arbeitnehmern, wie ein Job-Ticket billiger sei, als ein Parkplatz in der Stadt.
  d Verwandte halfen der alten Frau, sich um die „Karte ab 60“ zu bewerben.
  e Man schenkte ihnen auch eine Probekarte.

- Other constructions are often preferred to the passive in German:

  – *man* + active verb
  Man teilte das Gebiet in Waben ein.
  The area was divided into sections.

  – *sich lassen* + infinitive
  Der Güterverkehr **lässt sich** nicht ohne weiteres von der Straße auf die Schiene verlegen.
  Freight traffic cannot easily be moved from road to rail.

  – the active infinitive
  Es bleibt noch **zu sehen**, ob die Ökosteuer die gewünschte Wirkung haben wird.
  It remains to be seen if the ecological tax will have the desired effect.

Extra! Do the activities on Arbeitsblatt 12.

Zur Auswahl

1a Folgende Schlagwörter gehören zu diesem Thema. Ordnen Sie die Begriffe nach Ihren Prioritäten:

- Zerstörung der Ozonschicht
- Schädliche Abgase, besonders von Stickoxiden und Kohlendioxid
- Zunahme des Treibhauseffektes
- Entsorgung der Altautos
- Hoher Verbrauch an Primärenergie beim Bau von Autos
- Erhöhung von Allergiekrankheiten wie Asthma und Müdigkeit durch Abgase
- Frustration und Aggression bei Staus auf Autobahnen
- Zerstörung der öffentlichen Verkehrsmittel durch Bestehen auf Nutzung des eigenen Autos

1b Rechtfertigen Sie Ihre Reihenfolge in einer Erklärung vor Ihren Klassenkameraden.

Gut gesagt! S

2 Hören Sie sich die folgenden Sätze an und sprechen Sie sie nach:

- **a** Die Mineralölkonzerne sind nicht an einer Erforschung alternativer Energiequellen interessiert.
- **b** Die Abwesenheit von Geschwindigkeitsbegrenzungen auf deutschen Autobahnen führt zu einem erhöhten Unfallrisiko.
- **c** Die Umweltbelastung durch CO_2-Emissionen nimmt unzumutbare Ausmaße an.
- **d** Durch ständig neue Sonderangebote versuchen die örtlichen Verkehrsbetriebe neue Kundschaft anzulocken.

3 Übersetzen Sie die folgenden Sätze ins Deutsche:

- **a** CO_2 emissions are largely responsible for the greenhouse effect.
- **b** The government should encourage public transport by higher taxes on private car users.
- **c** Many branch lines had to be closed down because people preferred travelling by car.
- **d** Accidents could be avoided by the introduction of sensible speed limits on motorways.

4a S Hören Sie sich den Bericht zum Thema „Auto der Zukunft" an und ordnen Sie die folgenden Begriffe in der Reihenfolge, wie Sie sie hören:

- **a** subventioniert
- **b** Ölkrise
- **c** Holzvergaser
- **d** Wasserstoff
- **e** Benzinschlucker
- **f** Batterien
- **g** Umweltminister

4b S Hören Sie sich den Text noch mal an und wählen Sie jeweils die Ergänzung, die am besten passt.

- **a** Vor 50 Jahren hat man den Holzvergaser _____ .
  1 eingeführt   2 entwickelt   3 verboten
- **b** Fossile Energiequellen werden bald _____ sein.
  1 ausgenutzt   2 zu Ende   3 vorrätig
- **c** Seit der Energiekrise hat man mehr Benzin _____ .
  1 gespart   2 verbraucht   3 umgewandelt
- **d** Wasserstoff wird von _____ wiederverwertet.
  1 den Pflanzen   2 den Menschen   3 den Autos
- **e** Die Großproduktion soll _____ auf vollen Touren laufen.
  1 in fünf Monaten   2 2050   3 in fünf Jahren
- **f** Der Liter Benzin soll _____ kosten.
  1 sechzehn Cent   2 sechzig Euro   3 sechzig Cent
- **g** Man arbeitet an der Herstellung von _____ .
  1 Kleinwagen
  2 Prestigewagen mit 5-Literverbrauch
  3 neuen Energieformen

5 Schreiben Sie einen Aufsatz (250 Wörter) zu einem der folgenden Themen:

- **a** Transportmittel der Zukunft. Beschreiben Sie, welche Verkehrsmittel Sie persönlich benützen würden. Begründen Sie Ihre Meinung und benutzen Sie für Ihre Argumente Vokabeln und Ausdrücke, die Sie in diesem Kapitel gelernt haben.
- **b** Verantwortlicher Gebrauch des Autos – eine Aufgabe für Bürger **und** Regierung. Zeigen Sie, wie alle dazu beitragen können, damit Umwelt, Wohlstand und Mobilität gewährleistet sind.

Vorsprung durch Technik

Lernziele

◆ Die Nutzung von Gentechnik besprechen

◆ Die Rolle der Technik am Arbeitsplatz diskutieren

◆ Die Vor- und Nachteile des Klonens diskutieren

◆ Alternative Energiequellen betrachten

Grammatik

◆ Wiederholung der Zeitformen

Tipp

◆ Notizen auf Deutsch von einem englischen Text machen

1a Wie wird die Welt in 50 Jahren aussehen? Was meinen Sie?

	realistisch	unrealistisch
Man wird Babys geklont haben.		
Die Erde wird eine Umweltkatastrophe überstanden haben.		
Man wird Urlaub auf dem Mond machen können.		
Astronauten werden auf dem Mars gelandet sein.		
Jeder wird ein Bildtelefon besitzen.		
Alle Häuser werden mit Solarenergie beheizt werden.		
Roboter werden Menschen in vielen Arbeitssphären ersetzen.		
Alle Lebensmittel werden gentechnisch verändert werden.		
Es wird eine Impfung gegen Krebs und Aids geben.		

1b Welche von diesen Visionen sind wünschenswert und welche nicht? Diskutieren Sie in Ihrer Klasse.

Gentechnik

Was halten Sie von gentechnisch veränderten Lebensmitteln?

1 Sehen Sie sich das Poster über Gentechnik an. Worum geht es? Welche Produkte werden häufig gentechnisch manipuliert? Warum?

2a Lesen Sie den Text „Das Essen der Zukunft?" und finden Sie die Vokabeln mit den folgenden Definitionen:
- **a** verderben
- **b** verneinen
- **c** testen
- **d** produzieren
- **e** sinnvoll
- **f** misstrauisch

Das Essen der Zukunft?

Wassermelonen ohne Kerne, Getreide in der Wüste – sind das die Ziele der Gentechnik? Vor allem mit Obst und Gemüse forschen die Wissenschaftler und schon 1996 waren genmanipulierte Tomaten in den USA zu kaufen. Die Früchte wurden gentechnisch verändert, so dass sie nicht mehr so schnell faulten. Dennoch äußern in Deutschland viele nach wie vor Angst vor der neuen Technologie. Bei einer Umfrage gaben rund 95% der Befragten an, dass sie solche Lebensmittel nicht kaufen wollten.

Warum denn so viel Angst? „Mit der Gentechnik mischt man sich zu sehr in die Natur ein", meinte ein Befragter. „Der BSE-Skandal hat uns schon gezeigt, wie gefährlich das sein kann. Wer weiß, welche Folgen der Konsum von genmanipulierten Lebensmitteln haben könnte – neue Allergien zum Beispiel." Das Problem bestreitet Dr. Klaus-Dieter Jany von der Bundesforschungsanstalt für Ernährung. „Diese Produkte werden genau geprüft", behauptete er. „Ich habe fast alle gentechnisch veränderten Lebensmittel schon einmal gegessen."

Zu wessen Nutzen werden genmanipulierte Lebensmittel überhaupt hergestellt? Es besteht die Hoffnung, dass in der Zukunft genmanipulierte Nahrungsmittel Krebs vorbeugen und Krankheiten heilen können. Professor Hans-Stefan Jenke hofft, dass die Technik den Welthunger stillen wird: „Wenn man hitzeresistente Getreidesorten in südlicheren Breitengraden anbauen kann, so ist dies doch sehr vorteilhaft." Andere, wie Professor Christa Hanneforth, sind skeptisch. „Im Moment verfolgen gentechnische Anstrengungen landwirtschaftliche Ziele, wie die Resistenz gegen ein Schadinsekt. Die Technik wird aus finanziellen Gründen eingesetzt, damit die Hersteller mehr Produkte schneller erzeugen können. Ich sehe darin keinen Grund, meine Gesundheit zu riskieren."

2b Sind die folgenden Aussagen richtig oder falsch?

 a In den Vereinigten Staaten können Verbraucher Tomaten mit längerer Haltbarkeit kaufen.

 b Die Mehrheit der Deutschen lehnt genmanipulierte Lebensmittel ab.

 c Die Hauptangst der Deutschen ist, dass man sich durch den Konsum von Gen-Food mit BSE anstecken kann.

 d Es wird gehofft, dass in der Zukunft der Konsum von Gen-Food den Ausbruch von manchen Krankheiten verhindern wird.

 e Die Gentechnik könnte auch Hungersnöte hervorrufen.

 f Christa Hanneforth setzt sich für die Verbreitung der Gentechnik ein.

 g Sie meint, die Hersteller von genmanipulierten Lebensmitteln interessieren sich hauptsächlich für finanziellen Gewinn.

2c Lesen Sie den Text noch mal und machen Sie eine Liste von den Vor- und Nachteilen von genmanipulierten Lebensmitteln.

3a 🔊 Hören Sie sich die Meinungen dieser zwei Jugendlichen zum Thema Gentechnik an und wählen Sie für jede Person die Aussage, die seine/ihre Meinung am besten zusammenfasst.

Dieter

 a Gentechnisch veränderte Lebensmittel sind eine gute Quelle von Nährstoffen.

 b Gentechnisch veränderte Lebensmittel könnten das Problem des Welthungers lösen.

 c Neue Technik ist immer etwas Positives.

Natalie

 d Greenpeace ist gegen gentechnisch veränderte Lebensmittel.

 e Gentechnisch veränderte Lebensmittel stellen ein Gesundheitsrisiko dar.

 f Es ist sehr teuer, gentechnisch veränderte Lebensmittel zu produzieren.

3b 🔊 Hören Sie noch mal zu und füllen Sie die Lücken mit einem Wort aus der Liste unten aus:

 a Dieter findet gentechnisch veränderte Lebensmittel eine _____ Entwicklung.

 b Man könnte damit Ernährungsprobleme in den _____ lösen.

 c Man könnte auch Lebensmittel verändern, so dass sie mehr _____ enthalten.

 d Kühe könnten auch dazu gebracht werden, mehr _____ zu produzieren.

 e Natalie ist Mitglied einer _____ .

 f Sie ist gerade dabei, einen _____ gegen Gentechnik zu produzieren.

 g Sie meint, gentechnisch veränderte Lebensmittel können neue _____ verursachen.

 h Es könnte auch dazu kommen, dass Antibiotika nicht mehr richtig _____ .

 i Der Behauptung, Gentechnik könnte den Welthunger stillen, steht sie _____ gegenüber.

 j Sie findet es positiv, dass Verbraucher durch die _____ von gentechnisch manipulierten Produkten besser informiert sind.

Entwicklungsland   Handzettel   positiv   Allergie
skeptisch   fragwürdig   glaubhaft   Kennzeichnung
Umweltorganisation   Milch   wirken   Nährstoff
Verpackung   Zeitung   Krankheiten   stillen

---

4 👥 Sind Sie für oder gegen gentechnisch veränderte Lebensmittel? Veranstalten Sie eine Debatte in Ihrer Klasse.

5 Gen-Food – Lebensmittel der Zukunft. Wie stehen Sie zu dieser Aussage? Schreiben Sie ungefähr 250 Wörter.

Klonen

Welche Bedeutung haben Gentechnik und Klonen für die Menschen?

1 Schauen Sie sich das Bild an und beantworten Sie die folgenden Fragen:
   a Wer sind die zwei Personen auf dem Bild?
   b Wie sind sie in der Lage, die Augenfarbe des Babys zu bestimmen?
   c Was halten Sie von dieser Idee?

2a Lesen Sie den Text „Fortschritt im Schafspelz" und stellen Sie ein Wortfeld zum Thema Klonen zusammen.
   Beispiel: gentechnisch veränderte Organe

Fortschritt im Schafspelz

Es sah aus wie ein ganz normales Schaf. Doch es versetzte die Welt in Aufruhr. 1997 behauptete der schottische Forscher Ian Wilmot, dass Dolly eine genetisch identische Kopie seiner Mutter sei. Erst die Bezeichnung „Klon" machte Dolly zu einem ganz besonderen Geschöpf. Dolly blieb aber nicht lange allein. Im Jahre 2000 gelang es der Biotechnikfirma PPL, Schweine zu klonen. Dieser Forschungserfolg, so PPL-Chef Ron James, öffne jetzt die Tür zur Verwendung von Schweineorganen in der Transplantationsmedizin. Die Organe der Schweine können gentechnisch verändert werden, damit bei der Transplantation in den menschlichen Körper keine Antikörperreaktionen ausbrechen. Ron James geht davon aus, dass diese Modifikation bald möglich sein wird.

Durch das Klonen wird der Fortpflanzung der störende Zufall genommen und ihr Ergebnis planbar. Wenn man die Technik direkt auf einen Menschen überträgt, kann man sein Erbgut analysieren, Defekte reparieren und einzelne Merkmale auf Wunsch bessern. Ein verstorbenes Kind wird auf Wunsch seiner Eltern als Klon zu einem neuen Leben erweckt.

Für die Mehrheit ist das eine abschreckende Perspektive, deswegen besteht ein weltweites Verbot des Klonens von Menschen. Bei der Frage vom Klonen von embryonaler Stammzellen scheiden sich aber die Geister. Manche Wissenschaftler sehen darin neue revolutionäre Chancen im Kampf gegen Krankheiten. So könnten Mediziner künftig aus der Körperzelle eines Diabetikers eine gesunde Bauchspeicheldrüse nachwachsen lassen. Geklonte Blutzellen könnten den Mangel an Blutspenden beseitigen. Amerikanische Forscher haben schon mit wenige Tage alten Embryonen experimentiert, die in Israel durch künstliche Befruchtung entstanden und von ihren Eltern für Forschungszwecke freigegeben worden waren. In Deutschland sind derartige Experimente noch verboten.

Ist es also noch zu verhindern, dass skrupellose Einzelgänger Menschen klonen? Letztlich wird es wohl die Macht des Geldes sein, die über alle moralische Bedenken siegen wird. Denn für ihr Wunschkind sind manche unfruchtbaren Ehepaare bereit, alles zu zahlen.

2b Lesen Sie die Aussagen und entscheiden Sie sich, ob sie richtig oder falsch sind.

 a Dolly ist das erste geklonte Tier auf der Welt.

 b Ron James will die Organe von Schweinen zu Forschungszwecken im Kampf gegen Krankheiten benutzen.

 c Die Organe müssen gentechnisch verändert werden, weil sie sonst von dem menschlichen Körper abgestoßen werden.

 d Durch das Klonen ist es möglich, die Körpereigenschaften eines ungeborenen Lebewesens zu bestimmen.

 e Das Klonen von Menschen wird von der Mehrheit als erstrebenswert angesehen.

 f Wissenschaftler sind sich nicht einig, inwiefern das Klonen von embryonalen Stammzellen erlaubt werden sollte.

 g Geklontes Blut könnte nie Blutspenden ersetzen.

 h In manchen Ländern ist es schon gestattet, mit embryonalen Stammzellen zu experimentieren.

 i Es ist zweifelhaft, ob es möglich sein wird, das Klonen von Menschen auszuschließen.

 j Finanzielle Gewinne könnten unmoralische Menschen dazu bewegen, einen Menschen zu klonen.

2c Übersetzen Sie den Abschnitt „Für die Mehrheit … noch verboten" ins Englische.

2d Übersetzen Sie die folgenden Sätze ins Deutsche.

 a Ron James has said that the use of pig organs in transplants will soon be possible.

 b Scientists are able to genetically modify organs.

 c The cloning of pigs has opened the door to future experiments.

 d The majority would like to prevent researchers from experimenting with embryos.

 e The lack of donor blood could be solved by cloned blood cells.

 f Some couples see cloning as a chance to have a child.

3 Hören Sie sich den Bericht über Gentechnik an und beantworten Sie die Fragen auf Deutsch.

 a Was hoffen Wissenschaftler künftig durch Gentechnik machen zu können? *(3)*

 b Welchen Fortschritt hat es bereits in Bezug auf zystische Fibrose gegeben? *(1)*

 c Wie kann die Genforschung helfen, neue Medikamente zu entwickeln? *(2)*

 d Was können die Wissenschaftler auch abschätzen? *(2)*

 e In welchem Bereich ist das Thema Genforschung besonders umstritten? *(1)*

 f Wie hat eine Frau in Amerika Genforschung genutzt? *(3)*

 g Welche zwei Meinungen zu diesem Ereignis werden erwähnt? *(2)*

4 Gentechnik – sind Sie dafür oder dagegen? Sie haben eine Minute, um den Rest der Gruppe von Ihrer Meinung zu überzeugen! Am Ende soll die Klasse entscheiden, wer die besten Argumente vorgebracht hat.

5 Übernehmen Sie diese Rollen und spielen Sie eine Debatte zum Thema Klonen.

 A: Sie sind Wissenschaftler(in) und erforschen Gentechnik.

 B: Sie sind Mitglied einer Organisation, die gegen Klonen kämpft.

 C: In Ihrer Familie gibt es eine Erbkrankheit, die bedeutet, dass Sie Angst davor haben, Kinder zu bekommen.

 D: Sie sind der Chef/die Chefin einer Firma, die geklonte Organe produzieren möchte.

6 Schreiben Sie einen Leserbrief (ca. 250 Wörter) an eine Zeitung, in dem Sie Ihre Meinung zum Thema Klonen äußern.

Die Technikrevolution

Welche technischen Fortschritte können wir im Laufe der nächsten Jahre erwarten?

1 ⚎ Wie wird die Welt in 20, 50 und 100 Jahren aussehen? Diskutieren Sie in der Klasse. Denken Sie dabei an die Vorhersagen auf Seite 47.

2a Lesen Sie den Text und wählen Sie die Ergänzung, die mit dem Sinn des Textes am besten übereinstimmt:

a Es wird vermutet,
   1 dass in zehn Jahren jeder Haushalt einen Internetanschluss haben wird.
   2 dass die Technik eine immer größere Rolle im Alltag spielen wird.
   3 dass der technische Fortschritt mehr Risiken als Vorteile mit sich bringt.

b Die Delphie-Studie
   1 enthält eine Umfrage zum Thema technische Entwicklung.
   2 fördert Wissenschaft und Technik weltweit.
   3 wurde von Multimedia-Experten veranlasst.

c Laut der Studie
   1 wird Heimshopping Supermärkte ersetzen.
   2 wird der Einfluss von Multimedia steigen.
   3 haben Befragte Angst vor technischer Entwicklung.

d Es wird nötig,
   1 dass mehr Daten produziert werden.
   2 dass jeder Haushalt ein Bildtelefon besitzt.
   3 dass die Qualität von Internetübertragungen verbessert wird.

e Die Arbeitswelt wird sich ändern,
   1 indem mehr Menschen in Büros arbeiten werden.
   2 indem viele Menschen nur an drei Wochentagen arbeiten werden.
   3 weil Telearbeiten üblicher wird.

f Die neue Technik wird jedoch
   1 die Arbeitslosenquote verringern.
   2 zum Verlust von vielen Arbeitsplätzen führen.
   3 nie Menschen ersetzen.

2b Machen Sie eine Liste der technischen Fortschritte, die im Text erwähnt werden. Welche Vor- und Nachteile werden erwähnt?

SCHÖNE NEUE WELT?

Welche wissenschaftlichen Erkenntnisse dürfen wir vom 21. Jahrhundert erwarten? Welche Chancen, aber auch welche Risiken bieten uns die Technologien der Zukunft? Vor allem von den neuen Informations- und Kommunikationstechnologien werden große Fortschritte erwartet. Brillen mit Internet-Zugang, eine Kreditkarte, auf der der vollständige Code des Inhabers gespeichert ist, und der Sieg von Heimshopping, wodurch 50 Prozent aller Lebensmittel die Verbraucher erreichen, ohne dass sie den Supermarkt durchlaufen haben, das sind nur einige der Hypothesen. Die Befragten in der „Delphie-Studie zur globalen Entwicklung von Wissenschaft und Technik" halten diese Ideen jedoch für unwahrscheinlich. Für realistisch halten die Experten, dass Multimedia noch weiter in unseren Alltag eindringen wird. Notwendig für die großen Datenströme wird ein Internet der nächsten Generation sein, dessen Sicherheit hoch ist, so dass Dienstleistungen übers Telefon und die Übertragung bewegter Bilder von guter Qualität möglich sind. Videokonferenzen und Bildtelefone werden übliche Kommunikationsmittel.

Diese Fortschritte sollen vor allem den Arbeitsplatz revolutionieren. Vielen Mitarbeitern wird der Weg ins Büro erspart bleiben. Experten schätzen, dass in den nächsten fünfzehn Jahren 20% aller Mitarbeiter an wenigstens zwei Tagen in der Woche zu Hause arbeiten werden. Wer noch ins Büro geht, wird auch Innovationen erleben. Durch elektronische Spracheingabe werden einfache Schreibarbeiten entfallen, auch wird gehofft, automatische Übersetzungssysteme zu entwerfen.

Diese schöne neue Welt hat aber auch eine Kehrseite. Drei Viertel der Experten halten es für wahrscheinlich, dass der technische Fortschritt die Arbeitslosenquote in den meisten Industrieländern erhöhen wird. Zwar benötigt die Hightechindustrie besser qualifizierte Arbeitskräfte, aber sicher ist, dass viele Arbeitsplätze im Bereich der niedrig qualifizierten Beschäftigungen wegfallen werden. Bauroboter werden Menschen sowohl an der Baustelle als auch in der Fabrik ersetzen. Fest steht: lebenslanges Lernen und ständige Weiterbildung werden in Zukunft die beste Versicherung gegen Arbeitslosigkeit sein.

Grammatik   ⇨ 131–2 ⇨ W59

Revision of imperfect subjunctive

Reminder: The imperfect subjunctive can often be used instead of the conditional to describe what would happen.

◆ Look at pp. 131–2 and at your previous work to remind yourself of the imperfect subjunctive.

A Now complete these sentences with the imperfect subjunctive form of the verb in brackets:

a Wenn das Internet schneller (*sein*), (*können*) man bewegte Bilder besser übertragen.

b Wegen Telearbeit (*gehen*) weniger Menschen ins Büro.

c Durch die Einführung von Baurobotern (*kommen*) es bestimmt zu höherer Arbeitslosigkeit.

d Die Gesellschaft (*müssen*) also versichern, dass diese Menschen die Möglichkeit (*haben*), neue Arbeitsplätze zu bekommen.

B Translate the sentences in Activity A into English, thinking carefully about the meaning of each verb.

C Now write three sentences of your own describing what would happen if technology developed as described in the passage.

3 👥 Diskutieren Sie mit einem Partner/einer Partnerin: Welche dieser Fortschritte halten Sie für wünschenswert?

Beispiel: *Telearbeit ist eine positive Entwicklung, weil man flexibler arbeiten kann.*

4 📼 Hören Sie sich den Bericht über Roboter an und beantworten Sie die Fragen auf Deutsch.

a Was ist das Besondere an den Fußballspielern? *(1)*

b Mit welchen technischen Geräten sind die Roboter ausgestattet? *(3)*

c Welche Fähigkeiten haben die Roboter? *(3)*

d Was können die Roboter nicht machen? *(1)*

e Wozu kann man solche Roboter benutzen? *(2)*

f Was ist das Entscheidende bei diesen Entwicklungen? *(2)*

g Was ist die Aufgabe des größten Roboters, der bei der Veranstaltung zu sehen war? *(1)*

5 Sehen Sie noch mal Ihre Antworten zu Übung 2b und 4 an. In welchen Berufen könnten Roboter oder andere technische Geräte Menschen ersetzen? Machen Sie eine Liste.

Beispiel: *Sekretär(in) – elektronische Spracheingabe*

"Frau Lind, ich möchte Ihnen unseren neuen Mitarbeiter vorstellen."

6 👥 Sehen Sie sich das Bild an und besprechen Sie folgende Fragen:

◆ Wie verstehen Sie das Bild? Ist es realistisch?

◆ Würden Sie gern mit einem Roboter zusammenarbeiten?

◆ Glauben Sie, dass Roboter Menschen wirklich ersetzen können?

7 Der Direktor Ihrer Firma möchte auch Arbeiter durch Roboter ersetzen. Schreiben Sie ihm einen Brief, in dem Sie dazu Stellung nehmen.

Extra! 📼 Roboter im Weltraum. Hören Sie sich den Bericht über die Rolle von Robotern bei der Landung auf dem Mars an und machen Sie Übung 1 auf Arbeitsblatt 13.

53

Prüfungstraining

The activities on this spread will help you to:

◆ Answer questions in German on a passage in English

◆ Revise verb tenses

1a Welche Methoden der Energiegewinnung kennen Sie?

1b 👥 Was sind die Vorteile von erneuerbaren Energiequellen? Diskutieren Sie in Ihrer Klasse.

2 💿 Hören Sie sich den Bericht über Gelsenkirchen an und schreiben Sie eine Zusammenfassung auf Deutsch. Beachten Sie dabei die folgenden Punkte:

◆ Die Geschichte Gelsenkirchens in Bezug auf Energiequellen

◆ Was sind erneuerbare Energien und warum brauchen wir sie?

◆ Die Sonne als Energiequelle

◆ Projekte in Gelsenkirchen

◆ Die Solarsiedlung

◆ Pläne für die Zukunft

It lights and heats itself using solar energy and wind power. It produces its own water and recycles waste. It causes no pollution or carbon dioxide and is the most energy-efficient housing estate in Europe.

This is no renewable energy fantasy. Hockerton is home to five families in the Nottinghamshire countryside. But it is a rare success story. For every Hockerton, there are thousands of fossil fuel burning developments all over the country. To meet its commitment to reduce greenhouse gas emissions by 12.5% by 2012 Britain needs to develop new forms of renewable energy – solar, wind and wave power. Britain is lagging behind on Green energy compared with the United States and Germany, among others. Wind and water power are well established but currently provide just 2% of Britain's energy. Yet renewable energy now provides almost 20% of the world's needs. The potential for the effective use of renewable sources is huge, but its implementation is poor.

Additionally, consumers have in the past had little choice about how they are provided with their energy. While free to choose free-range eggs or avoid GM food, few people have been able to buy their electricity from suppliers providing only clean electricity from sources such as wind farms. The shake-up of the electricity market means that consumers can now choose their electricity provider – but the crunch remains in the price. Those who are persuaded to buy cheap will continue to be supplied from traditional generators. Subsidies on clean fuel could substantially increase consumer interest as well as create new jobs. Just 3500 people are employed in the renewables industry today. Achieving the planned cut in CO_2 emissions could result in clean energy industries and almost a quarter of a million new jobs.

Grammatik

Revision of tenses (2)

A On Arbeitsblatt 14, read the first two paragraphs of the text and find examples of five different tenses. Explain what each one is and why it is used.

B Imagine the text had begun „Solarstadt Gelsenkirchen" hieß die Überschrift auf der Webseite …'. Rewrite the following sentences as far as '… erschöpft sein' to take account of this.

C Rewrite the third paragraph in the imperfect tense.

D Complete the following sentences using the most appropriate tense of the verb in brackets.

a Schon vor anderen Städten (*beginnen*) Gelsenkirchen, (*sich interessieren*) für Solarstrom.

b Die Stadtplaner dachten, die Entwicklung von Solarstrom (*schaffen*) Arbeitsplätze.

c Bis Ende des Jahrhunderts (*geben*) es keine fossile Brennstoffe mehr.

d In den letzten Jahren (*entstehen*) eine Solarsiedlung mit 77 Häusern.

e Letztes Jahr (*lernen*) Schüler in Gelsenkirchen über Sonnenergie.

Tipp

Answering questions on a passage in English

In the oral examination you are asked to read a text in English to discuss in German with the examiner. You have to be able to do three things:

- Explain the contents of the English text in German.

- Give your opinion on issues raised in the text.

- Discuss issues connected with the subject matter of the text.

1. Read the text on p. 54. Write one sentence in German which sums up the topic of the text as a whole. Then write a list of bullet points in German (no more than 6 or 7) of what seem to be the other key points.

- The following phrases are useful in describing what someone else has written.

   Es geht um – *It's about*
   Der Text handelt von ... – *The text is about*
   Der Autor beschreibt – *The author describes*
   Der Autor deutet auf ... hin – *The author refers to*
   Ein weiterer Punkt – *A further point*
   Der Autor drückt die Meinung aus, dass – *The author expresses the opinion that*
   Der Autor kommt zu dem Schluss, dass – *The author comes to the conclusion that*

2. Write a sentence for each of your key points – use all the phrases.

3. Which of the issues in the text might you be asked to give a personal opinion about? Brainstorm with a partner:

   Example: Findest du Solarsiedlungen eine gute Idee?

   Now take your list of questions and put them to other members of your class.

- Take an active role in the discussion. What do you know about the topic that you could bring to the conversation? In this way you can steer the topic.

   Example: „Ich habe die Auskunft über Hockerton sehr interessant gefunden, weil ich schon über die Solarsiedlung Gelsenkirchen in Deutschland gelesen habe.“

- Make a list of points to include in your discussion. General issues – what other areas are linked with this subject? Perhaps there is something you are particularly interested in that you could turn the conversation to – nuclear energy, other forms of environmental protection.

4. Make a list of these points.

5. Now practise with a partner. One of you takes the role of the examiner and the other the role of the candidate. Also practise with your language assistant if there is one in your school.

Extra! Now put this advice into practice using the text on Arbeitsblatt 15.

Extra! Finden Sie mehr Informationen über Gelsenkirchen auf der Website www.gelsenkirchen.de heraus. Schreiben Sie dann einen Zeitungsartikel mit dem Titel „Solarstadt Gelsenkirchen".

Zur Auswahl

1 [cassette icon] Hören Sie sich den Bericht „Das Dorf im Schatten der Rotoren" an und beantworten Sie die Fragen.

   a Wann wurden die Windräder in Westerau gebaut? *(1)*

   b Was haben die Dorfbewohner gegen die Windräder einzuwenden? *(2)*

   c Inwiefern sind die Räder ein Erfolg gewesen? *(1)*

   d Welche Pläne gibt es für die Zukunft? *(1)*

   e Wie haben die Einwohner von Westerau auf diese Pläne reagiert? *(1)*

   f Welches Problem hat Udo Wiche wegen der Räder? *(1)*

2 Lesen Sie den Text „The Tasmanian tiger to walk again" und beantworten Sie die Fragen.

   a Worum geht es hier?

   b Was wissen Sie über Klonen?

   c Finden Sie es vorteilhaft, ausgestorbene Tiere wieder zu erzeugen?

   d Welche Gefahren gibt es?

   e Welche anderen Tiere sind schon geklont worden? Zu welchen Zwecken?

   f Was ist Ihre Meinung dazu?

THE TASMANIAN TIGER TO WALK AGAIN

SYDNEY – the Tasmanian tiger, extinct since 1936, is to be brought to life again by cloning. The announcement was made by Don Colgan of the Australian Museum in Sydney. The project has been made possible through the DNA analysis of a tiger cub which has been preserved in alcohol since 1886. 'The DNA from the cub is of excellent quality,' declared Colgan. 'Similar experiments are being undertaken by researchers around the world, however none has genetic material of comparably good quality.' If the project is successful, the Tasmanian tiger will be the first extinct animal to be recreated in this manner and will pave the way for further experiments on other extinct species. The method could also safeguard the existence of other species which are currently endangered. There has however been some scepticism as to the success of the project. 'It's one thing to clone a sheep – but to bring back an extinct animal?' queried one researcher. Concerns have also been expressed that the re-introduction of species could endanger the eco-system of their new habitat.

3 Schreiben Sie einen Bericht (etwa 200 Wörter) auf Deutsch über eines der folgenden Themen:

   a Klonen

   b gentechnisch veränderte Lebensmittel

   c erneuerbare Energie

Gut gesagt! S [cassette icon]

4 Hören Sie sich die Kassette an und sprechen Sie nach:

   a Gentechnische veränderte Lebensmittel müssen gekennzeichnet werden.

   b Einzelgänger könnten aus Körperzellen Menschen klonen.

   c Die Fortpflanzung wird dadurch planbar.

   d Die neue Technik erhöht die Arbeitslosenquote.

5 Übersetzen Sie die folgenden Sätze ins Deutsche:

   a Foodstuffs can be modified through genetic engineering.

   b All genetically modified foods must be labelled.

   c The advantages of genetic engineering are disputed.

   d Technical developments will revolutionize the workplace.

   e It is possible that robots will replace humans.

   f Alternative methods of energy production must be developed in order to meet the world's energy needs.

6 [icon] Machen Sie das Rollenspiel. A: Sie sind der Chef/die Chefin einer Firma und Sie wollen einige Arbeitnehmer durch Roboter oder technische Geräte ersetzen. B: Sie sind Arbeitnehmer(in). Ihnen versuchen, den Chef/die Chefin zu überzeugen, Sie nicht zu kündigen.

Extra! Machen Sie Übung 2 auf Arbeitsblatt 14.

6 Rassismus

3 Niemand darf wegen seines Geschlechtes, seiner Abstammung, seiner Rasse, seiner Sprache, seiner Heimat und Herkunft, seines Glaubens, seiner religiösen oder politischen Anschauungen benachteiligt oder bevorzugt werden

1a Welcher Satz passt zu welchem Bild?

a Deutschland begrüßt den millionsten Gastarbeiter.

b Das Grundgesetz wird in Deutschland eingeführt.

c In Berlin gehen Millionen auf die Straße, um gegen Ausländerfeindlichkeit zu demonstrieren.

d Mitglieder der NS-Partei greifen die Geschäfte und Häuser von Juden an.

e Rechtsradikale brennen Asylantenheime nieder.

1b 👥 Wählen Sie mit einem Partner/einer Partnerin zusammen ein Foto. Diskutieren Sie die folgenden Punkte:

a Wann das Ereignis auf dem Foto passiert ist

b Wer auf dem Foto zu sehen ist

c Was passiert und warum

Ein altes Problem?

Was wissen Sie über die Geschichte von Rassismus in Deutschland?

1 Was wissen Sie über Antisemitismus in Deutschland während des Zweiten Weltkriegs? Machen Sie ein Brainstorming in Ihrer Klasse und stellen Sie ein Wortfeld dazu zusammen.

2a Hören Sie sich den Bericht an. Welches Datum passt zu welchem Ereignis?

a Die Nürnberger Gesetze traten in Kraft.

b Am 9. November wurden Synagogen und die Häuser von Juden angegriffen und verbrannt.

c Die Deutschen marschierten in verschiedene europäische Länder, darunter Frankreich, Holland und Polen, ein.

d Alle Juden mussten einen gelben Stern tragen.

e Hitler wurde deutscher Reichskanzler.

f Sechs Millionen Juden wurden von den Nazis ermordet.

g Ausbruch des Zweiten Weltkriegs

h Die Wannsee-Konferenz fand statt.

i Immer mehr Juden wurden in die Konzentrationslager deportiert.

j Juden durften nicht mehr als Beamte arbeiten.

1933	1933	1935	1938	1939	1939–1942
1942	1942	ab 1942	bis 1945		

2b Richtig oder falsch? Verbessern Sie die falschen Sätze:

a Hitler behauptete, die Juden seien an allen Problemen in Deutschland schuld.

b Ab 1933 durfte kein Jude ein Geschäft besitzen.

c 1935 wurden Juden in die Konzentrationslager geschickt.

d Ab 1935 durfte kein Deutscher mehr eine Jüdin heiraten.

e Während der Kristallnacht wurden Hunderte von Juden ermordet.

f Nach dem Ausbruch des Krieges hat die Judenpolitik eine neue Richtung genommen.

g In den eroberten Ländern gab es weniger Juden als in Deutschland.

h Die Endlösung bedeutete die totale Vernichtung des europäischen Judentums.

i Die Konzentrationslager waren alle Vernichtungslager.

3a Die beiden Texte erzählen über das Leben der Juden während des Kriegs. Lesen Sie Alex' Geschichte (unten) und bringen Sie diese Sätze in die richtige Reihenfolge:

a Alex begegnet einem SS-Soldaten.

b Er geht zur Straßenecke.

c Alex verabschiedet sich von dem Soldaten.

d Alex ist auf Nachtwache.

e Er rennt weg, um seine Familie und Freunde zu warnen.

f Er hört Schüsse.

g Er unterhält sich mit dem Soldaten.

Alexander Kimel ist Überlebender des Holocausts und hat verschiedene Erzählungen zu dem Thema veröffentlicht.

Ich sah den Todesengel, ich sprach mit dem Todesengel und ich überlebte. Es passierte 1942, im Ghetto von Rohatyn, in Polen. Für die Juden im Ghetto waren die SS-Männer mit ihren schwarzen Uniformen und mit ihren schwarzen Totenköpfen die Todesengel. Wenn sie dich einmal gesehen hatten, dann war es aus mit dir, dann warst du erledigt.

Ich war auf der Nachtwache, als ich eine verdächtige Bewegung am Rande des Ghettos bemerkte. Ich ging hin, um das zu untersuchen, und fand mich wieder in die Augen des Todesengels starrend. Ich war im Netz gefangen. Um zu versuchen, mich zu befreien, begann ich ein Gespräch mit dem SS-Mann über deutsche Flugzeuge. Er mochte das Thema, und kurz darauf waren wir dabei, über die beiden besten deutschen Kampfflugzeuge, die Messerschmidt und die Stuka, zu diskutieren.

Nach einigen Minuten sagte ich dem SS-Mann, dass ich gehen müsste. Ohne auf seine Erlaubnis zu warten, drehte ich mich um und ging weg. Ich ging einfach weg. Ich ging langsam zur nächsten Straßenecke, darauf wartend, den Schuss zu hören, darauf wartend den Stich zu spüren. Er kam nie. Als ich die Ecke erreichte, rannte ich so schnell ich konnte. Ich wollte meine Familie warnen, meine Nachbarn warnen. Minuten später wurden die ersten Schüsse abgefeuert und das Töten begann.

3b Beantworten Sie die folgenden Fragen über Alex'
Geschichte:

a Wer ist Ihrer Meinung nach der Erzähler der
Geschichte?

b Warum nennt er den SS-Mann „Todesengel"?

c Warum ist der SS-Mann zum Ghetto gekommen?

d Worüber sprach Alex mit dem SS-Mann? Warum
machte er das?

e Was erwartete er, als er sich von dem Mann
entfernte?

f Was wollte er machen?

3c Lesen Sie Heinz' Geschichte (rechts) und
beantworten Sie die Fragen:

a Wie wurden die Häftlinge in Sachsenhausen
organisiert?

b Warum wurden die Juden besonders schlecht
behandelt?

c Was bedeutete Arbeit für die Häftlinge?

d Was für Tätigkeiten mussten die Häftlinge
ausführen?

e Was für Verletzungen bekam Heinz Wollmann bei
der Arbeit?

f Wie wurde er einmal bestraft?

4 Stellen Sie sich vor, Sie wohnen in Deutschland
während der Nazizeit. Schreiben Sie einen Brief an
Verwandte im Ausland, in dem Sie die
Lebensbedingungen beschreiben.

**Heinz Wollmann wurde 1938 als
18-Jähriger während des Novemberpogroms
verhaftet und ins Konzentrationslager
Sachsenhausen deportiert.**

Die Häftlinge wurden von der SS nach Häftlings-
kategorien und Nationalitäten in verschiedene
Gruppen eingeteilt, die unterschiedliche Rechte
hatten, unterschiedlich behandelt wurden und damit
auch unterschiedliche Überlebenschancen hatten. Der
Judenstern kennzeichnete innerhalb des Lagers die
jüdischen Häftlinge. Jüdische Häftlinge standen in der
innerhalb des Lagers geltenden Häftlingshierarchie –
entsprechend der rassistischen Ideologie der Nazis –
am unteren Ende. Sie wurden besonders schlecht
untergebracht, bekamen weniger zu essen und
wurden den unerträglichsten Arbeitskommandos
zugeteilt. Arbeit konnte für die Häftlinge im Lager
sowohl Vernichtung als auch eine Möglichkeit des
Überlebens bedeuten. Die Arbeitsbedingungen
konnten einen Häftling binnen kürzester Zeit zu Tode
erschöpfen, aber auch ermöglichen, dass ein Häftling
mehrere Jahre im Lager überleben konnte. Die
Tätigkeiten reichten von Erd- und Mauerarbeiten
über handwerkliche Arbeiten bis zum Dienst in der
Küche des Lagers oder in der SS-Küche. Die
Häftlinge wurden gehetzt, misshandelt, ausgebeutet
und oft auch getötet. Ich habe im KZ Gewehrkolben
in die Fresse gekriegt. Ich habe seit dem 18.
Lebensjahr keine Zähne, ich trage Platten oben und
unten. Durch eine Vereiterung, die man nicht
behandeln konnte, ist der Sehnerv auf der rechten
Seite bis zu 90% tot. Einmal bekam ich die Strafe
„Schneeliegen". Ich musste viereinhalb Stunden nackt
im Schnee liegen. Ich habe eine innerliche Stärke
aufgebaut, um nicht zu erfrieren wie viele andere, die
nicht mehr aufstehen konnten. Ich weiß nicht, ob es
viereinhalb Stunden waren, mehr oder weniger. Ich
habe keine Ahnung mehr. Aber ich habe es
überstanden.

5 Halten Sie einen Vortrag zum Thema „Die Juden in
Deutschland 1933–1945". Sie könnten diese Website
benutzen: www.shoahproject.org

Extra! Wie erging es den Ausländern in Deutschland
nach dem Krieg? Lesen Sie das Interview und machen
Sie die Übungen auf Arbeitsblatt 16.

Ein europäisches Problem?

Wie stark sind die rechtspopulistischen Parteien in Europa?

1 Diskutieren Sie die folgenden Fragen mit einem Partner/einer Partnerin:

a Glauben Sie, dass Rassismus auch in Ihrem Land ein großes Problem ist?

b Kennen Sie einige Beispiele von rassistischen Angriffen?

c Warum werden manche Leute rassistisch?

d Welche ethnischen Gruppen gibt es in Ihrem Land?

e Kennen Sie die Namen von rechtsextremen politischen Parteien?

2a Lesen Sie den Text „Sieg der Rechten" und finden Sie die Wörter oder Ausdrücke im Text mit der folgenden Bedeutung:

a eine systematische Verfolgung

b entsetzt

c seine Worte wurden akzeptiert

d etwas, was normalerweise nicht passiert

e wollen nicht fortsetzen

Sieg der Rechten

ÖSTERREICH ZUERST

Das kann ich nur unterschreiben

Die Rechten an der Macht? In den österreichischen Wahlen im Oktober 1999 wurde die rechte Freiheitliche Partei Österreich (FPÖ) von Jörg Haider die zweitstärkste Partei in Österreich. Parteivorsitzender Haider bildete dann eine Koalition mit der Österreichischen Volkspartei und wurde der einzige rechte Politiker in Europa mit direktem Einfluss in der Regierung. Noch nie war ein Wahlergebnis so heiß diskutiert. Nach dem Regierungsantritt der FPÖ kam es in Wien zu spontanen Demonstrationen unter dem Spruch „keine Koalition mit dem Rassismus". „Österreich war 50 Jahre lang ein friedliches Land, es gab nie eine Hetzjagd gegen Ausländer", meinte ein Jugendlicher. „Ich bin empört, dass so was bei uns passieren konnte." Während die Demonstranten auf die Straße zogen, wurden auch die Stimmen der FPÖ-Fans lauter. Bei den Wahlen stimmten 35% der

Wähler unter 30 Jahren für Haider. Besonders viele davon gab es in Kärnten, wo Haider bereits in der zweiten Legislaturperiode als Landeshauptmann regierte. Hier kamen seine Sprüche gut an: „Man sollte aber auch den Mut haben, einmal zu sagen, ob's denn notwendig ist, dass wir bei 140 000 Arbeitslosen derzeit über 180 000 Gastarbeiter in Österreich haben müssen", erklärte er im österreichischen Fernsehen. Selbst der Rücktritt Haiders aus der nationalen Regierung hat nicht alle beruhigt. „Bedeutend ist nicht, dass einer bereit ist, eine rechtsextreme Partei zu gründen, sondern dass die Wähler dann für ihn stimmen."

Ist der Erfolg der Rechten in Österreich jedoch nur ein Ausnahmefall? Während Haiders Amtszeit legten EU-Staaten bilaterale Kontakte zu Österreich auf Eis, haben jedoch selbst den steigenden Einfluss der rechtsextremen Parteien zu bekämpfen. In Belgien ist der rechtsextreme Vlaams Blok eine bedeutende politische Macht mit Sitzen im Parlament, in Frankreich schaffte 1999 die Front National den Sprung ins Europaparlament. In den anderen Ländern sind ähnliche Tendenzen zu sehen. Österreich sollte für die anderen EU-Staaten vielleicht eher als Warnung gelten.

2b Wählen Sie die richtige Ergänzung für jeden Satz:

a In den österreichischen Wahlen im Jahre 1999
1. hat die FPÖ die meisten Stimmen bekommen.
2. wurde die FPÖ nur von einer Minderheit gewählt.
3. war die FPÖ sehr erfolgreich.

b Jörg Haider wurde
1. der mächtigste rechtspopulistische Politiker Europas.
2. der einflussreichste Politiker in Österreich.
3. Chef der Koalitionsregierung in Österreich.

c In Wien fanden viele das Wahlergebnis
1. erfreulich.
2. überraschend.
3. entsetzlich.

d Demonstrierende in Wien
1. zeigten Unterstützung für die neue Regierung.
2. protestierten gegen die Teilnahme der FPÖ an der Regierung.
3. behaupteten, das Wahlergebnis sei falsch.

e Haider
1. wurde von jugendlichen Wählern vorwiegend abgelehnt.
2. ist unter älteren Leute besonders populär.
3. hat die Unterstützung vieler Jugendlichen.

f Haider war
1. ein Neuankömmling in der politischen Szene.
2. ein erfahrener Politiker auf nationaler Ebene.
3. seit einigen Jahren ein führender Politiker in seiner Region.

g Haider erhebt Einwand gegen die Gastarbeiter,
1. weil deren Anzahl die Arbeitslosenquote übertrifft.
2. weil die Mehrheit von ihnen davon arbeitslos ist.
3. weil sie für die österreichische Wirtschaft überflüssig sind.

h Die EU-Staaten
1. wollten die FPÖ aus dem europäischen Parlament ausschließen.
2. kämpfen aktiv gegen die Macht der FPÖ.
3. weigerten sich, mit dem österreichischen Parlament zusammenzuarbeiten.

2c Übersetzen Sie den letzten Abschnitt des Texts ins Englische.

3 🔊 Diese Jugendlichen sprechen über rechtsextreme Parteien in ihrem Land. Hören Sie zu und füllen Sie die Tabelle aus.

	Anneke	Jean-Paul	Carl	Silke
Land				
Auskunft über rechtsextreme Parteien				
Meinung				
Sollte man diese Parteien verbieten?				

4 👥 Sollte man rechtsextreme Parteien verbieten? Diskutieren Sie in Ihrer Klasse. Benutzen Sie die Ideen aus dem Text, Ihre Antworten zu Übung 3, und die *Hilfe*-Ausdrücke.

Hilfe

Rechtsextreme Parteien verstoßen gegen das Grundgesetz.

Keine Demokratie sollte Rassismus dulden.

Solche Parteien haben in einer Demokratie nichts zu suchen.

Es geht um Menschenrechte.

Jeder hat das Recht auf Meinungsfreiheit.

Es ist undemokratisch, diese Parteien zu verbieten.

Es hilft nicht, extreme Gruppen in den Untergrund zu treiben.

5 Schreiben Sie ein Flugblatt zu einem der folgenden Themen. Auch hier könnten die *Hilfe*-Ausdrücke nützlich sein. Suchen Sie auch Informationen im Internet.
a Kein Platz für die extremen Rechten in der Demokratie
b Die extremen Rechten – jetzt wieder eine Macht in Europa?

Geil auf Gewalt

Wie gewalttätig sind die Rechtsextremisten in Deutschland? Was kann man dagegen unternehmen?

1 In *Zeitgeist 1* haben Sie schon ein bisschen über Rassismus in Deutschland gelernt. Machen Sie ein Brainstorming dazu in Ihrer Klasse. Benutzen Sie die folgenden Punkte:

- ◆ Welche Gruppen von Ausländern gibt es in Deutschland?
- ◆ Warum sind sie in Deutschland?
- ◆ Welche Vorurteile gibt es gegen sie?

AUFMARSCH DER RECHTEN

1 Xaver V liegt mit einer Stichwunde im Auge und gebrochenem Handgelenk im Krankenhaus in Halle. Die Behörden ermitteln gegen mehrere Jugendliche wegen gefährlicher Körperverletzung und gehen dabei von einem ausländerfeindlichen Hintergrund aus. Xaver V ist Mosambikaner, weswegen sich seine Angreifer, ausgestattet mit Bomberjacken und Springerstiefeln, so provoziert fühlten, dass sie ihn von der Straßenbahnhaltestelle durch die Stadt jagten. Aber Xaver hat Glück gehabt. Er lebt noch. Er gehört nicht zu den 100 Opfern rechtsradikaler Gewalt in Deutschland seit der Wende.

2 Vor allem in den neuen Bundesländern können Ausländer derzeit nur ein eingeschränktes Leben führen. Eingeschränkt leben heißt öffentliche Verkehrsmittel zu bestimmten Zeiten meiden, vor allem abends. Tankstellen, Jugendclubs und Kneipen sind tabu. Besitzer von Dönerbuden brauchen eine gute Brandschutzversicherung und nach Feierabend eigenen Begleitschutz. Die meisten von ihnen haben sich notgedrungen an diese Zustände gewöhnt. Die Gesellschaft, in der sie leben, auch.

3 Einen Punkt sollte man klarstellen: Rechtsextreme Gewalt gibt es auch im Westen. Doch im Gegensatz zu den neuen Bundesländern ist sie nicht eingebettet in eine rechtsextreme Alltagskultur. Rechts, national und ausländerfeindlich zu sein ist für viele ostdeutsche Jugendliche heute normal. Unterschiedliche Thesen werden aufgestellt, die den verstärkten Auftritt von Rechtsradikalismus im Osten erklären sollen: Die häufigste ist die These vom sozial benachteiligten Jugendlichen. Die Massenarbeitslosigkeit, die seit der Wende im Osten herrscht. Auch, dass die ehemaligen DDR-Bürger fast keine Erfahrung im Zusammenleben mit Ausländern hatten. Eine Tatsache widerspricht: Fast zwei Drittel der DVU-Wähler, die der rechtspopulistischen

Partei zu Sitzen in den Landtagen von Sachsen-Anhalt und Brandenburg verholfen haben, haben eine feste Tätigkeit.

4 Die Organisationen der DDR werden teilweise durch Neonazigruppen ersetzt. Die Mitgliedschaft in der NPD steigt. Die Skinheads organisieren sich in Gruppen – meistens Jungen, meistens zwischen 18 und 30 Jahre alt. Axel gehört einer Neonazigruppe in Zittau an. Er erzählt stolz von Angriffen auf Ausländer, die er selbst verübt hat. Vor einigen Monaten wurde ein türkischer Imbissbudenbesitzer von Skins schwer verletzt: „Irgendjemand muss denen doch mal zeigen, dass sie unerwünscht sind. Sie haben hier nichts zu suchen." Er zeigt Verständnis für Brandanschläge gegen Asylantenheime. „Das ist der Frust, die Jugend sitzt auf der Straße. Wenn die Ausländer daheim geblieben wären, wären sie nicht gestorben."

5 Axel gehört immerhin zu einer Minderheit, da die meisten Rechtswähler keineswegs Skins oder Gewalttäter sind. Sie sind nicht mehr eine marginalisierbare und identifizierbare Randgruppe. Rechtsextremismus gedeiht an Gymnasien und in intakten Familien. Und eben darin liegt die Gefahr.

2a Lesen Sie den Text „Aufmarsch der Rechten" (Seite 62). Welche Überschrift passt zu welchem Abschnitt?

a Rassismus – im Osten ein Normalzustand

b Nicht nur die Meinung einer Minderheit

c Glück gehabt, dass er noch lebt

d Organisierte Ausländerfeindlichkeit

e Einschränkungen für Ausländer

2b Finden Sie im Text die Wörter oder Ausdrücke mit diesen Bedeutungen:

a verfolgten

b begrenzt

c verboten

d weil man keine Alternative hat

e den Platz von etwas anderem einnehmen

f einfach zu erkennen

2c Richtig, falsch oder nicht im Text?

a Xaver hat den Angriff mit leichten Verletzungen überstanden.

b Die Polizei hat die Angreifer schon verhaftet.

c Die Täter haben schon mehrere Angriffe auf Ausländer verübt.

d Wegen des Rechtsradikalismus sind manche alltägliche Aktivitäten für Ausländer unmöglich geworden.

e Politisch rechts zu stehen ist unter der Jugend kein Ausnahmezustand.

f Rechtsradikalismus ist auch im Westen tief verwurzelt.

g Die Mehrzahl an Todesfällen durch rechtsextreme Gewalttäter fanden in den alten Bundesländern statt.

h Es gibt verschiedene Thesen zu den Ursachen des steigenden Rassismus.

i Die DVU hat wegen der Stimmen von Arbeitslosen politische Macht gewonnen.

j Axel ist seit dem Verlust seines Arbeitsplatzes Mitglied einer Neonazigruppe.

k Er hat geholfen, ein Asylantenheim in Brand zu stecken.

l Rechtsradikale Meinungen werden nicht nur von einer gewalttätigen Minderheit vertreten.

2d Fassen Sie den Text auf Deutsch in 100 Wörtern zusammen.

3 🔊 Hören Sie sich das Interview mit Heiko, Mitglied einer Neonazigruppe, an und beantworten Sie die Fragen:

a Wie kam Heiko in die rechtsextreme Szene? *(1)*

b Welche Vorurteile hat er gegen Ausländer? *(2)*

c Welchen Sachfehler macht er? *(2)*

d An welcher ausländerfeindlichen Aktion hat er teilgenommen? Nennen Sie Details. *(3)*

e Warum hat er mit der Freundin seiner Schwester gesprochen? *(1)*

f Was hat sie anschließend gemacht und warum? *(2)*

g Zu welchen Extremen würde Heiko gehen? *(1)*

h Welche Probleme für sich sieht er dabei? *(2)*

4 Sie haben die Radiosendung mit Heiko gehört. Schreiben Sie jetzt einen Brief an Heiko, in dem Sie versuchen ihn davon zu überzeugen, dass seine Ansichten falsch sind. Beziehen Sie sich dabei auf Ihre Antworten auf Übung 3.

5 👥 Diskutieren Sie mit einem Partner/einer Partnerin:

a Wie erklären Sie den Anstieg an rechtsradikaler Gewalt im Osten?

b Was sind die Gefahren von Rassismus?

c Wie reagieren Sie auf die Tatsache, dass rechtsradikale Parteien an Popularität gewinnen?

d Wie sollte man rechtsextreme Gewalttäter bestrafen?

e Was sollte die Regierung unternehmen?

Extra! Machen Sie die Übung auf Arbeitsblatt 17.

Prüfungstraining

The activities on this spread will help you to:

◆ Use indirect speech more accurately

◆ Translate into German more effectively

1 Lesen Sie den Text. Welche Satzhälften passen zusammen?

   a Vor drei Jahren hat Markus

   b Sein Zweck war,

   c Das Projekt spezialisiert sich

   d Die meisten Schulen fanden das Projekt

   e Es gibt eine Minderheit, die bereit ist,

   f Die meisten Schüler wollen

   g Das größte Vorurteil gegen Ausländer

   h In einer durchschnittlichen Klasse

   i Schüler werden überall

   j Das Projekt hat bis jetzt

   k Markus möchte jetzt

   1 irgendetwas gegen den steigenden Rassismus in der Gegend zu unternehmen.

   2 Ausländerfeindlichkeit zu dulden.

   3 ist, dass sie Arbeitslosigkeit unter den Deutschen verursachen.

   4 das Oranienburger Forum gegen Rassismus gegründet.

   5 ziemlich viel Erfolg gehabt.

   6 eine gute Idee.

   7 auf Schulen.

   8 mit rechtsextremer Propaganda konfrontiert.

   9 gegen Rassismus kämpfen.

  10 vertreten drei oder vier Schüler rechtsextreme Ansichten.

  11 größere Veranstaltungen organisieren.

Vor drei Jahren entschied sich Markus Kemper, etwas gegen den steigenden Rechtsextremis-mus in seiner Gegend zu unternehmen, und wurde somit Mitbegründer des Oranienburger Forums gegen Rassismus. Die Initiative unterscheidet sich von anderen Initiativen gegen Rassismus, indem sie sich auf Schulen spezialisiert hat. Die Initiative lebe laut Markus von dem Engagement der Schüler im Landkreis.

„Das Forum arbeitet primär mit drei Gymnasien zusammen. Wir versuchen gemeinsam mit den Schülern, neue Ideen in die Schulen zu bringen. Asylbewerber werden mit in die Klassen genommen. Wir halten Vorträge, zeigen Videos und diskutieren mit Schülern."

Das Forum kam schon bei der Gründungs-veranstaltung auf die Idee, sich der Schulen anzunehmen. Jugendliche haben gesagt, die Schule sei der wichtigste Bereich, da passiere zu wenig.

Markus berichtet, die Schulen hätten im Großen und Ganzen positiv auf das Forum reagiert. Zwar gebe es Gruppen, die gleichgültig seien und Fremdenfeindlich-keit tolerieren, aber immerhin wolle sich ein bedeutender Teil der Schüler engagieren. Vor der Gründung des Forums hätten sie aber keine Möglichkeiten gehabt, positiv zu wirken. Für sie sei das Forum eine Stütze.

Markus meint, Fremdenfeindlichkeit sitze unter-schiedlich tief bei den Schülern. Wenn man Themen wie Arbeitslosigkeit anschneide, dann käme man auf Vorurteile oder sogar auf knallharte nationalsozialis-tische Sprüche. Die Jugendlichen behaupteten, es seien die Ausländer, die ihnen die Arbeitsplätze wegnähmen.

Laut Markus habe sich der Rechtsradikalismus bei drei oder vier Schülern in einer Klasse von 25 in den Köpfen verfestigt. Das größte Problem sei jedoch die Gleichgültigkeit. Jugendliche erzählten ihm, Flugblätter von der NPD seien mal an der Schule aufgetaucht. Und vor der Schule, in der S-Bahn und im Bus sei rechts-extreme Propaganda zu sehen.

Markus bewertet die Initiative als erfolgreich. Er sagt, das Forum habe Schüler mit anderen Meinungen konfrontiert, sie hätten Kontakt zu Menschen gehabt, die von Flucht und Asyl betroffen seien. Das sei der Zweck des Forums – Vorurteile abzubauen und einen Denkprozess anzuregen.

Der Landkreis hat sich für das Projekt interessiert und unterstützt jetzt die Initiative. Das Forum bekommt finanzielle und organisatorische Hilfe, die größere Initiativen, wie zum Beispiel die Rockkonzerte gegen Rechts anlässlich des Anti-Rassismus-Tages, ermög-lichen. Das Forum hofft, dass durch solche Initiativen noch mehr Schüler sich für das Projekt engagieren.

Grammatik ⇨ 131–3 ⇨ W69

Indirect speech

◆ Indirect speech reports what someone said (or thought). In German, the verbs in reported speech are in the subjunctive. For subjunctive forms see pp.131–3.

(A) Note all the examples of the subjunctive you can find in the text on p.64.

(B) Make a list of expressions used to introduce indirect speech.
Example: er sagt

◆ In German the tense of the subjunctive is usually the same as the tense in which the words were originally said.
„Ich **kenne** viele Ausländer." *(present)*
Er sagte, er **kenne** viele Ausländer. *(present)*

◆ Often the subjunctive form and the normal (indicative) form are the same – then the reported speech moves back a tense to show the subjunctive.
Markus: Viele Schüler **haben** nichts gegen Ausländer. *(present in original speech)*
Markus sagt, viele Schüler **haben** nichts gegen Ausländer. *(present subjunctive – no difference, so not used)*
Markus sagt, viele Schüler **hätten** nichts gegen Ausländer. *(imperfect subjunctive – correct form)*

(C) Decide which of the subjunctives you noted in Activity B have changed tense to show that they are in the subjunctive. NB It is most common with verbs in the plural.

(D) Put these sentences into the subjunctive beginning with „er sagte …".
Example: Markus: „Der Landkreis hat sich für das Forum interessiert."
Markus sagte, der Landkreis habe sich für das Forum interessiert.
a Das Forum will Rockkonzerte veranstalten.
b Markus hat das Forum vor drei Jahren gegründet.
c Drei Schulen haben bis jetzt an dem Projekt teilgenommen.
d Das Forum unterscheidet sich von anderen Initiativen.

Tipp

Translating into German

As part of the examination you will be asked to translate into German.

◆ You will often find some of the vocabulary you need in the passage, albeit in a slightly different context.

(1) Look at the text to find the vocabulary you need to translate the following sentence:
The Oranienburg Forum specializes in discussing racism with school pupils.

◆ Take care with grammar. Often sentences contain a grammar point which is different from English: a tense, a preposition or a particular phrase.

(2) What could trip you up in these sentences?
a Markus has been working at the Forum for three years.
b Videos are shown in the schools.
c Pupils who are interested in the problem …

◆ Work through these steps in order:
i Read the passage through carefully.
ii In the English, underline any vocabulary you do not know and look for it in the passage.
iii Look for particular grammar points, e.g. passive, subjunctive. Annotate the text in pencil to remind yourself.
iv Begin to translate the text.
v Check through your work thoroughly (e.g. check verb agreements, tenses and endings).

(3) Use the steps above to translate the following passage:
The Oranienburg forum against racism specializes in initiatives against right-wing extremism in schools. The forum confronts pupils with the problem of racism by bringing asylum seekers into schools and discussing prejudices. Videos are also shown. One aim of the project is to break down indifference and to support pupils who wish to be actively involved. Markus Kemper, a co-founder, believes that the project has been successful. Larger initiatives such as rock concerts are now being made possible through financial assistance from the local council.

Zur Auswahl

Gut gesagt! S🔊

1 Hören Sie zu und üben Sie diese Sätze:

a Niemand darf wegen seiner religiösen Anschauungen benachteiligt werden.

b Ehen zwischen Juden und Nichtjuden wurden verboten.

c Ich finde den Erfolg der österreichischen Rechten beunruhigend.

d Es ist entsetzlich, wie die Häftlinge misshandelt und ausgebeutet wurden.

2 Übersetzen Sie diese Sätze ins Deutsche:

a Many Austrians were horrified that the FPÖ had so much success in the elections.

b The power of right-wing parties is growing in several European countries.

c In east Germany it is no longer exceptional to hold right-wing views.

d A variety of explanations for this tendency have been suggested.

3 Sie wollen eine Anti-Rassismus-Kampagne führen. Suchen Sie nützliche Auskunft auf der Website www.netzgegenrechts.de. Benutzen Sie die Auskunft, um ein Flugblatt zum Thema zu produzieren.

4 🔊 Hören Sie sich den Bericht an und beantworten Sie die Fragen auf Deutsch:

a Was war am vorigen Tag in Berlin passiert? *(2)*

b Woran erinnerte der Vorsitzende der jüdischen Gemeinde? *(2)*

c Was machte der Bundespräsident vor der Synagoge? *(1)*

d Was beschrieb der Bundespräsident als schandvoll? *(4)*

e Welche Meinung über Fremdenfeindlichkeit wird von den meisten Deutschen vertreten? *(1)*

f Was passierte nach der Zeremonie vor der Synagoge? *(1)*

g Was war die Absicht der Teilnehmer? *(2)*

5 👥 Diskutieren Sie die folgenden Fragen mit einem Partner/einer Partnerin:

a Was wissen Sie über Rassismus in Deutschland während des Zweiten Weltkriegs?

b Welche Ausländer sind nach dem Krieg nach Deutschland gekommen?

c Welche anderen Ausländer wohnen in Deutschland?

d Was wissen Sie über Rassismus in Deutschland heutzutage?

e Warum ist das Problem besonders schlimm in den neuen Bundesländern?

f Was sind Ihrer Meinung nach die Ursachen von Rassismus?

h Geben Sie Beispiele von Projekten oder Veranstaltungen, die versuchen, Rassismus zu bekämpfen.

i In welchen anderen Ländern gibt es Probleme mit Rassismus?

j Was wissen Sie über rechte Parteien in Europa?

k In welchen Ländern sind diese Parteien besonders stark gewesen?

Extra! 👥 Spielen Sie das Spiel auf Arbeitsblatt 18.

Wiederholung Einheit 4–6

Alles elektronisch?

Früher begannen die Geschichten mit „es war einmal". In ein paar Jahren werden sie anders beginnen: „Wenn Herr Meier abends heimkommt, sein Essen aus dem elektronischen Kochcomputer verspeist hat und sich den Nachrichten des Tages zuwenden will, wird er seine Zeitung aus faltbarem Plastik hervorholen, an den PC anschließen und sich die Abendausgabe herunterladen." Die elektronische Zeitung aus Plastik wird Herr Meier wohl tatsächlich im kommenden Jahr lesen können. Genau genommen handelt es sich um eine Art Folie, die mit allen beliebigen Inhalten aufzuladen ist. Nach der Aufladung benötigt sie keine Energiequelle mehr und kann überall mitgenommen werden. Außerdem wird sie vielleicht neu aufladbar sein. E-Bücher werden auch geplant.

Auch demnächst auf dem Markt – der Quicktionary. Der Dolmetscherstift kann bis zu 52 000 Wörter übersetzen. Man muss nur über das betreffende Wort fahren, dann erfasst es ein kleiner Laser, scannt es ein und die Übersetzung erscheint. Wenn man superordentlich schreibt, kann der Stift sogar Handschrift lesen.

Die zwei Produkte sind nur ein paar von den vielen, die in den nächsten Jahren auf dem Markt erscheinen werden. Im Moment wird von vielen Verbrauchern eine einfache Ansicht vertreten – was elektronisch ist, muss gut sein. Jedoch reagieren andere skeptisch auf den Technomarkt. Schüler in Kiel reagierten bei einer Umfrage ablehnend der E-Zeitung gegenüber.„ Welche Vorteile bringt das?" meinte Thorsten. „Man kann genauso gut eine Zeitung am Kiosk kaufen. Es wäre besser, Geld in Produkte zu investieren, die wir wirklich brauchen." Auf den Dolmetscher reagierten die Schüler positiver. „Das könnte bei Schulaufgaben nützlich sein", meinte Ilse. „Es ist immer sehr mühsam, alles im Wörterbuch nachzuschlagen. Auf der anderen Seite gibt es schon Übersetzer. Vokabeln mit einem Laser einscannen, das ist einfach übertrieben."

1 Lesen Sie den Text über neues Technik und wählen Sie für jeden Satzanfang die richtige Ergänzung:

a Die elektronische Zeitung …
1 wird schon verkauft.
2 ist noch nicht auf dem Markt.
3 ist das Ergebnis eines Forchungsprojekts
4 wird heiß erwartet.

b Die Zeitung hat den Vorteil …
1 dass sie die aktuellsten Nachrichten beinhaltet.
2 dass sie bei der Herstellung wenig Energie braucht.
3 dass man die Inhalte neu speichern kann.
4 dass sie klein ist.

c Der Dolmetscherstift …
1 beinhaltet mehr Wörter als ein traditionelles Wörterbuch.
2 kann Wörter von einem gedruckten Text ablesen.
3 ist unfähig, Handschrift zu lesen.
4 ist seit einem Jahr zu kaufen.

d Die meisten Verbraucher …
1 interessieren sich wenig für elektronische Produkte.
2 sind skeptisch elektronischen Produkten gegenüber.
3 begrüßen elektronische Produkte.
4 finden elektronische Produkte überteuert.

e Thorsten meinte, …
1 Fortschritte in der Technik seien immer positiv.
2 Produkte wie die E-Zeitung seien nicht unbedingt nötig.
3 die E-Zeitung werde das Ende von dem traditionellen Zeitungskiosk bedeuten.
4 man sollte mehr Geld in die Technik investieren.

f Ilse meinte, …
1 der Dolmetscherstift hätte gewisse Vorteile.
2 Wörterbücher seien besser als technische Geräte.
3 das Einscannen von Vokabeln sei vernünftig.
4 sie möchte einen Dolmetscherstift kaufen.

(6 Punkte)

67

2 🔊 Hören Sie sich den Bericht „Ein neues Preissystem für die Bahn" an. Entscheiden Sie, ob die Sätze richtig, falsch oder nicht im Text sind.

a Die Reformen bei der Bahn sollen das Preissystem vereinfachen.

b Die Reform ist die Folge von Beschwerden von Kunden, für die das jetzige System verwirrend ist.

c Die BahnCard wird wegfallen.

d Im Moment sind die Preise zu verschiedenen Zeitpunkten unterschiedlich.

e Sondertickets haben dazu geführt, dass manche Züge fast keine Fahrgäste haben.

f Wer frühzeitig bucht, kann einen günstigeren Fahrpreis zahlen.

g Die Vergünstigungen sollen die Attraktivität der Bahn garantieren.

h Fluggesellschaften haben jetzt neue Preise veröffentlicht, um konkurrenzfähig zu bleiben.

i Wer spontan reisen will, könnte seinen Wagen bevorzugen.

j Umweltorganisationen haben die neuen Preise begrüßt. **(10 Punkte)**

3a 👥 Sehen Sie sich die beiden Bilder an und diskutieren Sie die folgenden Fragen mit einem Partner/einer Partnerin:

a Wer sind die Leute auf den beiden Bildern?

b Was machen sie?

c Welche Aspekte der Toleranz und Fremdenfeindlichkeit in Deutschland werden hier gezeigt?

d Wo gibt es besonders viel Rassismus und warum?

e Glauben Sie, dass Deutschland ein fremdenfeindliches Land ist?

3b Schreiben Sie einen Zeitungsartikel (etwa 250 Wörter) zu diesen Bildern. **(10 Punkte)**

Verbrechen und Rechtswesen

7

Sherlock Holmes   Hercule Poirot   DER PATE   Alfred Hitchcock

James Bond

Robin Hood

Die Brüder Kray

Agatha Christie   P.D. James   Der Richter und sein Henker

1a Was haben diese Namen gemeinsam?

1b Ordnen Sie die Namen den fünf Kategorien zu. Einige Namen können Sie zwei Kategorien zuordnen.

- Autoren
- Detektive
- Fiktive Charaktere
- Verbrecher
- Wirkliche Personen

2a Beschreiben Sie das Foto rechts.

2b Diskutieren Sie in der Klasse: Warum gibt es Jugendliche, die das Eigentum anderer zerstören? Warum werden Jugendliche zu Kriminellen?

Jugendkriminalität

Tagtäglich wird man in den Medien auf Jugendkriminalität aufmerksam gemacht. Was führt Jugendliche zu einem kriminellen Leben?

1 ![icon] Was fällt Ihnen zum Thema „Warum werden Jugendliche kriminell" ein? Sammeln Sie möglichst viele Gründe.

HAFTSTRAFEN FÜR SCHLÄGER VOM KONSTANZER STADTFEST

Drei Skinheads, die nach gewalttätigen Übergriffen beim Konstanzer Stadtfest festgenommen worden waren, drohen Haftstrafen zwischen sechs Monaten für Körperverletzung und zehn Jahren für Landfriedensbruch. Das bestätigte die Staatsanwaltschaft am Donnerstag.

Bereits am Dienstag hatte das Amtsgericht Konstanz Haftbefehle gegen diese vier Mitglieder der rechtsradikalen Skinhead-Szene erlassen. Die Täter, Jugendliche im Alter von 17 bis 20 Jahren, stammen aus dem Raum Pfullendorf. Sie hatten beim Konstanzer Stadtfest am Samstag, zu dem über 40 000 Besucher gekommen waren, zwei Männer mit Schlägen ins Gesicht verletzt und anschließend drei dunkelhäutige Passanten beschimpft und zwei von ihnen nicht nur geschlagen, sondern auch getreten und mit Messern bedroht.

Die Polizei hatte noch am gleichen Abend die drei Täter stellen und festnehmen können.

TRICKDIEBE GEFASST

Zwei etwa 18-jährige Trickdiebinnen erbeuteten gestern am frühen Nachmittag, gegen 14.30 Uhr, bei einer 85 Jahre alten Frau in der Littenweiler Straße über 300 Euro.

Als die alte Frau die Haustür öffnete, gaben die beiden an, Stoffe verkaufen zu wollen. Während die eine der Frau im Wohnzimmer Stoffmuster zeigte, durchsuchte die andere einen Schrank in der Küche. Sie fand eine Handtasche mit einem Geldbeutel, der über 300 Euro enthielt. Die alte Frau bemerkte den Diebstahl erst am nächsten Morgen, als sie einkaufen gehen wollte. Sie meldete den Verlust der Polizei und gab eine genaue Beschreibung der beiden Diebinnen ab. Dank dieser Beschreibung gelang es der Polizei noch in der gleichen Nacht bei einer Razzia die Täterinnen zu fassen, als sie versuchten, mit dem Geld an Heroin zu kommen.

2a Lesen Sie die beiden Artikel und suchen Sie darin die deutschen Ausdrücke, die den englischen entsprechen:
  a prison sentence
  b breach of the peace
  c to confirm
  d public prosecutors
  e local/district court
  f arrest warrant
  g to catch the criminal/culprit
  h to arrest
  i to carry off
  j to report

2b Lesen Sie die Artikel noch einmal und beantworten Sie diese Fragen in vollständigen Sätzen auf Deutsch:
  a Wie wird die Bestrafung der Täter aussehen? (2)
  b Was passierte auf dem Stadtfest? (5)
  c Wann wurden die Täter verhaftet? (1)
  d Wie kamen die Diebe an das Geld der alten Frau? (4)
  e Warum haben die Täter den Diebstahl verübt? (1)

3 Übersetzen Sie diese Sätze ins Deutsche. Beachten Sie dazu den *Tipp* in Einheit 6 auf Seite 65.

   a Police arrested the violent young skinheads on the same day.

   b The public prosecutors confirmed the prison sentences of up to ten years for a breach of the peace.

   c The two thieves wanted to sell fabrics.

   d Not until the next day did the old woman report the loss to the police.

4a Welche Ausdrücke passen zusammen?

a Heranwachsende	**1**	cause
b eine hohe Kriminalitätsbelastung	**2**	suspected
c tatverdächtig	**3**	adolescents
d Ursache	**4**	crime rate
e Kriminalitätsrate	**5**	self esteem
f Selbstwertgefühl	**6**	a high level of crime

4b  Hören Sie sich einen Bericht über Jugendkriminalität an. Welche drei der sechs Sätze sind falsch?

   a Eine Zukunftsperspektive hilft jungen Menschen keine Verbrechen begehen zu wollen.

   b Die Jugendkriminalität im Ausland ist höher als in Deutschland.

   c Jugendliche, die gesellschaftlich nicht integriert sind, sind am meisten gefährdet.

   d Arbeitslose Jugendliche begehen eher Verbrechen, als alkoholabhängige Heranwachsende.

   e Im Jahr 1997 gab es ebenso viele deutsche tatverdächtige Jugendliche wie nichtdeutsche.

   f Ausländer, die in die deutsche Gesellschaft integriert sind, sind weniger kriminell als deutsche Bürger.

4c Hören Sie sich den Bericht noch einige Male an und schreiben Sie eine Zusammenfassung des Interviews. Lesen Sie zuvor noch einmal den *Tipp* in Einheit 3 auf Seite 33. Erwähnen Sie die folgenden Punkte:

   ◆ die heutige Situation

   ◆ Unterschiede zwischen kriminellen Deutschen und kriminellen Ausländern

   ◆ Ähnlichkeiten zwischen den beiden Gruppen

   ◆ Gründe für Kriminalität

   ◆ Was man dagegen tun kann

Extra! Machen Sie Übung 1 auf Arbeitsblatt 19.

5 Jeder überlegt sich einige relevante Fragen zum Thema Jugendkriminalität und erarbeitet die Antworten dazu.

A übernimmt die Rolle des Experten.

B ist der Interviewer/die Interviewerin.

Tauschen Sie anschließend die Rollen.

Beispiel: Welche Jugendlichen sind am meisten gefährdet?

Extra! Machen Sie noch weitere Rollenspiele auf Arbeitsblatt 19.

6 Schreiben Sie einen Zeitungsartikel (ca. 250 Wörter) zum Thema „Jugendkriminalität". Erwähnen Sie dabei die folgenden Punkte:

   ◆ Gründe für Jugendkriminalität

   ◆ Beispiele aus Ihrer Erfahrung oder Ihrer Stadt

   ◆ Möglichkeiten zur Reduzierung der Jugendkriminalität

Strafe oder Rehabilitation

Wir leben schon fast wie in einer permanenten Video-Show mit Webcams und Überwachungskameras. Welche Auswirkung hat die „Big Brother"-Mentalität auf die Kriminalität?

1 Gibt es in Ihrer Stadt CCTV? Ist es Ihrer Meinung nach ein gutes System oder hat es auch Nachteile? Überlegen Sie sich ein oder zwei Vor- bzw. Nachteile.

2a Lesen Sie den Text „Verbrechensbekämpfung ..." und suchen Sie dann die entsprechenden Synonyme im Text:

a zu benutzen

b auf Videokassette aufgenommen

c beobachteten

d zeigt sich als erfolgreich

e „ja" dazu sagen

f Begrenzung

2b Wählen Sie für jeden Namen bzw. jede Bezeichnung die Ergänzung, die mit dem Sinn des Textes übereinstimmt.

a Leipzigs Polizeidirektor
  1 wollte die Überwachung mit Videokameras in Leipzig testen.
  2 setzte die Überwachung mit Videokameras gezielt ein, in der Hoffnung die Kriminalitätsrate zu senken.

b Polizeibeamte
  1 begrüßen die Verbrechensbekämpfung per Videokamera.
  2 haben verschiedene Meinungen zum Einsatz der Videokameras.

c Die Bevölkerung
  1 fühlt sich durch die Videoüberwachung besser vor Verbrechern geschützt.
  2 sieht sowohl positive als auch negative Seiten der Videoüberwachung.

d Die Datenschutzbeauftragten
  1 überprüfen die Überwachungsprojekte zuerst.
  2 stimmen mit den Polizeidirektoren überein.

VERBRECHENSBEKÄMPFUNG MIT HILFE INSTALLIERTER KAMERAS

Seit fünf Jahren gibt es sie in Leipzig, die elektronischen Augen der Videokameras. Damals hatte die Kriminalität in der Stadt eine Rekordhöhe erreicht. Leipzigs Polizeidirektor entschied sich daraufhin, Überwachungskameras einzusetzen. Die Kameras überblicken etwa ein Drittel der Innenstadt und auch in einigen Straßenbahnen, die in die Vorstädte fahren, wird alles auf Videokassetten aufgezeichnet.

Der Erfolg ließ nicht lange auf sich warten. Die Alltagskriminalität in der Innenstadt sank um rund 50%. Und nicht nur im überwachten Zentrum von Leipzig ging die Kriminalität zurück, sondern in der ganzen Stadt. Das wird als Beweis dafür angesehen, dass die Kriminalität durch die Überwachung nicht in andere Stadtbezirke verdrängt wurde. Auch in Magdeburg, der Landeshauptstadt von Sachsen-Anhalt, erweist sich diese Methode als erfolgreich. Die Zahl der Auto-Aufbrüche durch Autoknacker nahm um mehr als 50% ab.

Auf den Kameraeinsatz weist die Polizei auf großen Tafeln an den entsprechenden Gebäuden oder Plätzen hin. Außerdem gibt es eine Hotline, über die jeder erfahren kann, wie das Überwachungssystem genau funktioniert. Jedes Überwachungsprojekt muss jedoch zuerst von Datenschutzbeauftragten jedes Landes genehmigt werden, um die öffentliche Bewachung unter Kontrolle und in akzeptablen Grenzen zu halten.

Und wie reagieren die Passanten und Bürger auf die Überwachung per Kamera? Die einen stehen ihr eher skeptisch und argwöhnisch gegenüber. Die „Big Brother"-Mentalität bedeutet eine Einschränkung der persönlichen Freiheit für sie. Die anderen fühlen sich sicherer. Selbst unter den Polizisten gibt es nicht nur Befürworter, sondern auch Skeptiker.

2c Übersetzen Sie die folgenden Sätze ins Deutsche. Beachten Sie dazu den *Tipp* in Einheit 6 auf Seite 65.

a Proof of the success of CCTV is that the crime rate in Leipzig has decreased.

b CCTV is used not only in city centres but also on tram lines into the suburbs.

c There is also a hotline to inform citizens about the way CCTV works.

d Some citizens feel that CCTV restricts their personal freedom.

3a  Hören Sie eine Diskussion zum Thema „Wirksame Verbrechensbekämpfung". Drei Jugendliche, Martin, Heike und Andrea, unterhalten sich. Wer sagt was?

a Es ist nicht genug, wenn man Verbrechern Haftstrafen gibt.

b Arbeitsplatzbeschaffung ist die beste Verbrechensbekämpfung.

c Gefängnisse sind nötig, damit die Bevölkerung ohne Angst leben kann.

d Überwachungskameras schränken die persönliche Freiheit zu sehr ein.

e Es gibt keine ideale Lösung.

f Jeder muss seinem Leben einen Sinn geben können.

g Therapien sind notwendig, weil sie Kriminellen helfen, nicht mehr auf die schiefe Bahn zu geraten.

3b  Hören Sie sich die Diskussion noch einmal an und beantworten Sie die folgenden Fragen in vollständigen Sätzen:

a Welche zwei Funktionen haben Gefängnisse? *(2)*

b Welche Frage ist die Basis für eine wirksame Verbrechensbekämpfung? *(1)*

c Welche vier Methoden zur Verbrechensbekämpfung werden erwähnt? *(4)*

d Welche Vorteile der Überwachungskameras werden erwähnt? *(2)*

e Warum sind einige Leute eher skeptisch? *(2)*

f Was ist Ihrer Meinung nach die wirksamste Methode?

Extra! Als Polizeibeamter/-beamtin schauen Sie sich das Video einer Überwachungskamera vor dem Bahnhof Ihrer Stadt an. Beschreiben Sie, was Sie sehen und äußern Sie auch Ihre eigene Meinung dazu (ca. 150 Wörter).

4a Halten Sie ein Kurzreferat zum Thema „Verbrechensbekämpfung", wenn möglich mit Hilfe von Powerpoint. Benutzen Sie die Informationen aus dem Lese- und dem Hörtext und erwähnen Sie folgende Punkte:

- Gründe für Jugendkriminalität
- Methoden zur Verbrechensbekämpfung
- Welche Methode ist Ihrer Meinung nach am wirksamsten und warum?

4b Diskutieren Sie anschließend die Vor- und Nachteile der Verbrechensbekämpfung durch Videokameras.

4c Fassen Sie Ihre Meinung schriftlich zusammen (ca. 200 Wörter). Benutzen Sie die *Hilfe*-Ausdrücke.

Hilfe

Die Vorteile sind offensichtlich

Betrachtet man zuerst die Vorteile, so sieht man, dass ...

Erstens ..., zweitens ... und außerdem ...

Die Nachteile überwiegen deutlich

Es hängt davon ab, ...

Es kommt darauf an, ...

Man darf auch nicht vergessen, dass ...

Es gibt sowohl ... als auch ...

Werte und Normen

Wer kann dazu beitragen, dass weniger Verbrechen begangen werden? Sollten nicht Eltern und Lehrer, aber auch Politiker und die Medien einen Teil der Verantwortung übernehmen?

1 👥 Sehen Sie sich die folgenden Aussagen an. Welchen stimmen Sie zu und warum, welchen nicht und warum nicht?

a „Die Eltern sollten die Verantwortung übernehmen!"

b „Unsere materialistische Einstellung ist schuld!"

c „Es ist die Aufgabe der Schulen und Lehrer, die Jugendlichen zu guten Bürgern zu erziehen!"

d „Die heutige Jugend hat keine geeigneten Vorbilder."

e „Die Verherrlichung der Fußballstars führt zu unakzeptablem Verhalten."

f „Jeder ist für sich selbst verantwortlich."

g „Die Politiker sollten die Null-Toleranz-Methode einführen."

h „Die Sensationsmache der Medien ist an allem schuld."

2a Ordnen Sie den Begriffen die entsprechende Definition zu, bevor Sie den Text lesen.

a Gleichberechtigung

b Pflicht

c die Verantwortung tragen/ übernehmen

d Erziehungsauftrag

e anleiten zu

f sich einer Aufgabe entziehen

g verantwortungsbewusst

1 jemandem zeigen, wie man etwas tut

2 die Aufgabe haben, jemanden zu erziehen

3 dieselben Rechte haben

4 man weiß, wofür man verantwortlich ist

5 etwas, das man machen muss

6 etwas nicht machen, obwohl man es machen sollte

7 man ist bereit die Konsequenzen zu tragen

Die Verantwortung unserer heutigen Gesellschaft

Das Grundgesetz der Bundesrepublik Deutschland basiert auf den Grundideen: Freiheit, Gerechtigkeit, Toleranz und Friedlichkeit. Es garantiert die Grundrechte der Bürger und Bürgerinnen wie Menschenwürde, Gleichberechtigung und Meinungsfreiheit. Wer ist aber letztendlich für das Funktionieren unserer Gesellschaft verantwortlich?

Nach dem Grundgesetz ist die intakte Familie die Basis der Gesellschaft und des Staates. Es ist das natürliche Recht und die Pflicht der Eltern, ihre Kinder zu pflegen und sie zu erziehen. Zur Erziehung gehört es auch, die Kinder und Jugendlichen zu verantwortlichem Verhalten anzuleiten, damit sie die politische und gesellschaftliche Verantwortung ihrer Generation übernehmen können. Weder Eltern noch Schulen und Lehrer, weder Journalisten noch Zeitungsreporter, weder Politiker noch die Kirchen können und dürfen sich dieser Aufgabe entziehen.

Freiheit und Grundgesetz

„Freiheit" ist eine Grundidee des Grundgesetzes. Freiheit in einer demokratischen Gesellschaft bedeutet aber nicht nur individuelle Freiheit. Wir müssen verantwortungsbewusstes Handeln innerhalb unserer Gesellschaft lernen. Die Jugendlichen müssen lernen, mit ihrer Freiheit sinnvoll umzugehen. Sie müssen lernen, die Folgen ihres eigenen Handelns zu verantworten. Verantwortung ist die Konsequenz der Freiheit. Darin liegt der Erziehungsauftrag nicht nur für die Elternhäuser, sondern auch die Schulen, die politischen und kirchlichen Institutionen und die Medien. Nur wenn wir unserer jungen Generation das Wissen um Tradition, Werte und Ideale vermitteln, wird sie eine gut funktionierende, demokratische Gesellschaft erhalten und weiterentwickeln. Jeder Mensch braucht ein Ziel in seinem Leben, einen Sinn für seine Existenz.

2b Lesen Sie den Text „Die Verantwortung unserer heutigen Gesellschaft" und ergänzen Sie die folgenden Sätze. Benutzen Sie die richtige Form des gewählten Wortes.

> Unsere Gesellschaft ...a... verantwortungsbewusste Jugendliche. Politiker, Eltern, die Medien und die Schulen, sie alle müssen die Jugend dazu ...b..., dass sie ...c... handelt.
> Keiner ...d... sich dieser Aufgabe entziehen. ...e... junge Generation soll in einer gut funktionierenden Gesellschaft leben.

> unser brauchen anleiten dürfen verantwortlich

2c Beantworten Sie die folgenden Fragen auf Deutsch in vollständigen Sätzen.
   a Welche Aufgabe hat das Grundgesetz?   *(1)*
   b Wer ist für die junge Generation verantwortlich?   *(5)*
   c Was sind die Aufgaben dieser Institutionen?   *(3)*
   d Wie können diese Aufgaben erfolgreich erfüllt werden?   *(5)*

3a [image] Hören Sie sich eine Diskussion zwischen zwei Elternpaaren an zum Thema „Jugendkriminalität – Wer ist verantwortlich?" Welche der folgenden Meinungen werden in der Diskussion erwähnt und von wem: Hanne Schäfer, Franz Schäfer, Marianne Probst, Alfred Probst?
   a Kriminelle Jugendliche müssen Unterstützung bekommen, damit sie wieder in die Gesellschaft zurückgeführt werden können.
   b Die Eltern haben die ganze Verantwortung für ihre Söhne und Töchter.
   c Die Rehabilitation sollte vom Staat gefördert werden.
   d Eltern und Lehrer haben häufig nicht genug Einfluss auf die Jugendlichen.
   e Null-Toleranz und hohe Gefängnisstrafen sind die besten Abschreckungsmethoden.

3b Welche Gegenargumente zu den folgenden Argumenten werden im Hörtext erwähnt?
   a Man sollte jeden Verbrecher härter bestrafen, denn Abschreckung ist die beste Methode.
   b Es ist die Aufgabe der Eltern und Schulen, die Jugendlichen zu verantwortungsbewussten Bürgern zu erziehen.
   c Die Medien können keinen positiven Einfluss auf die Jugend ausüben.

4a [icon] Erarbeiten Sie mit einem Partner/einer Partnerin eine Liste zu den folgenden Fragen:
   a Was sind Ihrer Meinung nach die wichtigsten Werte in unserer heutigen Gesellschaft?
   b Was sollten Ihrer Meinung nach die wichtigsten Werte einer idealen Gesellschaft sein?

4b Diskutieren Sie anschließend in der Klasse, wer Ihrer Meinung nach die größte Verantwortung hat. Sind Sie noch derselben Meinung wie in Übung 1 oder haben Sie Ihre Ansicht geändert?

5 Schreiben Sie einen Brief (ca. 200 Wörter) an Ihre Lokalzeitung zum Thema „Was sollte unsere Gesellschaft tun, um die Jugendkriminalität zu reduzieren?" Gehen Sie auf die Rolle der Eltern, der Politiker, der Schule und der Medien ein.

Extra! [icon] Lesen Sie die Fallstudie zum Thema „Die Rolle der Zeitungsreporter" auf Arbeitsblatt 20 und beantworten Sie die Fragen mündlich mit einem Partner/einer Partnerin.

Prüfungstraining

The activities on this spread will help you to:

- ◆ Use modal verbs and verbs of perception in the perfect tense

- ◆ Express your opinion

1 Ordnen Sie den deutschen Ausdrücken die entsprechenden englischen zu:

  a Ermittlungsverfahren
  b Verhandlung
  c Strafbefehl, Strafe
  d Strafprozess
  e hinter Gittern
  f Staatsanwaltschaft

  1 trial
  2 criminal proceedings
  3 behind bars
  4 sentence
  5 preliminary inquiry
  6 public prosecutors

1 Die deutschen Richter und Gerichte müssen schwere Arbeit leisten. Jedes Jahr beschäftigen sie sich mit rund 800 000 Strafprozessen. Die Prozesse können im Schnitt zwischen drei und fünf Monaten dauern. Im Jahr 1996 leiteten die Staatsanwaltschaften mehr als vier Millionen Ermittlungsverfahren ein. In 15 Prozent der Fälle gab es einen Strafbefehl ohne Verhandlung.

2 Nach einer Zählung im März 1997 sollen die deutschen Gefängnisse voll sein. Ungefähr 51 600 Täter verbüßten hinter Gittern ihre Strafen. Das sind rund ein Drittel mehr als 1992 bei der ersten gesamtdeutschen Zählung.

3 Die schwerste und empfindlichste Strafe, die deutsche Richter verhängen können, ist „lebenslänglich". Lebenslanger Freiheitsentzug steht auf Mord und der Täter muss mit zwischen 15 und 23 Jahren rechnen. In Hessen liegt die Strafdauer bei rund 22,7 Jahren, in Baden-Württemberg bei 16,8. Wie lange ein Straftäter ins Gefängnis muss, hängt im Allgemeinen natürlich von der Straftat ab.

Grammatik  128   W80–81

Modal verbs and verbs of perception in the perfect tense

A Read the three short texts and note the modal verbs.

B Look at the following sentences in the perfect tense and translate them into English:

  a Die deutschen Richter haben schwere Arbeit leisten **müssen**.
  b Die Prozesse haben zwischen drei und fünf Monaten dauern **können**.
  c Im März 1997 haben die deutschen Gefängnisse voll sein **sollen**.
  d Wie lange ein Straftäter ins Gefängnis **gemusst** hat, hing von der Straftat ab.

- ◆ Used on their own, modal verbs have a normal past participle in the perfect tense (**d**). When used with another verb in the infinitive, the perfect tense of the modal verb is formed with its infinitive rather than the past participle (**a–c**).

C Choose the correct verb in the following sentences:

  a Der Täter hat nicht schweigen (*gedurft / dürfen*).
  b Das Opfer hat nach dem Prozess nach Hause (*gedurft / dürfen*).
  c Der Richter hat nicht gerecht urteilen (*gekonnt / können*).

- ◆ The verb *lassen* and verbs of perception such as *hören, fühlen, sehen* follow the same pattern as modal verbs in the perfect tense.

D Match up the following sentences:

  a Wir haben die Strafe kommen sehen.
  b Der Verbrecher hat die Strafe akzeptieren müssen.
  c Das Opfer hat den Mörder nicht kommen hören.
  d Der Täter hat sein Opfer einfach im Wald liegen lassen.

  1 The victim did not hear the murderer coming.
  2 We saw the sentence coming.
  3 The culprit simply left his victim lying in the woods.
  4 The criminal has had to accept the sentence.

WIE WÜRDEN SIE ENTSCHEIDEN?

1 Reinhards Fall

Reinhard M. war ein erfolgreicher, 55-jähriger Familienvater, bis er eines Tages grundlos von einem jungen Mann angefallen wurde. Der 28-jährige Gewalttäter schlug auf ihn ein, Reinhard lag wehrlos auf dem Boden. Da trat der Täter mit seinen Stiefeln auf ihn ein und schlug ihm mit der Spitze des Stiefels ein Auge aus.

Jetzt hat Reinhard M. panische Angst davor, dass er sein zweites Auge auch noch verlieren und blind werden könnte. Diese Angst bleibt Reinhard M. wahrscheinlich lebenslang. Der Täter wurde vom Gericht zu zwei Jahren Gefängnisstrafe verurteilt. Er hat aber gute Chancen, nach einem Jahr und vier Monaten auf Bewährung entlassen zu werden.

2 Ist Nachsitzen Freiheitsberaubung?

Stefan muss nach der Schule direkt nach Hause, weil seine Mutter einen Geschäftstermin hat und er auf die kleine Schwester aufpassen muss, da die Babysitterin nicht kann.

In der letzten Stunde hat Stefan Kunst, Modellieren mit Ton. Plötzlich beginnt ein Schüler mit Ton zu werfen. In kurzer Zeit ist eine „Tonschlacht" im Gange. Der Ton hängt an den Wänden und klebt auf dem Boden. Die Lehrerin lässt alle Schüler nachsitzen. Stefan kommt eine halbe Stunde zu spät nach Hause. Seine Mutter ist böse, ihr Geschäftsauftrag ist weg. Sie verklagt die Lehrerin wegen Freiheitsberaubung.

Tipp

Expressing your opinion

Rather than using phrases such as *meiner Meinung nach, ich finde, ich meine* all the time, you can improve your written style and your spoken language by using a variety of expressions. Choose from the following:

Ich bin der Auffassung, dass ...
I am of the opinion that ...
Wenn es nach mir ginge, ...
If it were up to me ...
Das mag schon sein, aber ...
That may well be, but ...
Es kommt darauf an, einerseits ... andererseits ...
It depends, on the one hand ... on the other hand ...
Ich bin damit einverstanden.
I agree with that.
Das ist doch kein Argument!
But that's no argument!
Ich gebe ja zu, dass ..., aber ...
I admit that ..., but ...

2a Lesen Sie den ersten Text und diskutieren Sie den Fall mit einem Partner/einer Partnerin. Finden Sie diese Strafe gerecht? Wie würden Sie urteilen?

2b Lesen Sie den zweiten Text. Wer hat Recht, die Lehrerin oder die Mutter? Wie würden Sie entscheiden? Bereiten Sie mit Ihrem Partner/Ihrer Partnerin eine Begründung vor und benutzen Sie dabei die Ausdrücke im *Tipp*.

2c Diskutieren Sie beide Fälle in einem Klassengespräch und benutzen Sie möglichst viele Ausdrücke aus dem *Tipp*.

3 Wählen Sie nun einen der beiden Fälle, und schreiben Sie Ihre Begründung in ca. 150 Wörtern nieder.

Extra! Hören Sie sich noch einen Fall an und machen Sie die Übungen auf Arbeitsblatt 21. Benutzen Sie dabei die Ausdrücke im *Tipp*.

Zur Auswahl

1 S 🎧 Hören Sie sich die Nachrichtenmeldung an und beantworten Sie die Fragen.

a Wo fand der Überfall statt? *(1)* **b** Auf welche Weise erfuhr die Polizei von dem Überfall? *(2)* **c** Wer waren die Opfer? *(4)*

2 Übersetzen Sie die folgenden Sätze ins Deutsche:

a CCTV cameras restrict our personal freedom.

b Young people have to learn to act responsibly.

c It is the duty and task of our society to give every young person a job.

d Young people who are not integrated into society are more at risk.

3 👥 „Gefängnisstrafen sind die beste Methode zur Verbrechensbekämpfung." Stimmen Sie dieser Aussage zu? Diskutieren Sie mit einem Partner/einer Partnerin und erwähnen Sie dabei auch Alternativen.

4 Fassen Sie das Thema Jugendkriminalität zusammen und beachten Sie dabei folgende Punkte:

♦ Gründe für Jugendkriminalität

♦ Methoden der Verbrechensbekämpfung

♦ Die Rolle unserer Gesellschaft

♦ Ihre Meinung dazu

5 Ordnen Sie jedem Verbrechen eine Ihrer Meinung nach angemessene Strafe zu und begründen Sie Ihre Entscheidung:

a Diebstahl

b Rauschgifthandel

c betrunken am Steuer

d Einbruch

e Betrug

f Mord

g Geschwindigkeitsüberschreitung

1 polizeiliche Verwarnung

2 eine fünfmonatige Gefängnisstrafe

3 lebenslängliche Freiheitsstrafe

4 Führerscheinentzug

5 zwei Jahre Gefängnis

6 Bußgeldstrafe

7 zehn Jahre Gefängnis

Gut gesagt! S 🎧

6a Hören Sie sich die folgenden Wörter und Ausdrücke an und sprechen Sie sie nach.

a Kriminalität – Kriminalitätsrate – Alltagskriminalität – kriminell – Kriminalitätsbelastung

b gewalttätige Übergriffe

c mit Haftstrafen drohen – mit Gefängnisstrafen drohen

d einen Haftbefehl erlassen

e ein Verbrechen begehen – Verbrechensbekämpfung

f Überwachungskameras – Kameraeinsatz – öffentliche Bewachung

g verantwortungsbewusstes Handeln

6b Nun hören Sie sich die folgenden Sätze an und sprechen Sie sie nach.

a Durch den Einsatz von Überwachungskameras wird die Alltagskriminalität reduziert.

b Die Polizei hat einen Haftbefehl erlassen und den Tatverdächtigen mit hohen Gefängnisstrafen gedroht.

c Überwachungskameras werden als Abschreckungsmethode zur Verbrechensbekämpfung eingesetzt.

d Manche Bürger sehen diese Art von öffentlicher Bewachung als eine Einschränkung ihrer persönlichen Freiheit.

8 Die Zukunft Europas

1 Was wird auf den Fotos dargestellt? Was befürchtet der Demonstrant auf Bild B?

2a Welche Flagge gehört zu welchem Mitgliedsland?

2b Welche Flaggen gehören zu den europäischen Staaten, die der EU beitreten wollen?

79

Die Institutionen der EU

Wer hat das Sagen in Europa? Die Bürokraten oder das Volk?
Bilden Sie sich Ihre eigene Meinung zu diesen Fragen.

Was ich von einem Europäischen Parlament halte?

> Im Europäischen Parlament haben endlich die Bürger das Sagen.

> Ein Parlament mit 626 Abgeordneten – wie soll man da zu einer Entscheidung kommen?

> Das Europaparlament garantiert die Demokratie in der EU.

> Jedes Mitgliedsland hat sein eigenes Parlament und das ist wichtiger als das EU-Parlament.

Diese jungen Leute waren bei einer europäischen Konferenz in Paris, wo sie sich über die Aufgaben und Funktionen der EU-Einrichtungen informierten. Was haben sie herausgefunden?

Der Europäische Rat setzt sich aus den Staats- oder Regierungs-chefs der Mitgliedsstaaten sowie dem Präsidenten der Kommission zusammen. Er ist dem Rat, auch Ministerrat genannt, über-geordnet und tagt mindestens zweimal pro Jahr. Er legt die politischen Zielvorstellungen der EU fest und gibt Impulse für die Entwicklung der EU.

Eine weitere Institution ist die EU-Kommission. Sie ist für den EU-Haushaltsplan zuständig und verwaltet Fonds für Forschungs- und Entwicklungsprogramme.

Der Rat der Europäischen Union wird auch Ministerrat genannt. Jedes Land ist mit je einem Repräsentanten auf Minister-ebene vertreten. Hier können also die Minister als Vertreter ihres Landes dessen Interessen ausdrücken. Der Rat entscheidet zusammen mit dem Parlament über die Gesetz-gebung und legt, ebenfalls mit dem Parlament, den Haushaltsplan der Union fest.

Die Aufgaben des Europäischen Parlaments sind in den letzten Jahren erweitert worden. Heute hat das Parlament das Mitentscheidungsrecht bei der Gesetzgebung. Ohne die Zustimmung des Parlaments können keine internationalen Abkommen beschlossen werden. Außerdem hat das Parlament das Recht, den Haushaltsplan zu akzeptieren oder abzulehnen und kontrolliert die Ausführung des Haushaltsplans durch die Kommission. Die 626 Parlamentsabgeordneten werden alle fünf Jahre direkt von den Bürgern der Mitgliedstaaten gewählt.

Es gibt noch verschiedene andere Organe wie zum Beispiel den Europäischen Gerichtshof und die Europäische Zentralbank. Der Europäische Gerichtshof hat seinen Sitz in Luxemburg. Die direkt gewählten Richter achten darauf, dass das Recht und die Gesetze von allen Mitgliedsstaaten eingehalten werden. Ihre Entscheid-ungen sind unmittelbar verbindlich, das heißt, der Europäische Gerichtshof ist die letzte Instanz.

Die Europäische Zentralbank mit Sitz in Frankfurt arbeitet mit den Zentralbanken der Mitgliedsstaaten zusammen, um unter anderem die Preisstabilität in der Eurozone zu gewährleisten.

1a Lesen Sie die Texte und entscheiden Sie, welche Ausdrücke zusammenpassen:

a tagen
b etwas festlegen
c für etwas zuständig sein
d verwalten
e verbindlich
f gewährleisten
g der Haushaltsplan
h das Abkommen
i die Gesetzgebung

1 to be responsible for
2 to guarantee
3 the budget
4 the legislation
5 to administer
6 the agreement
7 to fix
8 to meet
9 binding

1b Lesen Sie die Texte noch einmal. Welche der folgenden Aussagen sind richtig, welche falsch? Verbessern Sie die falschen Sätze.

a Das Europäische Parlament erstellt den Haushaltsplan.
b Im Ministerrat sitzen die Vertreter der Parteien der Mitgliedsstaaten.
c Ein EU-Kommissar ist für die Fonds der Forschungs- und Entwicklungsprogramme zuständig.
d Im Europäischen Rat sitzen die Staats- und Regierungschefs.
e Im Europäischen Gerichtshof entscheiden direkt gewählte Richter über Recht und Gesetz.

1c Schreiben Sie die Sätze zu Ende:

a Die Europäische Zentralbank hat die Aufgabe, …
b In der Kommission werden …
c Die Abgeordneten des Europäischen Parlaments werden …
d Der Europäische Gerichtshof ist die letzte Instanz, weil …

2 🔊 Hören Sie sich den Text „Europa wählt sein fünftes Parlament" einige Male an und ergänzen Sie die fehlenden Wörter in der richtigen Form.

Die …**a**… des Europäischen Parlaments werden alle fünf Jahre von den EU-Bürgern gewählt. Sie sind die Verbindungsglieder zwischen Brüssel und den Bürgern des jeweiligen Landes, das sie vertreten. Die …**b**… der Abgeordneten sind sehr vielseitig. Das Parlament hat bei den meisten Fragen Mitentscheidungsrecht. So hat das Europäische Parlament …**c**…, dass …**d**… Verpackungsmüll vermieden wird. Lebensmittelproduzenten haben jetzt die Pflicht, …**e**…Veränderungen in Lebensmitteln auf der Verpackung anzugeben.

> unnötig   Vertreter   erreichen   Abgeordneter
> erlauben   gentechnisch   Arbeit   Aufgabe   neu

Extra! Machen Sie die Übungen zu den Rollen der EU-Einrichtungen auf Arbeitsblatt 22.

3a 👥 Vergleichen Sie die wichtigsten Funktionen des Europäischen Parlaments mit denen des Parlaments Ihres Landes und bereiten Sie sich auf eine Diskussion zum Thema „Das Europäische Parlament soll die Parlamente der EU-Staaten ersetzen" vor. Die folgenden Fragen werden Ihnen dabei helfen:

◆ Wie viele Abgeordnete gibt es im britischen Parlament, wie viele im EU-Parlament?

◆ Wer entwirft den Haushaltsplan?

◆ Wer kontrolliert die Ausführung des Haushaltsplans?

◆ Wer repräsentiert die Interessen der Bevölkerung?

◆ Wer hat die größte Macht?

3b 👥 Diskutieren Sie in Ihrer Klasse.

4 Schreiben Sie eine Zusammenfassung zum Thema „Die Rolle des Europäischen Parlaments". Achten Sie auf die folgenden Punkte:

◆ Aufgaben des Parlaments

◆ Vorteile/Nachteile eines europäischen Parlaments

◆ Ihre eigene Meinung

Europa wird größer

Erweiterung oder Vertiefung der EU? Die Staats- und Regierungschefs diskutieren Pläne für die Aufnahme weiterer Länder.

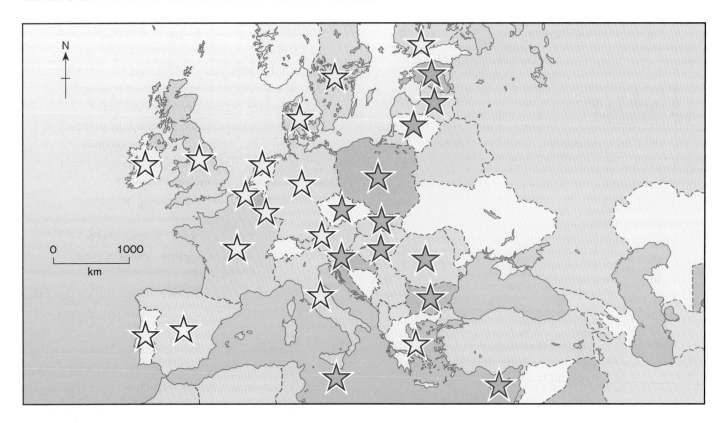

1 Erstellen Sie mit Hilfe der Landkarte eine Liste der 12 EU-Beitrittskandidaten und der 15 EU-Mitgliedsländer.

2 Überlegen Sie sich mit einem Partner/einer Partnerin welche wirtschaftlichen, politischen oder sozialen Schwierigkeiten es geben könnte, wenn die EU 27 Mitgliedsstaaten hätte.

3a Lesen Sie die beiden Texte auf Seite 83 und suchen Sie darin die entsprechenden deutschen Wörter:

a opening up

b to aspire to

c to overcome

d damaging to the environment

e to become discernible

f to bring into line

g to provide proof, demonstrate

h to result from

3b Lesen Sie die Texte noch einmal und entscheiden Sie, welche der folgenden Sätze richtig, welche falsch, welche nicht angegeben sind:

a Die neuen osteuropäischen Märkte werden für westeuropäische Geschäftsleute Investitionsmöglichkeiten schaffen.

b Die Industrie und Landwirtschaft sind jetzt schon modernisiert.

c Die Wirtschaftsentwicklung dieser Beitrittsländer stimmt optimistisch.

d Die osteuropäischen und baltischen Staaten wollen bis 2006 Mitglieder der EU sein.

e Länder, die der EU beitreten wollen, müssen sich für die Einhaltung der Menschenrechte einsetzen.

3c Beantworten Sie die folgenden Fragen auf Deutsch in vollständigen Sätzen:

a Wie muss sich die Wirtschaftsform der osteuropäischen Länder ändern? *(2)*

b Nennen Sie fünf weitere Voraussetzungen für einen Beitritt zur EU. *(5)*

c Wie sehen die Chancen für einen Beitritt aus? *(2)*

„Was halten Sie von der Osterweiterung der EU?"

Mein Name ist Rolf Müller. Ich bin Geschäftsmann. Was ich von der Osterweiterung halte? Nun, vom Standpunkt eines Geschäftsmannes aus betrachtet, wird man durchaus positive Folgen sehen können. Die Erschließung neuer Märkte hat für die westeuropäischen Länder bereits Investitionsmöglichkeiten geschaffen. Dabei ist jedoch zu bedenken, dass die osteuropäischen Länder zwar Reformen anstreben und dabei sind, die sozialistische Staatswirtschaft Osteuropas zu überwinden und eine westeuropäische Marktwirtschaft aufzubauen, aber das geschieht nicht von heute auf morgen. Seit 1997 hat sich ihr Wirtschaftsergebnis jedoch verbessert, besonders in Polen, Estland, Kroatien, Litauen und Lettland. Die Modernisierung der Industrie und Landwirtschaft ist natürlich ein langfristiger Prozess, besonders auch, weil gleichzeitig eine moderne Verkehrs- und Kommunikationsinfrastruktur aufgebaut werden muss.

Ich heiße Annabella Weiß und ich studiere Politik im vierten Semester an der Uni Heidelberg. Dieses Semester nehme ich an einem Seminar zu diesem Thema teil. Ich finde es echt interessant. Also die meisten ostmitteleuropäischen sowie die baltischen Staaten streben entweder die Mitgliedschaft in der EU oder aber zumindest eine enge wirtschaftliche Zusammenarbeit an. Anfang der 90er Jahre charakterisierte diese Länder eine technisch veraltete Industrie, eine ineffektive und umweltschädigende Landwirtschaft und ein unterentwickelter Dienstleistungssektor. Seit 1997 zeichnet sich jedoch eine langsam steigende, positive Wirtschaftsentwicklung ab. Um der EU beitreten zu können, muss sich auch die Inflationsrate angeglichen haben und die zukünftigen Mitgliedsstaaten müssen nachweisen, dass sie die Menschenrechte garantieren und einhalten. Ich persönlich halte eine Erweiterung der EU für positiv, besonders wenn ich an die wirtschaftlichen und kulturellen Möglichkeiten denke, die sich dadurch ergeben.

4a Hören Sie sich eine Zusammenfassung über die EU-Reform an. Ergänzen Sie die Sätze mit dem Wort, das sinngemäß am besten passt:

a Bei der Frage, wie groß die Kommission sein soll, haben die kleinen Staaten ____, dass jeder Mitgliedsstaat einen Kommissar hat.
1 erreicht **2** gesetzt **3** gehofft

b Die EU kann politisch nicht funktionieren, wenn die Mitgliedsstaaten ____ .
1 einig sind **2** nicht übereinstimmen **3** zustimmen

c Nach der EU-Reform wird ____ Land ein Veto einlegen können.
1 kein **2** jedes **3** manches

4b Hören Sie sich den Text noch ein paar Mal an und fassen Sie ihn zusammen. Erwähnen Sie die folgenden Punkte:

◆ zwei Gründe für die Reform
◆ zwei mögliche Gefahren bei 27 EU- Mitgliedern
◆ drei Argumente der Reformgegner
◆ verstärkte Zusammenarbeit

5 Wie stellen Sie sich eine Europäische Union mit 27 Mitgliedern vor? Erarbeiten Sie in zwei Gruppen die Argumente für bzw. gegen EU-Reformen. Legen Sie Ihre Argumente der anderen Gruppe dar.

6 Sie sind Abgeordnete(r) eines kleinen Mitgliedslandes im Europaparlament. Schreiben Sie einen Brief an Ihre Regierung und beschreiben Sie Ihre Hoffnungen und Befürchtungen hinsichtlich der EU-Reform.

Extra! Hören Sie den Bericht „Die EU warnt vor Chaos in den Palästinensergebieten" an, und machen Sie die Übungen auf Arbeitsblatt 23.

Was wird aus Europa?

„Wir wissen nur eines über die Zukunft – sie wird nicht wie die Gegenwart aussehen." (Jorge Luis Borges)

1 [icon] Wir schreiben das Jahr 2025. Wie wird Europa aussehen? Entscheiden Sie sich für eine dieser Prognosen und begründen Sie Ihre Entscheidung kurz in einem Klassengespräch.

   a Aus Europa werden die „Vereinigten Staaten von Europa" geworden sein.

   b Die EU wird sich auf 30 Mitglieder erweitert haben, ohne engere politische Union.

   c Die EU-Institutionen werden geschwächt worden sein und die Regierungen der Mitgliedsstaaten werden die EU-Erweiterung blockiert haben.

2a Schauen Sie die folgenden Wörter in einem Wörterbuch nach und lesen Sie dann den Text.

   a in Brand stecken
   b Behinderte
   c ein Jahr aussetzen
   d geschätzt werden
   e Wohlfahrtsstaat
   f Gewerkschaften

2010 – Wie wird Europa in der Zukunft aussehen?

Szenario ❶

Die EU führt in allen Mitgliedsstaaten ein radikales Sparprogramm ein. Dies hat zur Folge, dass viele Firmen und Fabriken Angestellte und Arbeiter entlassen. Der Unterschied zwischen Armen und Reichen vergrößert sich und halb Europa revoltiert auf den Straßen. Das Europäische Parlament muss aus Straßburg fliehen und die protestierenden Bürger haben den Sitz der Kommission in Brand gesteckt. Die reichen Europa-Flüchtlinge werden von der neutralen Schweiz aufgenommen.

Szenario ❷

Nach einer Revolte haben die „grünen" EU-Bürger die Macht übernommen. Nun werden Energieverschwendung und umweltschädliche Firmen und Fabriken mit hohen Steuern bestraft. Tätigkeiten wie zum Beispiel ein soziales Jahr in einem Altenheim oder in einer beschützenden Werkstätte für Behinderte werden stark gefördert und jeder Arbeitnehmer hat das Recht einige Jahre in seinem Beruf auszusetzen, um etwas zu tun, was der Gesellschaft zugute kommt. Alte Menschen und Pensionäre werden nicht mehr isoliert, sondern respektiert und geschätzt.

Szenario ❸

Weitgehende Reformen in der EU führen zu einem europäischen Wohlfahrtsstaat mit einem gerechten Sozialsystem. Regierungen, Gewerkschaften, Unternehmer und Bürger tragen gemeinsam die Verantwortung und arbeiten als Partner zusammen. Der Gedanke „Fortschritt durch globales Denken" hat die alten nationalistischen und fremdenfeindlichen Ideologien ersetzt. Die Zukunft basiert auf einem Konsensus, an dem alle Mitgliedsstaaten festhalten. Die Euro-Zone ist erweitert worden und hat 40 Mitglieder. Die EU-Institutionen werden von Jahr zu Jahr beliebter.

2b Welche Sätze passen zu welchem Szenario?

a Die Spaltung zwischen Arm und Reich führt zu Unruhen und Protesten.

b „Geteilte Verantwortung" ist die Voraussetzung für dieses Modell.

c Ein gestärktes Umweltbewusstsein ist der Weg in die Zukunft.

d Globales Denken aller führt zu gemeinsamen Entscheidungen in der EU.

e Durch vielseitige Reformen wurde die soziale Ungerechtigkeit abgebaut.

f Verärgerte Bürger greifen zu Gewalt.

g Die EU-Institutionen stehen in Flammen.

h Drastische Einsparungen führen zu Massenarbeitslosigkeit.

i Tätigkeiten, die der ganzen Gemeinde nutzen, und soziales Denken sind ebenso wichtig wie bezahlte Arbeit.

2c Beantworten Sie diese Fragen in vollständigen Sätzen:

a Was bedeutet in 1 die Folge des radikalen Sparprogramms für die EU-Bürger? *(2)*

b Welche Rolle spielt die Schweiz in 1? *(1)*

c Welche Auswirkung hat die EU-Revolte in 2 auf Fabriken und Firmen? *(1)*

d Warum können Arbeitnehmer in 2 einige Jahre in ihrem Beruf aussetzen? Nennen Sie auch ein Beispiel. *(2)*

e Worauf basiert die Zukunft der EU in 3 nach den Reformen? Nennen Sie drei Beispiele. *(3)*

3 Wählen Sie jeweils ein Modell, beschreiben Sie es Ihrem Partner und begründen Sie Ihre Wahl.

a Wählen Sie das Modell, das Sie am besten finden.

b Wählen Sie das Ihrer Meinung nach unwahrscheinlichste Modell.

4a Hören Sie sich die Tagebucheintragung an und vervollständigen Sie diese Sätze:

a Bei der Abstimmung über die Richtlinie über Zierfische haben drei Kleinstaaten vor, …

b Ohne Dolmetscher werden einige …

c Der Grund für die Krise in der EU ist, dass jeder …

d Die nächste Debatte wird die Frage behandeln, ob …

Grammatik ⇨ 133 ⇨ W61,81

Future perfect tense

◆ The tense used in Übung 1 is the future perfect. It is used mainly to express a supposition or a probability that will have happened.

Im Jahr 2001 **wird** die Europäische Union weiteren Reformen **zugestimmt haben**.
*In the year 2001 the European Union **will have agreed** to further reforms.*

A Translate the sentences in Übung 1 into English.

◆ To form the future perfect tense use the present tense of *werden* + past participle of main verb + the infinitive of *haben* or *sein*.

B Put these sentences into the future perfect tense:

a Die Industrie entlässt viele Arbeiter und Angestellte.

b Alte Menschen und Pensionäre werden mehr unterstützt.

c Weitgehende Reformen führen zu einem europäischen Wohlfahrtsstaat.

4b Hören Sie sich den Text noch einmal an und ergänzen Sie den Lückentext, indem Sie die richtige Form der unten erwähnten Wörter einsetzen.

Die vierte Erweiterungsrunde der EU hatte …a… Erfolg. Keinem der Kommissare …b… es, einen einstimmigen …c… zu fassen. Nun wollen sie den Plan einer …d… Armee noch einmal debattieren. Zuvor hatte ein Kleinstaat dieses Projekt …e…. Eine weitere Streitfrage ist, ob die Volksrepublik China zu Europa …f… oder nicht.

| europäisch | stoppen | aufhören | gehören | Plan |
| Beschluss | gelingen | interessieren | kein | |

5 Sie beteiligen sich an einem europäischen Wettbewerb und sollen einen Beitrag zum Thema „Meine Zukunftsvision für Europa" schreiben. Schreiben Sie ca. 150 Wörter.

Extra! Machen Sie die Übungen auf Arbeitsblatt 24.

Prüfungstraining

The activities on this spread will help you to:

◆ Use the conditional perfect
◆ Tackle gap-fill activities

Grammatik 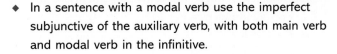 ⇨ 132 ⇨ W61, 82

The conditional perfect

◆ The conditional perfect is used to express an event that has not happened and is no longer possible.

◆ To form the conditional perfect use the imperfect subjunctive of the auxiliary verb and the past participle of the main verb.

Ich **hätte** das nicht gemacht.
I would not have done this.

Wir **wären** nicht gegangen.
We would not have gone.

◆ In a sentence with a modal verb use the imperfect subjunctive of the auxiliary verb, with both main verb and modal verb in the infinitive.

Er **hätte** das nicht **machen sollen**.
He should not have done this.

(A) Read the interview. A year later none of Mr Jones' suggestions has been implemented. A disappointed Mr Jones writes a letter to the German newspaper whose reporter interviewed him. Complete the letter using the conditional perfect.

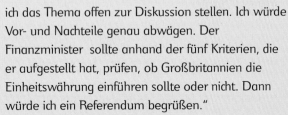

**Wir haben Mr. Jones zu diesem Thema befragt:
Mr. Jones, Sie sind Engländer. Wie stehen Sie zum Thema „Euro"?**
Mr. Jones: „Nun, wenn ich Premierminister wäre, würde ich das Thema offen zur Diskussion stellen. Ich würde Vor- und Nachteile genau abwägen. Der Finanzminister sollte anhand der fünf Kriterien, die er aufgestellt hat, prüfen, ob Großbritannien die Einheitswährung einführen sollte oder nicht. Dann würde ich ein Referendum begrüßen."

Nach Meinungsumfragen sind jedoch bis zu 70 Prozent der britischen Bürger gegen die Einführung des Euros. Das sieht also für die Zukunft nicht sehr optimistisch aus?
Mr. Jones: „Viele Beobachter glauben, dass sich die öffentliche Meinung doch langsam zugunsten des Euros ändern wird. Ich persönlich würde das begrüßen. Wie Wim Duisenberg, der Präsident der Europäischen Zentralbank, sagte, würde es der britischen Wirtschaft viele Nachteile bringen, wenn Großbritannien sich nicht für die Einheitswährung entschiede."

Sehr geehrter Herr,

Ich bin von unserem Premierminister völlig enttäuscht. Wenn ich an seiner Stelle (a) ____ ____, <u>hätte</u> ich die Diskussion über den Euro offen zur Diskussion <u>gestellt</u>. Ich (b) ___ Vor- und Nachteile genau ____. Der Finanzminister <u>hätte</u> anhand der fünf Kriterien, die er aufgestellt hatte, <u>prüfen sollen</u>, ob Großbritannien die Einheitswährung <u>hätte einführen sollen</u> oder nicht. Außerdem (c) ____ ich ein Referendum ____ .
Die öffentliche Meinung (d) ____ sich bestimmt langsam zugunsten des Euros ____ . Ich persönlich (e) ____ das sehr ____ . Der Euro (f) ____ der britischen Wirtschaft sicherlich viele Vorteile ____ .

Hochachtungsvoll,
A. Jones

1a Welche Ausdrücke passen zusammen?

a Einheitswährung	**1** to complain
b Vertrauenskrise	**2** single currency
c unbedingt	**3** to support something
d Abstimmungs-verfahren	**4** absolutely
	5 voting procedure
e anscheinend	**6** discount
f sich beklagen	**7** long term
g Rabatt	**8** crisis of confidence
h sich für etwas einsetzen	**9** apparently
i langfristig	

1b [🔊] Hören Sie den Bericht „Der Euro ist so schwach wie nie". Welche der folgenden Gründe für die Schwäche des Euros kommen im Hörtext vor?

a Der amerikanische Dollar ist zu stark.

b Die EU kann sich nicht reformieren.

c Nicht alle EU-Mitglieder wollen den Euro.

d Die globale Wirtschaft hat kein Vertrauen in die europäischen Politiker.

e Die Autohersteller verkaufen ihre Autos zu teuer.

f Die Amerikaner sollten einen Beitrag zur globalen Währungsstabilität leisten.

2 [🔊] Hören Sie sich den Bericht noch einige Male an. Ergänzen Sie den Lückentext mit Hilfe der Liste unten, nachdem Sie den *Tipp* durchgearbeitet haben. Wählen Sie jeweils die richtige Form des gewählten Wortes. Sie dürfen jedes Wort nur einmal benutzen.

Nach Meinung einiger Experten steckt die EU in einer Krise. Es ...a... sich um ihre Reformbereitschaft. Wenn die EU sich ...b... will, müssen vor allem die ...c... Institutionen geändert werden. In den Vereinigten Staaten haben sich Firmen über den schwachen Euro gegenüber dem starken Dollar ...d... . Ein schwacher Euro bedeutet nämlich weniger ...e... für die amerikanischen Firmen. Besonders die amerikanische Autoindustrie ist davon betroffen. Die ...f... für die Amerikaner sind also niedrigere ...g... für ihre Autos oder weniger Export für den ...h... Automarkt.

beklagen	vergrößern	verbessern	Preis
europäisch	Kosten	traditionell	amerikanisch
Folge	handeln	gehen	Ausfuhr

Tipp

Tackling gap-fill activities

◆ Read the gapped text to get an idea of the kind of text and vocabulary you will hear.

◆ The content and grammatical form of your answer must be correct. Decide what type of word is required in each sentence: noun, verb or adjective?
Example: Die EU will 27 _____ Mitglieder aufnehmen. *(adjective, after verb and before noun).*

◆ An adjective needs the correct ending. Check what precedes the noun and whether the noun is:
 - singular or plural
 - if singular: masculine, feminine or neuter
 - nominative, genitive, accusative or dative

Example: Die EU will 27 _____ Mitglieder aufnehmen. (Mitglieder: *plural, acc., after number:* neue)

(1) Now complete these sentences:
 a Die Engländer trauen dem _____ *(englisch)* Pfund mehr als dem Euro.
 b Nur _____ *(wenig)* Engländer wollen eine einheitliche Währung.

◆ For a noun, ask yourself: Singular or plural? What case?
Example: Die EU will 27 neue _____ aufnehmen. (*plural, acc. :* Mitglieder)

(2) Now complete these sentences:
 a Weitere _____ *(Arbeitsplatz)* sollen geschaffen werden.
 b Eine einheitliche Währung würde allen _____ *(Mitglieder)* helfen.

◆ For a verb check:
 - which tense is required
 - which verb form (passive, active, infinitive)
 - whether the verb has to agree with the subject

Example: Die EU will 27 neue Mitglieder _____. (*infinitive to follow modal verb:* aufnehmen)

(3) Now complete these sentences:
 a Der Euro wird bis 2002 _____ *(einführen)* sein.
 b Einige amerikanische Firmen _____ *(verlieren)* letztes Jahr viele Arbeitsplätze.

Zur Auswahl

1 **S** 📼 Hören Sie sich den Bericht „Medizinischer Erfolg eines europäischen Forscherteams" an und ergänzen Sie den Lückentext. Wählen Sie jeweils die richtige Form des gewählten Wortes. Sie dürfen jedes Wort nur einmal benutzen. Beachten Sie dabei die einzelnen Punkte im *Tipp* auf Seite 87.

Durch einen Autounfall wurde Marc Merger querschnittsgelähmt und konnte ...**a**... nicht mehr gehen. Doch jetzt gibt es Hoffnung für den jungen Mann. Ein europäisches Forscherteam ...**b**... eine Technologie, die Querschnittsgelähmten das Laufen wieder ...**c**... . Die Europäische Kommission hat das Programm ...**d**... und ohne diese Förderung wäre es den ...**e**... nicht gelungen, dieses Projekt zu verwirklichen. So aber wurde ...**f**... Leuten die Hoffnung gegeben, ...**g**... Tages wieder laufen zu können.

> klein ermöglichen beginnen fördern
> Forscherteam viele Wissenschaftler
> jahrelang neu herstellen ein entwickeln

2 👥 👤 Lesen Sie den Text „The Single Currency" und diskutieren Sie zuerst mit einem Partner/einer Partnerin, bevor Sie Ihre Meinung in einem Klassengespräch äußern.

a Wie sieht es mit der Beliebtheit des Euros aus?

b Was muss sich noch ändern, damit der Euro eine stabile Währung wird?

c Wann wird der Euro nur erfolgreich sein?

d Äußern Sie Ihre eigene Meinung zu diesem Thema.

3 Übersetzen Sie die folgenden Sätze ins Deutsche.

a The European Union has been planning reforms so that more countries will be able to join the union.

b Public opinion will be changing in favour of the single currency.

c With the help of European funds medical research is promoted.

d International agreements can only be reached if the European Parliament agrees.

4 Schreiben Sie einen Leserbrief (ca.150 Wörter) an Ihre Lokalzeitung, in dem Sie sich entweder für den Euro einsetzen oder vor dem Euro warnen.

Gut gesagt! S 📼

5 Hören Sie sich die folgenden Sätze an und sprechen Sie nach.

a Ohne europäisches Bewusstsein sehen die Chancen für eine erfolgreiche Europäische Union schlecht aus.

b Den Vorsitz im EU-Ministerrat führen die Mitgliedsstaaten in einer bestimmten Reihenfolge.

c Die Erweiterung der EU wird eine Änderung des Abstimmungsverfahrens nötig machen.

d Die europäische Einheitswährung ist im Jahr 2002 in Kraft getreten.

THE SINGLE CURRENCY

The euro entered the world's international currency markets on 4 January 1999. It was launched at a level of $1.17 and over the next 16 months dropped to a low of just 83 cents in late October 2000.

Six out of 10 EU citizens support the single currency, according to a survey in April 2000 conducted by a public opinion service for the European Commission. The findings are nearly identical with those of a survey taken a year earlier, on the eve of the euro launch.

The economies of the euro-zone grew 3.4 per cent in the first quarter of 2000, compared with the same period a year before. The 15 EU nations, by contrast, grew an average 3.3 per cent in the quarter.

Some economists say that the real test of the euro may only come once member states seriously begin to tackle reforms to their tax and pension laws. Germany took a major step in this direction in July 2000 when the German parliament approved a tax reform.

According to Charles Goodhardt, professor of banking and finance at the London School of Economics, the euro needs to show signs of recovery by the time euro notes and coins enter circulation in 2002. 'It will be a change of some political importance and it is desirable that the general public are happy with the abolition of their national currencies.'

Lernziele

- Informationen über die Auswirkung der Globalisierung sammeln und überarbeiten
- Das Phänomen „Krieg" diskutieren und Möglichkeiten einer friedlichen Zukunft erarbeiten
- Die Rolle der NATO erarbeiten und ihre Zukunft diskutieren
- Informationen über E-Commerce in Deutschland bearbeiten

Grammatik

- Das Konditional ohne „wenn"
- Wortstellung in komplexen Sätzen
- Der Gebrauch von „da" mit bestimmten Präpositionen

Tipp

- Allgemeine Vorbereitung auf die Prüfung

1 Schauen Sie sich die Bilder an und beantworten Sie die Fragen:

a Was haben diese Fotos mit dem Thema Globalisierung zu tun?

b Wählen Sie das Bild, das Ihrer Meinung nach die größte Herausforderung unserer Gesellschaft darstellt, und begründen Sie Ihre Wahl.

c Informieren Sie sich im Internet oder in Ihrer Bücherei über die Begriffe „NATO" und „E-Commerce". Schreiben Sie sich Notizen auf und vergleichen Sie in der Klasse.

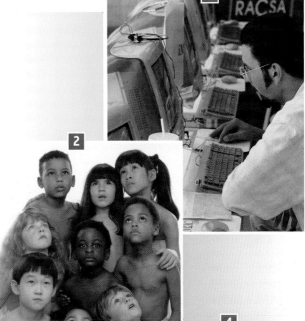

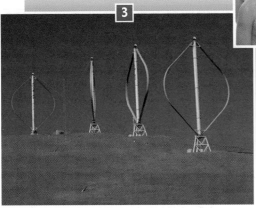

Unsere Welt wird kleiner

„Globalisierung"– gesellschaftliche Interdependenzen. Was bedeutet das für uns Menschen?

Kann die Globalisierung die Grundbedürfnisse aller Menschen garantieren?

1a Lesen Sie die folgenden Aussagen. Welchen stimmen Sie zu?

 a „Was heißt hier ‚Ernährungsproblem'? Wir haben hier in Europa doch genug zu essen."

 b „Jedes Land hat seine eigenen Probleme. Andere Länder sollten sich nicht einmischen."

 c „Die Dritte Welt ist für sich selbst verantwortlich."

 d „Einige Politiker lieben ihre persönliche Macht mehr als die Verantwortung für ihr Land."

 e „Wir sollten Autos weniger benutzen, auch wenn es unbequemer und unangenehmer ist."

 f „Die Probleme der Dritten Welt sind auch unsere Probleme."

 g „Alle Menschen sollten das Recht auf Freiheit und eine gute Bildung haben."

 h „Durch das Internet ist unsere Welt noch mehr zusammengewachsen."

1b Welche dieser Meinungen reflektieren globales Denken? Überlegen Sie zusammen mit einem Partner/einer Partnerin.

2a Entscheiden Sie, bevor Sie den Hörtext anhören, welche Ausdrücke zusammenpassen:

 a Herausforderung
 b verarbeiten
 c vorausschauend
 d betrifft
 e Anbaufläche
 f Versorgungslücke
 g ökologische Verwüstung
 h Umwandlung

 1 concerns
 2 to process, digest
 3 transformation
 4 challenge
 5 forward-looking
 6 lack of food supplies
 7 area under cultivation
 8 ecological devastation

2b Hören Sie sich die Berichte an. Welche der folgenden Aussagen sind richtig, welche falsch oder nicht angegeben?

 a Es ist nicht nur die Aufgabe der Politiker, eine verantwortungsvolle Politik zu schaffen.

 b Die Versorgungslücke kann überhaupt nicht mehr geschlossen werden.

 c Der Gegensatz zwischen Arm und Reich ist ein Problem, das aus dem 19. Jahrhundert stammt.

 d Das Wohlstandsmodell des reichen Nordens kann global verallgemeinert werden.

 e Unsere fossile Weltwirtschaft soll in eine ökologische Ökonomie umgewandelt werden.

3a Ordnen Sie jedem Ausdruck den passenden Beispielsatz zu.

 a ökologische Verantwortung
 b wirtschaftliche Wettbewerbsfähigkeit
 c soziale Gerechtigkeit
 d rechtsstaatliche Demokratie
 e Überflussgesellschaft
 f Individualisierung
 g Orientierungslosigkeit

 1 Industrie und Wirtschaft müssen an die Umwelt, die Tiere, Pflanzen und MenscheN denken und nicht nur an Profit.

 2 Man denkt zuerst an sein eigenes Leben und nicht an die weitere Gemeinschaft.

 3 Die reichen Länder der nördlichen Hemisphäre haben mehr als genug zu essen.

 4 Unsere Demokratie basiert auf Gesetzen. Diese Gesetze informieren uns über unsere Rechte und Pflichten.

 5 Man hat kein Ziel und keine Werte in seinem Leben.

 6 Jeder, der krank ist, sollte von einem Arzt/einer Ärztin behandelt werden, egal ob er arm oder reich ist.

 7 Jedes Land versucht möglichst viele Produkte zu exportieren und dadurch Gewinn zu erzielen. Je billiger ein Produkt ist, desto mehr wird verkauft.

Eine hoffnungsvolle Zukunftsperspektive

Der Begriff der Globalisierung ist ohne Zweifel ein populäres Trendwort. Globalisierung bezieht sich nicht nur auf ein Naturphänomen, das nicht zu ändern ist, sondern auch auf einen Prozess, der von uns gestaltet wird und viele verschiedene Bereiche unseres Zusammenlebens berührt. Die Globalisierungsdiskussion befasst sich mit wirtschaftlichen Entwicklungen, schließt aber auch unsere Kultur und unsere Gesellschaft im Allgemeinen ein.

Die vier Herausforderungen

Vier Ziele stehen dabei im Vordergrund: ökologische Verantwortung, wirtschaftliche Wettbewerbsfähigkeit, soziale Gerechtigkeit, und rechtsstaatliche Demokratie. Die große Herausforderung für uns ist es nun, diese vier Ziele in Einklang zu bringen, auch wenn sie sich häufig zu widersprechen scheinen. Wie können wir wirtschaftliche Wettbewerbsfähigkeit garantieren und gleichzeitig ökologisch verantwortlich handeln? Wie können wir global soziale Gerechtigkeit erreichen, ohne die wirtschaftliche Wettbewerbsfähigkeit zu behindern?

Was führt zum Erfolg?

Um den Prozess der Globalisierung erfolgreich und positiv zu gestalten, ist es unbedingt nötig, dass jeder Einzelne mehr Verantwortung für eine gemeinsame Zukunft übernimmt. Wir müssen mehr Solidarität und Toleranz gegenüber anderen Völkern und den zukünftigen Generationen zeigen. Unsere Politiker müssen die Menschenrechte anerkennen und einhalten und global verantwortlich handeln. Eine wachsende Kooperation zwischen Institutionen und Nationalstaaten muss zu regionalem Handeln und globalem Denken führen. Unsere globale Zukunft ist nur dann gesichert, wenn wir mit unserer Umwelt schonender und nachhaltig umgehen. Wir müssen den technischen Fortschritt nutzen, um die Ressourceneffizienz zu steigern und sorgfältiger mit den natürlichen Ressourcen umgehen.

Was können wir tun?

Also ist es nötig, dass wir in den Überflussgesellschaften des reichen Nordens verantwortungsvolle Lebensstile entwickeln, die allgemein als Vorbild dienen. Das bedeutet, dass wir dazu bereit sein müssen, auf manche materiellen Bequemlichkeiten zu verzichten. Unser Verkehrsbewusstsein muss sich ändern und wir müssen langfristig und global denken lernen. Mehr Menschen müssen davon überzeugt werden, dass wir trotz Individualisierung und Orientierungslosigkeit Chancen und Möglichkeiten haben, unsere globale Zukunft für alle positiv zu gestalten.

3b Lesen Sie den Text und wählen Sie jeweils die Ergänzung, die am besten passt:

a Globalisierung ist ein Prozess, der sich auf wirtschaftliche, kulturelle und gesellschaftliche Bereiche unseres Lebens _____ .
1 berührt 2 bezieht 3 gestaltet

b Ökologische Verantwortung sollte mit wirtschaftlicher Wettbewerbsfähigkeit _____ .
1 in Einklang gebracht werden
2 garantiert werden 3 erreicht werden

c Der Prozess der Globalisierung hat nur dann Erfolg, wenn wir uns unserer Verantwortung _____ .
1 entziehen 2 übernehmen 3 bewusst sind

d Trotz Individualisierung und Orientierungslosigkeit bietet Globalisierung die Chance _____ .
1 mit neuen Lebensstilen zu experimentieren
2 mehr Menschen zu überzeugen
3 eine hoffnungsvolle Zukunft zu schaffen

4 Beantworten Sie die folgenden Fragen in vollständigen Sätzen:

a Wo macht sich Globalisierung bemerkbar? *(3)*

b Welches Problem muss im Rahmen der Globalisierung gelöst werden? *(4)*

c Was sind Ihrer Meinung nach die vier wichtigsten Voraussetzungen für eine erfolgreiche Zukunft? Nennen Sie vier Beispiele. *(4)*

d Wie sollten sich die reichen Länder auf der nördlichen Hemisphäre ändern? Nennen Sie vier Beispiele. *(4)*

5 👥 Wählen Sie einen der folgenden Aspekte des Themas „Globalisierung" und erarbeiten Sie mit einem Partner/einer Partnerin mögliche Folgen und Veränderungen, die diese Entwicklung auf Ihr Leben haben könnte. Denken Sie dabei an Dinge wie zum Beispiel Preise, Krankenkassenbeiträge, Steuern, Stromkosten, Beziehungen.

◆ eine ökologische Ökonomie

◆ eine fossile Weltwirtschaft

◆ global soziale Gerechtigkeit

◆ Internetkultur

6 Entwerfen Sie ein Flugblatt (ca.150 Wörter) zum Thema „Unser globales Dorf". Benutzen Sie Informationen aus dem Lese- und Hörtext.

Krieg und Frieden

Unschuldige Kinder sind die Leidtragenden im Krieg der Erwachsenen. Regierungen führen Kriege gegen Teile der eigenen Bevölkerung. Deshalb dürfen wir nicht aufhören uns für den Frieden einzusetzen.

1a Überlegen Sie Gründe warum es immer noch zu Kriegen kommt.

1b 👥 Überlegen Sie welche Auswirkungen Krieg auf das Leben der Kinder hat und diskutieren Sie in einem Klassengespräch.

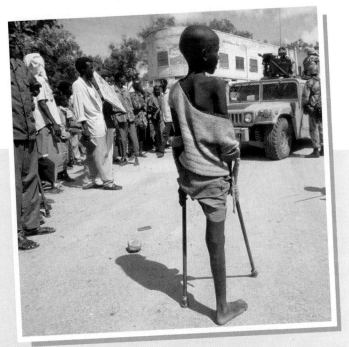

1 Int.: Gibt es überhaupt einen gerechten Krieg?
R.N.: Das ist eine Frage, mit der ich mich schon so sehr auseinander gesetzt habe, aber noch zu keinem Ergebnis gekommen bin. Wenn man, zum Beispiel, mit eigenen Augen die schreckliche Unterdrückung der Kosovo-Albaner gesehen hat, dann weiß man, dass es so nicht weitergehen darf. Das Leben der albanischen Familien im Kosovo war nicht mehr sicher. Sie wurden verfolgt, ihre Häuser in Brand gesteckt. Familienväter wurden ermordet. Kinder verloren ihre Mütter, ihre Väter. Und warum? Nur weil sie einer Minderheit angehörten. Es musste einfach etwas geschehen. So kam es zum Krieg durch den Eingriff der NATO. Die westlichen Politiker nannten ihn einen gerechten Krieg. Nachdem ich aber gesehen hatte, was dieser Krieg angerichtet hatte, kamen mir wieder Zweifel.

2 Int.: Brauchen wir eine Weltpolizei?
R.N.: Ob es eine Weltpolizei geben sollte, weiß ich nicht, aber es muss etwas geben, einen internationalen Verbund oder eine übergeordnete Organisation, die skrupellosen politischen Führern, die ihre Macht missbrauchen, effektiv drohen und diese so in Schranken halten können. Die UNO sollte meiner Meinung nach diese Rolle erfüllen. Sie müsste jedoch zuerst einmal reformiert werden.

3 Int.: Wie erlebten Sie die Rolle der Soldaten im Kosovo-Konflikt?
R.N.: Es war das erste Mal, seit der Gründung der Bundesrepublik, also seit dem Ende des Zweiten Weltkrieges, dass Deutschland an einer internationalen Intervention aktiv teilnahm. Denn die Bundeswehr hatte bis dahin keine aktive Rolle bei internationalen Konflikten gespielt. Viele Bundesbürger waren daher äußerst skeptisch. Aber man sieht doch deutlich, wie sich die Rolle der Soldaten bei einer solchen internationalen Aufgabe verändert hat. Soldaten werden praktische Helfer und Beschützer. Die unterdrückte Bevölkerung war dankbar für die Anwesenheit und den Schutz der Soldaten.

4 Int.: Wie erfolgreich ist ihre Arbeit?
R.N.: Das ist schwer zu sagen. Humanitäre Arbeit führt nicht immer zu großen Siegen. Oft erlebt man ein Scheitern. Aber wichtig ist nicht, was wir, die Helfer, fühlen. Wichtig ist, dass wir etwas für die unterdrückten, Not leidenden Menschen tun. Das bedeutet oft Hilfe zur Selbsthilfe. So sollte im Flüchtlingslager Kukes eine Großküche eingerichtet werden. Wir haben jedoch durchgesetzt, dass die Familien sich selbst eine Kochstelle eingerichtet haben. Sie haben selbst Brennholz und Wasser besorgt und so etwas Nützliches für sich selbst geschaffen. Humanitäre Arbeit, also Friedensarbeit, ist harte Arbeit. Es hat keinen Sinn, nur nett und lieb zu den armen Flüchtlingen zu sein. Das würde ihnen nicht sehr helfen.

2a Lesen Sie das Interview (Seite 92) mit Rupert Neudeck, Journalist und Helfer in vielen Krisenregionen der Welt, so auch im Kosovo, und ordnen Sie jedem Abschnitt die passende zusammenfassende Überschrift zu.

a Die UNO hat die Aufgabe zu kontrollieren, dass die Politiker ihre Macht nicht missbrauchen.

b Erfolgreiche Friedensarbeit bedeutet vor allem Hilfe zur Selbsthilfe geben.

c Eine Frage ohne Antwort

d Die neue Rolle der Soldaten

2b Sind die folgenden Sätze richtig oder falsch? Verbessern Sie die falschen Sätze:

a Für Rupert Neudeck war der Krieg im Kosovo ein gerechter Krieg.

b Eine Weltpolizei sollte die UNO ersetzen.

c Nicht alle Bundesbürger waren für den Einsatz deutscher Soldaten im Kosovo-Konflikt.

d Wenn man humanitäre Hilfe leistet, erlebt man meistens Erfolge.

e Wenn die Helfer alles für die Not leidenden Menschen tun, hilft man ihnen damit eigentlich nicht.

2c Beantworten Sie die Fragen auf Deutsch und in vollständigen Sätzen:

a Was hält Rupert Neudeck von einem so genannten „gerechten" Krieg? *(2)*

b Wie sollten skrupellose, politische Führer in Schranken gehalten werden? *(2)*

c Welche Aufgaben haben die Soldaten bei internationalen Aufgaben, wie zum Beispiel im Kosovo? *(2)*

d Was sagt Rupert Neudeck über humanitäre Hilfe bzw. Helfer? *(4)*

3a Schauen Sie die folgenden Wörter in einem Wörterbuch nach.

Einsatz

Krisenherd

militärischer Eingriff

Verteidigung

bestreiten

ungezügelt

nüchtern

gipfeln

3b 🔊 Hören Sie sich ein Interview über die Beteiligung deutscher Soldaten in einem Krisengebiet an. Ergänzen Sie die folgenden Aussagen, so dass sie mit dem Sinn des Interviews übereinstimmen.

a Manchmal ist es unmöglich einen _____ ohne Gewalt zu lösen.
1 Krise **2** Einsatz **3** Konflikt

b _____ müssen die Menschenrechte einhalten.
1 Soldaten **2** Regierungschefs **3** Führer

c Ein Soldat muss sein Leben zur Verteidigung der Demokratie _____ .
1 aufgeben **2** widmen **3** einsetzen

d Die Menschen sind _____ fähig, friedlich miteinander zu leben.
1 die meiste Zeit **2** auf Dauer **3** auf immer und ewig

3c 🔊 Hören Sie sich das Interview noch einmal an und schreiben Sie eine Zusammenfassung. Erwähnen Sie die folgenden Punkte:

◆ Wann ist ein militärischer Einsatz nötig?

◆ Die Pflicht der Soldaten

◆ Anhaltender Friede?

◆ Ihre Meinung dazu

4 👥 Sie glauben, dass die Menschen in der Zukunft in Frieden leben können. Ihr Partner/Ihre Partnerin glaubt, dass es immer Kriege geben wird.

a Überlegen Sie sich Argumente zu Ihrem jeweiligen Standpunkt.

b Diskutieren Sie anschließend mit Ihrem Partner/Ihrer Partnerin.

5 Sie arbeiten als humanitärer Helfer für eine internationale Organisation. Schreiben Sie einen Tagebucheintrag (ca. 250 Wörter), in dem Sie Ihre Arbeit und Eindrücke beschreiben.

Extra! Lesen Sie den Artikel zum Thema „Zeit für den Frieden" und machen Sie die Übungen auf Arbeitsblatt 25.

NATO –Friedensgarant?

„Der ewige Friede bleibt unerreichbare Utopie; doch internationale Institutionen haben es sich zum Ziel gemacht ‚der Bösartigkeit der menschlichen Natur' Einhalt zu gebieten. Noch sind diese Organisationen zu schwach für diese Aufgabe. Aber der Friede fängt im Inneren an, auch mit dem Einzelnen." (Fritz Stern, US-Historiker)

1a Versuchen Sie die folgenden Sätze entweder der NATO oder der UNO zuzuordnen:

   a Der Kreis symbolisiert die Einheit, die Kompassrose den Friedenskurs der Mitgliedsstaaten.

   b Am 9. Mai 1955 wurde die Bundesrepublik Deutschland als 15. Mitgliedsnation aufgenommen.

   c 1949 in Washington gegründet, versteht sich in erster Linie als Verteidigungsallianz.

   d In der Generalversammlung haben alle 190 Mitgliedsstaaten gleiches Stimmrecht.

   e Die wichtigste Institution ist der Sicherheitsrat mit 15 Mitgliedern. Er ist für den Weltfrieden verantwortlich und kann Sanktionen und militärische Interventionen bestimmen.

   f Es gibt fünf ständige Mitglieder, die jedoch Entscheidungen durch das Vetorecht verhindern können.

1b Lesen Sie den Text „NATO: Garant für Frieden und Freiheit in Europa" und überprüfen Sie, ob Sie der NATO die richtigen Sätze zugeordnet haben.

NATO: Garant für Frieden und Freiheit in Europa

Das Nordatlantische Verteidigungsbündnis (NATO) wurde am 4. April 1949 in Washington, D.C. gegründet. Derzeit besteht das Staatenbündnis aus 19 Mitgliedern. Die Bundesrepublik Deutschland wurde am 9. Mai 1955 als 15. Mitglied aufgenommen. Das Hauptquartier der NATO ist seit 1967 Brüssel. Alle Entscheidungen, die getroffen werden, basieren auf einem Konsens – alle müssen zustimmen. Der NATO-Generalsekretär vertritt die Allianz nach außen.

Was hat die NATO erreicht?
Es handelt sich um das dauerhafteste Staatenbündnis, das es je gegeben hat. Die NATO hat maßgeblich zu der längsten Friedensperiode Europas beigetragen. Außerdem wurde erreicht, dass Freiheit und Menschenrechte nun auch in den meisten Ländern des ehemaligen Warschauer Paktes, der osteuropäischen Verteidigungsorganisation unter damals sowjetischer Führung, verankert sind.

Der Erfolg der NATO
Es war das erste Bündnis der Demokratien Europas und Nordamerikas und damit eine imposante, mächtige Vereinigung. Mit Amerika in der Führungsrolle gelang es Westeuropa nach den verheerenden Zerstörungen des Zweiten Weltkrieges wieder aufzubauen. Die amerikanische Präsenz gab den Nachbarn Deutschlands das Vertrauen,

dass der westliche Teil Deutschlands ohne Furcht aufgenommen werden konnte und nicht wieder zu einer Bedrohung erwachsen würde. Die Vereinigten Staaten führten die Allianz ohne zu diktieren. Jeder Bündnispartner hat die Chance, seine Interessen zu vertreten. Die Doppelstrategie von Verteidigung und kooperationsbereiter Entspannung erwies sich als erfolgreich.

Die NATO und Kernwaffen
Die nukleare Abschreckung liegt der westlichen Sicherheitspolitik zu Grunde. Die Überlegenheit an nuklearen Waffen sollte in den 50er und 60er Jahren sowohl Abschreckung als auch Drohung sein. Heute gibt es keinen Grund für eine solche Abschreckungspolitik mehr. Die NATO hat eindeutig eine starke Position und fühlt sich nicht bedroht. Das nukleare Arsenal in Europa wurde stark vermindert, jedoch behält sich die NATO den Einsatz von Kernwaffen in Konfliktsituationen vor.

Die Zukunft der NATO
Die NATO hat heute keinen gefährlichen Gegner mehr. Für Nichtmitglieder kann ihre militärische Stärke bedrohlich wirken. Daher ist es wichtig, dass die NATO die Wirkung ihres eigenen Handelns nicht aus den Augen verliert. Dass ihre Aktionen legitim und legal sind, muss dabei im Vordergrund stehen.

2a Lesen Sie den Text noch einmal und ordnen Sie den deutschen Ausdrücken die entsprechenden englischen zu:

a das Verteidigungs-bündnis	**1** lasting
b dauerhaft	**2** it was possible
c maßgeblich	**3** proved successful
d es gelang	**4** defensive alliance
e die Entspannung	**5** superiority
f erwies sich als erfolgreich	**6** considerably
g Überlegenheit	**7** détente

2b Welche Ergänzung stimmt mit dem Sinn des Textes überein?

a Die Amerikaner
1 haben durch demokratische Führung zum Erfolg des Bündnisses beigetragen.
2 haben den westlichen Teil Deutschlands aufgenommen.
3 haben den Ländern Westeuropas Vertrauen geschenkt.

b Alle Mitgliedsstaaten der NATO
1 haben das Vetorecht.
2 müssen einer Entscheidung zustimmen.
3 vertreten ihre eigenen Interessen.

c Kernwaffen
1 dienen zur Abschreckung und Drohung.
2 werden heute nicht mehr eingesetzt.
3 liegen im Arsenal in Amerika.

d Neue Herausforderungen
1 stellen gefährliche Gegner dar.
2 müssen im Vordergrund stehen.
3 liegen in der Legitimität der eigenen Aktionen.

2c Lesen Sie den Text noch einmal und beantworten Sie die folgenden Fragen:
a Worauf basierte der Erfolg der NATO in den letzten 50 Jahren? *(3)*
b Wie rechtfertigte die NATO Kernwaffen? *(3)*
c Ist der Einsatz von Kernwaffen, Ihrer Meinung nach, heute noch vertretbar? Warum? Warum nicht?

3a Ordnen Sie den englischen Ausdrücken die entsprechenden deutschen zu:

a den Frieden sichern
b es sich zum Ziel machen
c einen Beschluss verhindern
d die Verpflichtung haben
e Sanktionen verhängen
f sich in die inneren Angelegenheiten einmischen
g die Einhaltung der Menschenrechte

1 to be obliged
2 to set oneself the goal
3 to prevent a resolution
4 the observance of human rights
5 to interfere in internal affairs
6 to impose sanctions
7 to safeguard peace

3b Hören Sie sich einen Bericht über die Vereinten Nationen an und ergänzen Sie dann die Lücken.

Die UNO wurde ...**a**... gegründet. Derzeit besteht sie aus ...**b**... Mitgliedern, die in der ...**c**... gleiches Stimmrecht haben. Im Sicherheitsrat haben die fünf ...**d**... Mitglieder das ...**e**... .

Um den Weltfrieden zu sichern, gibt es eine Reihe von möglichen ...**f**..., wie zum Beispiel ...**g**... oder den Abbruch diplomatischer ...**h**... .

Die UN-...**j**... werden zur Friedenserhaltung und zur ...**k**... der Menschenrechte eingesetzt.

4 Für wie wichtig und effektiv halten Sie die Arbeit der NATO oder der UNO?
a Wählen Sie eine Organisation und erarbeiten Sie gemeinsam eine Antwort.
b Halten Sie ein Kurzreferat, in dem Sie die Aufgaben Ihrer Organisation darstellen.

Extra! Hören Sie sich das Interview „Wie wird man Friedenshelfer?" an und machen Sie die Übungen auf Arbeitsblatt 26.

Prüfungstraining

The activities on these pages will help you to:

◆ Use *da* with prepositions

◆ Cope better with complex word order

1 Lesen Sie den Text „E-Commerce" und suchen Sie die entsprechenden deutschen Ausdrücke, die zu den folgenden englischen passen:

a it is about setting up an enterprise

b which is supported

c to promote courage

d to convey economic know-how

e special focus

f advice for patients

g nationwide

h the prospects are excellent

E-COMMERCE

Anfangs des Jahres bewarben sich 1800 Schüler und Schülerinnen in der Start-up Gründungswerkstatt, die ein neues Internet-Planspiel für Schüler darstellt. Dabei geht es darum, fiktive Unternehmen zu gründen. Ziel dieser Initiative, die unter anderem von der Illustrierten „Stern" unterstützt wird, ist es, Eigenschaften wie Mut und Engagement zu fördern und Wirtschaftswissen zu vermitteln. Alle machten sich ohne zu zögern an die Arbeit. Ein Mädchenteam aus Wuppertal, das an der Initiative teilnahm, hatte die Idee, medizinische Dienstleistungen im Internet anzubieten. Me.Di.net., so nennen sie ihren Online-Service, bietet eine Suchmaschine mit Ärzten nach besonderen Schwerpunkten, einen Ratgeber für Patienten, eine Arbeitsvermittlung für Behinderte sowie einen Online-Shop mit Naturheilmitteln. Da es so etwas bundesweit bis jetzt noch nicht gegeben hat, sind die Aussichten für eine expandierende Unternehmensentwicklung ausgezeichnet.

Extra! Weitere Übungen zur Prüfungsvorbereitung finden Sie auf Arbeitsblatt 27.

Grammatik ⇨123

The use of *da* + preposition

Ⓐ Translate the following sentences, paying particular attention to the words in **bold**:

a China und Indien werden in den nächsten zwei Jahren richtig ins Netz einsteigen. Es gibt schon konkrete Anzeichen **dafür**.

b E-Commerce verändert die wirtschaftlichen Strukturen radikal und global und wir müssen uns **daran** gewöhnen.

c Schnell und flexibel zu sein, **darin** liegt der Erfolg.

The form '*da* + preposition' is used when the third-person personal pronoun refers to things, or clauses, rather than people.

damit – *with it*	dadurch – *through/by that/it*
darauf – *on it*	darin – *in it/this*
dafür – *for it*	

Ⓑ Translate the following sentences into German using the phrases in brackets:

a I am going to shop on the Internet for the first time and I am looking forward to it. *(sich freuen auf)*

b Enterprises have to remember that the consumer will be the winner. *(denken an)*

c The job market will change. E-commerce will have a significant effect on it. *(eine Wirkung haben auf)*

2 🔊 Hören Sie sich das Interview mit Frau Mei-Pochtler an und beantworten Sie die folgenden Fragen in vollständigen Sätzen:

a Wie sieht die Entwicklung des elektronischen Handels in Deutschland aus? *(3)*

b Welche Branchen haben besonders gute Chancen? *(7)*

c Wie wirkt sich der E-Commerce auf den Arbeitsmarkt aus? *(3)*

Grammatik

⇨136–7, 126, 140 ⇨ W68, 144

Complex word order

◆ Infinitive constructions with *zu, um ... zu, ohne ... zu, anstatt ... zu* can be the beginning or end of a sentence.

◆ If the infinitive construction starts the sentence, the second part of the sentence begins with the verb (sentences **a** and **c**).

◆ If the infinitive in an infinitive construction with *zu* is a separable verb, *zu* comes between the prefix and the verb (sentence **d**).

(A) Complete the following sentences using the appropriate infinitive construction.
  a Eigenschaften wie Mut und Engagement _____ und Wirtschafts-Know-how _____, ist das Ziel der Initiative.
  b Sie machten in der Gründungswerkstatt mit, _____ ein fiktives Unternehmen _____ .
  c _____ _____, machten sie sich an die Arbeit.
  d Viele Schüler und Schülerinnen hatten sich entschlossen, an der Initiative _____.

◆ A separable verb in the present or imperfect tense is not separated in a relative or other subordinate clause (sentences **b** and **c**).

◆ If the relative clause is immediately after the subject, the verb of the main clause follows immediately after the relative clause (sentence **c**).

(B) Fill in the verbs in the following sentences.
  a Die Initiative, die von der Zeitschrift „Stern" _____, _____, _____ Mut und Engagement _____ .
  b Viele Schüler bewarben sich in der Start-up Gründungswerkstatt, die ein neues Internet-Planspiel _____ .
  c Die Mädchengruppe, die einen medizinischen Dienstleistungsservice _____, _____ ein erfolgreiches Unternehmen.

3a 👥 Bereiten Sie sich auf eine Diskussion zum Thema „Einkaufen im Internet" vor, indem Sie zu zweit Vor- und Nachteile erarbeiten.

3b 👤 Diskutieren Sie dann in einem Klassengespräch.

◆ A group of three verbs in a subordinate clause go in this order:
  – active tenses: auxiliary verb, infinitive and modal infinitive (sentences **a** and **c**)
  – passive: past participle, *werden* and then modal verb (sentence **b**).

(C) Translate these sentences into English, paying particular attention to the verb sequences in German:
  a Das Topmanagement trug zum finanziellen Erfolg des Unternehmens bei, obwohl das Arbeitsklima besser hätte sein können.
  b Wir planen nie länger als für ein Jahr im Voraus, weil ständig neue Entwicklungen berücksichtigt werden müssen.
  c Er schickte eine E-Mail, obwohl er es nicht hätte tun sollen.

◆ Verbs that express the idea of wanting or saying or similar cannot take an object and an infinitive clause (unlike English). They are followed by a *dass*-clause (see p. 139):
  Big businesses **expect the market to determine** *prices in future, not the management.*
  Großunternehmen **erwarten, dass der Markt** in der Zukunft die Preise **bestimmen wird**, nicht die Unternehmer.

(D) Translate these sentences into German:
  a Experts expect e-commerce to have financially positive consequences for the customers.
  b Successful Internet enterprises want all employees to be integrated members of the organization.
  c We expect our politicians to act responsibly.
  d Rupert Neudeck would like humanitarian aid to be 'help for self-help'.

4 Fassen Sie das Thema „E-Commerce" unter den folgenden Punkten zusammen.
  ◆ Entwicklung in Deutschland
  ◆ Einfluss auf den Arbeitsmarkt

Zur Auswahl

1 🔊 Hören Sie sich zwei Nachrichtenmeldungen an und beantworten Sie die folgenden Fragen:
   a Wer ist von den Krankheitsfällen betroffen? *(3)*
   b Was erfahren Sie genau über die Krankheitsfälle? *(2)*
   c Was wird die Untersuchung auch noch prüfen? *(1)*
   d Warum wird die Situation der Kinder in der Welt als alarmierend bezeichnet? *(2)*
   e Nennen Sie drei Ursachen für die hohe Kindersterblichkeit. *(3)*
   f Wie kann man helfen? *(4)*

2 👥 Schauen Sie sich die beiden Bilder an und beschreiben Sie sie. Diskutieren Sie anschließend die folgenden Fragen mit einem Partner/einer Partnerin.
   a Was verstehen Sie unter der Aussage „Unsere Welt wird kleiner"? Wird unsere Welt wirklich kleiner?
   b Wird „Globalisierung" eine positive Auswirkung auf die ärmeren Länder haben?
   c Was verstehen Sie unter der Aufforderung „Wir müssen global denken und handeln"?

3 Fassen Sie die folgenden Themen in jeweils 150 Wörtern zusammen:
   a Ohne NATO oder UNO würde es in unserer Welt viel mehr Kriege und Konflikte geben.
      ◆ Rolle dieser Organisationen
      ◆ Erfolge / Misserfolge
      ◆ zukünftige Aufgaben
   b Unsere Welt wird ein „globales Dorf".
      ◆ Auswirkungen auf unsere Lebensweise
      ◆ Auswirkungen auf die Umwelt
      ◆ Folgen für die reichen und die armen Länder

4 Übersetzen Sie die folgenden Sätze ins Deutsche:
   a There will only be one world in the future: our global village.
   b The rich societies of the northern hemisphere have to change their awareness and start to think globally.
   c We have to create a 'green' economy based on renewable energy sources, if we want to secure our future.
   d We should all contribute to creating a peaceful society.

Gut gesagt! S 🔊

5 Hören Sie sich die folgenden Wörter und Ausdrücke an und sprechen Sie nach.
   a global – Globalisierung – der Prozess der Globalisierung – global verantwortlich handeln
   b wirtschaftliche Wettbewerbsfähigkeit – wirtschaftliche Entwicklungen
   c Überflussgesellschaft – Individualisierung – Orientierungslosigkeit
   d humanitäre Hilfe – Hilfe zur Selbsthilfe – Friedenshelfer – Weltfriede
   e internationale Intervention – eine übergeordnete Organisation
   f Flucht – Flüchtlinge – Flüchtlingslager
   g Verteidigung – Verteidigungsbündnis
   h Konfliktsituation – Abschreckungspolitik – Herausforderung

Wiederholung Einheit 7–9

Juliane ist Reporterin. Normalerweise ist sie unheimlich begeistert und findet ihren Beruf sagenhaft, aber manchmal gibt es Situationen, da hasst sie ihn. Vor kurzem hatte sie einen Bericht über ein kleines Mädchen, das von seinen Eltern geschlagen und misshandelt wurde, für die Lokalzeitung geschrieben.

Sie hatte natürlich die Namen der Angeklagten und des Mädchens geändert, aber da die Stadt ziemlich klein ist, wusste man, über wen da geschrieben wurde.

Am letzten Verhandlungstag wartete die Großmutter, bei der das Mädchen nun wohnte, auf Juliane und fragte sie mit ärgerlicher Stimme und Tränen in den Augen: „Warum haben Sie über diesen Fall in der Zeitung berichtet? Wissen Sie, was Sie meiner kleinen Rosi antun? Nun durchlebt sie die schrecklichen Ereignisse noch einmal. Warum tun Sie das? Weil Sie damit Geld verdienen? Damit mehr Zeitungen verkauft werden?"

Juliane hatte natürlich Verständnis für die Großmutter. Durch die Fürsorge der Großmutter, die sich liebevoll um Rosi kümmert und sie versorgt, soll das Mädchen die grausame Vergangenheit vergessen. Aber auch das Furchtbare ist Teil unserer Wirklichkeit und Juliane hat als Reporterin die Aufgabe, auch über unangenehme Dinge zu schreiben.

In ihrem Bericht über die Urteilsverkündung beschrieb Juliane auch die Angst der Großmutter davor, wie die Nachbarn, die Mitschüler von Rosi und die Lehrer reagieren werden. Rosis Eltern waren zu langen Haftstrafen verurteilt worden, denn das Mädchen hatte seelische und körperliche Schäden erlitten. Die Großmutter hatte jedoch kein Geld für eine teure kosmetische Operation.

Tags darauf lobten die Kollegen Juliane für die sensible Berichterstattung. Trotzdem hatte sie noch immer Schuldgefühle. Da läutete das Telefon: „Hallo, hören Sie, ich bin Chirurgin. Ich habe gerade Ihren Artikel über die kleine Rosi gelesen. Ich habe bereits mit meinem Chef gesprochen. Wir würden sie auch kostenlos operieren ..."
Es gibt Momente, da liebt Juliane ihren Beruf.

1a Lesen Sie den Text über die Verantwortlichkeit der Presse. Entscheiden Sie sich, welche Ergänzung sinngemäß am besten zu den folgenden Namen bzw. Bezeichnungen passt.

a Die Lokalzeitung ...
   1 hat heute einen kurzen Bericht über ein kleines Mädchen veröffentlicht.
   2 hat gestern einen Bericht über ein kleines Mädchen veröffentlicht.
   3 hat neulich einen Bericht über ein kleines Mädchen veröffentlicht.

b Juliane ...
   1 hasst ihren Beruf normalerweise unheimlich.
   2 schreibt nicht gern über unangenehme Ereignisse.
   3 muss mit den positiven und negativen Seiten ihres Berufs fertig werden.

c Die Großmutter ...
   1 verstand nicht, warum Reporter über diesen Fall schreiben mussten.
   2 mochte Juliane nicht.
   3 wusste, dass Zeitungen mit diesem Fall viel Geld verdienen würden.

d Julianes Bericht ...
   1 behandelte die Urteilsverkündung.
   2 beschrieb sowohl die Urteilsverkündung, als auch die Situation der Großmutter.
   3 beschrieb, dass das Furchtbare auch Teil unserer Wirklichkeit ist. **(4 Punkte)**

1b Beantworten Sie die Fragen auf Deutsch.
   a Was kritisierte die Großmutter an Julianes Bericht? *(2 Punkte)*
   b Warum wurde nach Meinung der Großmutter der Artikel geschrieben? *(2 Punkte)*
   c Warum hatte Juliane Schuldgefühle? *(1 Punkt)*
   d Was versucht Juliane in ihrem Bericht über die Urteilsverkündung? *(1 Punkt)*
   e Wie sieht Juliane ihren Beruf? *(2 Punkte)*

(8 Punkte insgesamt)

Wiederholung Einheit 7–9

2 Übersetzen Sie den folgenden Abschnitt ins Englische:

„Schaut auf unsere Kinder", fordert der Friedensnobelpreisträger Nelson Mandela. „Das Leben ist kostbar und wir dürfen es nicht vergeuden. Alle Kinder haben das Recht auf Gesundheit und eine gute Schulbildung. Viele leben im Überfluss, während andere junge Mädchen und Jungen tagein tagaus mit Armut, Gewalt und Krankheit konfrontiert werden. Wir haben die Verantwortung, etwas zu tun und zu helfen, dass auch diese Kinder ihre persönlichen Fähigkeiten entfalten können."

(20 Punkte)

3 Suchen Sie in Ihren Notizen alle Wörter und Ausdrücke, die mit dem Thema „Europa" zu tun haben. Bilden Sie dann mit jedem Wort/Ausdruck einen Satz.

4 Lesen Sie den Text „Human cost of civil war". Bereiten Sie dann mit einem Partner die Antworten zu den folgenden Fragen vor.
   a Beschreiben Sie die Situation in Sierra Leone.
   b Wer leidet am meisten unter der Situation?
   c Was für eine Rolle hat die UNO in Sierra Leone?
   d Für wie wichtig halten Sie die UNO als „Weltpolizist"?
   e Wird es Ihrer Meinung nach immer Kriege geben?

Human cost of civil war

Over the last decade Sierra Leone has suffered a debilitating civil war between government forces and armed rebel groups. This conflict has been characterized by human rights abuses mainly against unarmed civilians. Thousands of people have been deliberately killed, raped and abducted.

In spite of a peace agreement, the civil war continues and, despite the presence of a UN force to oversee the peace agreement, the situation remains unstable. According to the UN there are at least half a million refugees in Guinea, the vast majority of them from Sierra Leone.

5a Hören Sie sich einen Bericht zum Thema „Teleshopping" an. Finden Sie die vier Sätze, die falsch sind.
   a Ab 16 Uhr kann man täglich am Shoppingkanal einkaufen.
   b Teleshopping kann man von der Couch aus erledigen.
   c Handy-Telefonierer werden bevorzugt behandelt.
   d In einem Chat-Room wird man Produkte bestellen können.
   e Das Online-Geschäft soll 450 Milliarden Euro bringen.
   f Junge Moderatoren sollen junge Leute ansprechen.
   g Es gibt immer nur wenige Exemplare zu kaufen.
   h Die meisten Exemplare sind am Ende der Sendung immer verkauft. *(4 Punkte)*

5b Schreiben Sie auf Deutsch eine Zusammenfassung des Berichts. Erwähnen Sie die folgenden Punkte:
   ♦ Was bietet Teleshopping?
   ♦ Was ist für viele der größte Vorteil?
   ♦ Was ist für die Zukunft geplant?
   ♦ Was für ein Image hat Teleshopping und soll es so bleiben?

(10 Punkte für Inhalt, 10 Punkte für sprachlichen Ausdruck)

6 Versuchen Sie die folgenden Fragen mündlich zu beantworten:
   a Was können Eltern tun, damit ihre Kinder nicht kriminell werden?
   b Was halten Sie von Überwachungskameras? Begründen Sie Ihre Antwort.
   c Welche Vorteile bietet die EU Ihrer Meinung nach den Mitgliedsstaaten?
   d Könnten Sie sich vorstellen, im Ausland zu arbeiten? Warum/Warum nicht?
   e Was bedeutet der Begriff „Globalisierung" für Sie?
   f Wer ist Ihrer Meinung nach für die Dritte Welt verantwortlich?

Probetest – Unit 4

A

In this section you will hear four short items.
The marks for each question are given. You may listen to the items as many times as you wish.

1   Total for this question: *4 marks*

Sie hören einen Bericht über antirassistische Demonstrationen am 9. November.
Kreuzen Sie (x) jeweils die Ergänzung an, die zu jeder Aussage am besten passt, so dass die Aussagen mit dem Sinn des Berichts übereinstimmen.

(a) Am 9. November hat man die Berliner Mauer _____ .
  (i) geöffnet ☐
  (ii) abgerissen ☐
  (iii) gebaut ☐

(b) 500 000 Deutsche _____ .
  (i) versammelten sich in Berlin ☐
  (ii) kamen in weiten Teilen Deutschlands zusammen ☐
  (iii) sammelten Unterschriften gegen Rassismus ☐

(c) Der Bundespräsident forderte die Deutschen auf, _____ .
  (i) am Brandenburger Tor zu demonstrieren ☐
  (ii) Fremde und Schwache als Deutsche anzusehen ☐
  (iii) Gewalt gegen Minderheiten nicht zu dulden ☐

(d) In vielen deutschen Städten fanden _____ statt.
  (i) große Protestkundgebungen ☐
  (ii) Terroraktionen ☐
  (iii) Fackelzüge ☐

2   Total for this question: *4 marks*

Sie hören einen Bericht über einen Fabrikbrand.
Kreuzen Sie (x) die vier Sätze an, die **falsch** sind.

(a) Der Großbrand fand in einer Berliner Autofirma statt.

(b) Ein Kessel war am Vorabend explodiert. ☐

(c) Die Feuerwehrautos kamen ziemlich schnell angefahren. ☐

(d) Fast hätte der Brand zur Riesenkatastrophe ausarten können. ☐

(e) Nachmittags um zwei Uhr war der Brand noch nicht gelöscht. ☐

(f) Die verletzten Personen waren alle Mitarbeiter des Betriebs. ☐

(g) Außerdem entstand ein gewaltiger Schaden an Gebäuden und Maschinen. ☐

(h) Die Arbeiter sind alle nach Hause geschickt worden. ☐

(i) Frühestens zum Ende der Woche wird eine Rückkehr zur Arbeit erwartet. ☐

3   Total for this question: *5 marks*

Sie hören einen Bericht über ein Lawinenunglück in Österreich. Kreuzen Sie (x) jeweils die Ergänzung an, die zu jedem Satzanfang am besten passt.

(a) In den Alpen ist die Lage …
  (i) besser als vorher. ☐
  (ii) wieder normal. ☐
  (iii) schlechter als vorher. ☐

(b) Der Zugang nach Galthür ist jetzt wieder …
  (i) unbehindert. ☐
  (ii) zeitweise freigegeben. ☐
  (iii) gesperrt. ☐

(c) Eine zehnjährige Deutsche ist …
  (i) gerettet worden. ☐
  (ii) tot geborgen worden. ☐
  (iii) immer noch vermisst. ☐

(d) Eine ganze Straße in Galthür ist …
  (i) vom Schnee verdeckt worden. ☐
  (ii) vom Schnee zerstört worden. ☐
  (iii) wie von Geistern bewohnt. ☐

(e) Die Skiläufer sind …
  (i) wieder in die Skigebiete zurückgekehrt. ☐
  (ii) weitgehend weggeblieben. ☐
  (iii) im Skigebiet zurückgeblieben. ☐

Probetest – Unit 4

4   **Total for this question:** *5 marks*

Sie hören einen Bericht über eine moslemische Lehrerin in Baden-Württemberg.

Beantworten Sie die Fragen **auf Deutsch**.

Bewertung des sprachlichen Ausdrucks: maximal 5 zusätzliche Punkte.

(a) Was ist Fereshta Ludin für die Zukunft verboten worden?   *(1 mark)*

(b) Was befürchtet der oberste Gerichtshof in Baden-Württemberg?   *(2 marks)*

(c) Warum möchte die junge Frau das Kopftuch auch weiterhin tragen?   *(2 marks)*

B

In this section you will hear one longer item.
The marks for each question are given. You may listen to the item as many times as you wish.

5   **Total for this question:** *37 marks*

Sie hören einen Bericht über die Überschwemmungskatastrophe in Mosambik und die Hilfeleistungen der Deutschen.

Beantworten Sie die folgenden Fragen **auf Deutsch**.

(a) Unter welchem Problem leidet Mosambik und wie lange dauert die Situation schon an?   *(2 marks)*

(b) Mit welchen Frustrationen haben die Hilfs-organisationen in der letzten Woche fertig werden müssen?   *(2 marks)*

(c) Wie hat die deutsche Bundeswehr in der letzten Woche Hilfe geleistet?   *(2 marks)*

(d) Welchen Zweck sollen die vom Bundesgrenzschutz transportierten Güter in Mosambik erfüllen? *(2 marks)*

(e) Welche geplante Maßnahme könnte dem Land langfristig helfen und welchen Beitrag würde Deutschland dadurch leisten?   *(2 marks)*

(f) Schreiben Sie **auf Deutsch** eine Zusammenfassung von der zweiten Hälfte des Berichts. Sie bekommen maximal 12 Punkte für den Inhalt Ihrer Arbeit **und maximal 10 zusätzliche Punkte für sprach-lichen Ausdruck**. Erwähnen Sie die folgenden Punkte:

- Wie das Deutsche Rote Kreuz die Hilfsaktionen für Mosambik begonnen hat
- Was das DRK im Allgemeinen an der Bundesregierung kritisiert
- Was vielleicht die Gründe für die Haltung der deutschen Politiker sein könnten
- Wie die Hubschrauberpiloten den Menschen am besten helfen können
- Welche Aufgaben die Hilfsorganisationen am besten unternehmen können
- Wie Regierung und DRK zusammenarbeiten können
- Was die Bevölkerung noch tun kann

(10 marks + 12 marks)

(g) Ergänzen Sie den folgenden Lückentext mit Hilfe der **fett gedruckten** Liste.
Wählen Sie jeweils einen passenden Infinitiv bzw. ein Adjektiv bzw. eine Substantivform und benutzen Sie die richtige Form des gewählten Wortes. Sie dürfen jedes Wort nur einmal benutzen.

Das Deutsche Rote Kreuz .... Hilfe in allen Not- und Katastrophengebieten der Welt. So hat es auch wieder bei der Über-schwemmung in Mosambik Spendenaktionen ein-gerichtet und die ersten .... mit Notverpflegung in das Land geschickt. Die Deutschen vertrauen einer so altetablierten .... Organisation: In wenigen Tagen waren Millionen von Euros auf das Nothilfekonto .... worden. Das DRK kann es sich auch leisten, die Handlungen der Regierung zu kritisieren und Druck auf die Politiker .... *(5 marks)*

freiwillig wohltätig leisten einbezahlen einrichten ausüben machen sammeln Hubschrauber Flugzeug Lastwagen Unterstützung

Probetest – Unit 4

In this section you will read two short items. The marks for each question are given.

6   **Total for this question:** *5 marks*

Lesen Sie den folgenden Artikel. Kreuzen Sie (**x**) jeweils die Ergänzung an, die zu jeder Aussage am besten passt, so dass die Aussagen mit dem Sinn des Berichts übereinstimmen.

(a) Über 1000 Angestellte …

   (i) der EU beherrschen elf Sprachen. ☐

   (ii) sind in Brüssel an der Übersetzung offizieller Dokumente tätig. ☐

   (iii) arbeiten an Konferenzen des Ministerrats. ☐

(b) Die Anzahl der fest angestellten Dolmetscher …

   (i) reicht nicht aus, wenn eine volle Sitzung des Parlaments stattfindet. ☐

   (ii) ist die größte der Welt. ☐

   (iii) kann alle Übersetzungsbedürfnisse des Ministerrats decken. ☐

(c) Wenn neue Länder der EU beitreten …

   (i) wird die Verwirrung gelöst. ☐

   (ii) wird sich die Anzahl der offiziellen EU-Sprachen verdoppeln. ☐

   (iii) werden täglich 700 Dolmetscher im Einsatz sein. ☐

(d) Es wird vorgeschlagen …

   (i) noch mehr Dolmetscher einzustellen. ☐

   (ii) Minderheitssprachen zu verbieten. ☐

   (iii) dass eine der großen Sprachen den Vorrang bekommt. ☐

(e) Deutsch könnte als die wichtigste europäische Sprache betrachtet werden, …

   (i) weil sie die meisten Muttersprachler in Europa hat. ☐

   (ii) weil sie eine Tradition als Amtssprache hat. ☐

   (iii) obwohl die Franzosen dieses abstreiten. ☐

Sprachengewirr in der EU

Gegenwärtig existieren im Brüsseler Europarat elf offizielle Sprachen und alle müssen entweder simultan gedolmetscht oder in offiziellen Dokumenten übersetzt werden. Kein Wunder, dass allein im EU-Ministerrat mehr als 1000 Mitarbeiter an der Herstellung von jährlich 600 000 Seiten Übersetzungen arbeiten. Darüber hinaus sind täglich bis zu 700 Angehörige des Sprachdiensts im Einsatz, um die Teilnehmer der bis zu 70 Konferenzen untereinander verständlich zu machen. Oft muss die EU auf ihre 19 000 freischaffenden Sprachkünstler zurückgreifen, denn selbst eine volle Sitzung des Parlaments braucht drei Dolmetschermannschaften von je 33 Personen. Klar kommt es trotzdem noch zu Schwierigkeiten, denn die Anzahl derer, die etwa gleichzeitig Finnisch und Griechisch beherrschen ist nicht besonders groß. Von den 12 Ländern, die bald Mitgliedsstaaten der EU werden sollen, brächten 11 ihre eigene Sprache mit. Mit 22 offiziellen Sprachen würde die EU im Sprachengewirr versinken.

Für die Betroffenen gibt es nur eine Lösung – eine der großen Sprachen als Brücke zu benutzen. Welche sind aber die großen Sprachen? Die drei Amtssprachen der EU sind die Weltsprache Englisch, Französisch, die traditionelle Sprache der Diplomatie, und Deutsch, das mit fast 100 Millionen Muttersprachlern die größte europäische Sprache ist. Streit wird es aber schon geben, wenn eine von ihnen Anspruch auf Vorrang erhebt.

Source: General-Anzeiger, Bonn, December 1999 *(adapted)*
Author: Gisbert Kuhn

Probetest Unit 4

7   **Total for this question:** *8 marks*

Lesen Sie diesen Artikel und die darauf folgenden acht Aussagen.

Kreuzen Sie (x) jeweils richtig bzw. falsch bzw. nicht angegeben an.

> Tragisch ist, dass in einem reichen Land wie Deutschland Kinder noch in Armut leben. Klar sind die Probleme keineswegs mit denen der Dritten Welt vergleichbar, aber die finanzielle Not einer Familie kann schlimme Folgen für die Kinder haben. Kinder leiden sozial, wenn sie es sich nicht leisten können, eine Klassenfahrt mitzumachen oder mit Freunden ins Eiscafé zu gehen. Wegen mangelnder finanzieller Mittel verpassen sie Erfahrungen, die viel zu ihrer Entwicklung beitragen können. Sie fuhlen sich minderwertig und wollen nur mit Kindern aus ähnlichen Familien zusammen sein. Dazu kann auch Neid kommen – und vielleicht sogar Kriminalität. Der Prozentsatz Jugendlicher, deren Familien an der Armutsgrenze leben, die in die Drogenszene abrutschen oder andere Verbrechen begehen, ist deutlich höher als der Durchschnitt.

		richtig	falsch	nicht angegeben
(a)	Trotz des deutschen Wohlstands leben Kinder noch unter der Armutsgrenze.			
(b)	Die Situation in Deutschland hat viele Ähnlichkeiten mit der Dritten Welt.			
(c)	Armut kann eine sehr negative Auswirkung auf Kinder haben.			
(d)	Es kann Kindern aus armen Familien an wichtigen gesellschaftlichen Kontakten fehlen.			
(e)	Es steht fest, dass arme Kinder oft unterernährt sind.			
(f)	Arme Kinder sind selten eifersüchtig auf den Besitz anderer Kinder.			
(g)	Die meisten Drogentote sind Jugendliche aus armen Familien.			
(h)	Kriminalität kommt häufiger unter Jugendlichen vor, die in Familien mit finanziellen Schwierigkeiten aufwachsen.			

(8 marks)

Probetest Unit 4

D

In this section you will read one longer item.
The marks for each question are given.

8   **Total for this question:** *47 marks*

Jugendliche, die töten

Die Jugendgewalt nimmt zu. In Bad Reichenhall erschoss ein 16-Jähriger drei Passanten, seine Schwester und sich selbst. In Meißen erstach ein 15-jähriger Schüler vor den Augen der Klasse seine Lehrerin. Die extremen Formen der Gewalt sind in Deutschland noch relativ selten – deuten sie aber auf eine gefährliche Entwicklung unter Jugendlichen hin? Professor Hurrelmann der Universität Bielefeld bewertet diese Gewalttaten als Ausnahmefälle, es gebe jedoch „eine deutliche Unfähigkeit in unserer Gesellschaft mit den Problemen des Erwachsenwerdens zurechtzukommen."

Eine bestimmte Gruppe ist für die Anziehungskraft der Gewalt besonders anfällig: Jungen aus sozial benachteiligten Schichten, die entweder für rechtsradikale Parolen empfänglich sind oder in der Hooligan-Szene auftauchen. „Gewalt ist für die Hooligans wie eine Art Droge", meint der Soziologe Günther Wagner. „Die Gewalttaten finden in einer Gruppe statt, oft unter gefühlsgeladenen Umständen wie bei einem Fußballspiel. Im Gegensatz zu den Rechtsradikalen haben die Gewalttaten kein politisches Motiv. Aber es gibt Ähnlichkeiten zwischen den beiden Gruppen. Die Jugendlichen suchen ein Gefühl von Gemeinsamkeit, sie wollen dazugehören, aber sie lehnen das normale gesellschaftliche Verhalten ab."

Wie kann man Jugendliche von Gewalt abbringen? Laut Hurrelmann liegt der Schlüssel in der Erziehung und in den sozialen Verhältnissen. „Die Jugendlichen brauchen Eltern, die Grenzen aufzeigen, aber auch ihnen viel geben, eine Schule, die sie versteht, und eine Gruppe von Gleichaltrigen, die sie nicht zu einer solchen Extremtat zwingt."

In Aachen führen zwei Polizeikommissare das Projekt „Gemeinsam gegen Gewalt – Schüler helfen Schülern." Wichtig dabei – sie stellen unbequeme Fragen, die die Schüler zwingen, sich als Opfer vorzustellen. „Wie oft könntet ihr in einer Minute auf jemanden treten, der am Boden liegt? Welche Ängste und Qualen muss das Opfer leiden, wie lange kann eine Minute sein? Lehnt euch zurück, schließt für eine Minute die Augen und stellt euch vor, ihr seid das Opfer." Die Minute wird unerträglich lang.

Die Polizisten trainieren die Schüler, damit sie gegen Diebstahl, Aggression und Gewalt gewappnet sind – als Opfer und potenzielle Täter. Seit dem Anfang des Projekts haben sie in unzähligen Klassenzimmern gearbeitet. Einen Gradmesser für den Erfolg der Initiative gibt es nicht, aber die Polizei ist optimistisch. Während die Landesstatistik bei der Jugendkriminalität nach oben steigt, sinkt die Zahl der Straftaten in Aachen.

Sources: Deutsche Presse-Agentur, June 1998 and November 1999 (adapted)

Beantworten Sie die Fragen (a) – (f) **auf Deutsch**:

(a) Welche zwei Beispiele für extreme Gewalttaten werden erwähnt?   *(2 marks)*

(b) Welche Jugendliche fühlen sich von Gewalt besonders angezogen?   *(2 marks)*

(c) Wie unterscheiden sich Rechtsradikale von Hooligans?   *(1 mark)*

(d) Was suchen beide Gruppen in der Gewalt?   *(2 marks)*

(e) Was sind laut Hurrelmann die Hauptfaktoren, die Jugendliche von Gewalt abhalten?   *(3 marks)*

(f) Was zeigt, dass das Projekt in Aachen erfolgreich ist?   *(2 marks)*

(g) Übersetzen Sie den fett gedruckten Abschnitt „In Aachen … lang" **ins Englische.**   *(20 marks)*

Übersetzen Sie die folgenden Sätze **ins Deutsche**.

(h) Young people are becoming more susceptible to the attractions of violence.   *(4 marks)*

(i) Youth crime is rising, although acts of extreme violence are still exceptional.   *(4 marks)*

(j) Parents and schools can help to keep young people from violence by giving them a sense of community and drawing clear boundaries.   *(4 marks)*

(k) However, they must understand that young people today are finding it difficult to cope with the problems of growing up.   *(4 marks)*

Probetest Unit 6

Text 1

> ## Growing problem of obesity costs £2.5bn a year
> Obesity has reached epidemic proportions, with one in five adults now dangerously overweight at a cost to the nation of more than £2.5bn a year in NHS bills according to a recent report. Lazy lifestyles and fatty diets mean that 60 per cent of adults in England are now overweight, including 21 per cent of women and 17 per cent of men who are clinically obese. The figures show that obesity levels are rising faster than in most other countries in Europe. According to the report obesity was costing the NHS at least £500m a year in treatment for conditions such as heart disease, diabetes and high blood pressure. 30,000 premature deaths and 18 million days off sick add up to at least another £2bn.
>
> High fat, energy-dense diets, made worse by the popularity of takeaways and eating out, were identified as one of the main causes of the problem. Fatty, high-calorie foods did not satiate the appetite as quickly as foods rich in carbohydrates, leading to an 'over-eating effect'. The 'extensive marketing of highly palatable, energy-dense foods' was also a factor. Increasingly sedentary lifestyles meant children were spending less time each week playing sport and far fewer were walking to school.
>
> Among children, the problem was also acute, with 2.6 per cent of girls and 1.7 per cent of boys classed as obese.
>
> *Source: The Independent*, February 2001
> *Author: Lorna Duckworth*

Beantworten Sie die folgenden Fragen:

- ◆ Worum geht es hier?
- ◆ Was sind die Hauptgründe für Fettleibigkeit?
- ◆ Sollte man „Fast Food" verbieten?
- ◆ Warum sind auch Kinder betroffen?
- ◆ Sollten Schulen keine Snacks und gezuckerte Getränke verkaufen?
- ◆ Wie wichtig ist eine gesunde Ernährung für Sie?

Probetest Unit 6

Text 2

The HANDS ON way to create a better future

Who really makes the big decisions about our future?

Too often it's the 'fat cats' and business executives. Because in the search for ever bigger profits, many companies just don't think about the terrible side-effects of what they're doing.

Support Friends of the Earth and you'll help get these companies – and governments which tolerate their actions – to get their hands off our future.

We're not anti-business and we're only too happy to give praise where it's due. But we'll stop those companies whose actions threaten people and the planet.

Friends of the Earth passionately believes that a healthy, unpolluted world is too precious to waste for quick profits.

If you agree, please help us to win victories for people and the environment – locally, nationally and round the world. Help us influence governments at the highest level, help us inspire communities to act locally to protect their environment. With your support we carry out campaigns and vital research around the world.

If you care about our environment and the world we pass on to our children, please do decide to support us today. You'll be choosing a healthier planet – and a better quality of life for us all.

Source: Friends of the Earth

Beantworten Sie die folgenden Fragen:

- ◆ Worum geht es hier?
- ◆ Was kritisiert die Organisation an den großen Unternehmen?
- ◆ Würden Sie die Organisation unterstützen? Warum/Warum nicht?
- ◆ Was sind Ihrer Meinung nach die größten Umweltprobleme?
- ◆ Wer hat die größte Verantwortung unserer Umwelt gegenüber?
- ◆ Was tun Sie konkret für die Umwelt?

Coursework skills

Choosing a topic

◆ Choose a general topic which interests you and for which you can easily find source material. Refer to the specification to ensure it is within the appropriate coursework guidelines.

◆ Discuss with your teacher the aspect or focus within the general area.. For example, if you have chosen the topic of *Ausländer*, decide which aspect of this topic you want to focus on – perhaps one of the groups of immigrants such as the *Gastarbeiter*, or another area such as racism.

◆ Choosing a title is perhaps the hardest part of the process. Be specific about the particular aspect of the topic you want to concentrate on. It is also necessary to have a question or an issue which can be developed. A title such as 'Die Gastarbeiter in Deutschland' is too general. The following title would be more suitable: 'Warum steigt der Rassismus in Deutschland? Inwiefern ist es ein ernstes Problem?`

1 With a partner, think of two further possible questions on this topic and compare your ideas with those of others in the class.

2 Now choose a topic of interest to you and think of two possible coursework titles.

Planning checklist

◆ Choose a topic area that interests you.

◆ Research it, focusing on a specific angle.

◆ Choose a title and discuss/check with your teacher.

◆ Plan each paragraph with the coursework title in mind, noting down facts, examples and evaluation/opinion.

◆ Plan roughly your introduction and conclusion.

◆ Discuss your plan with your teacher. This is the last point at which he/she is allowed to help you.

Researching a topic

◆ Aim to find out as much as possible about your topic by reading widely in German. Over half the marks are for factual knowledge of the subject.

◆ Only use source materials in German and make notes in German. Note down useful vocabulary and key facts and figures during your research. This will ensure that your work contains a wide variety of language. Making English notes to translate later into German is harder in the long run and is likely to lead to errors.

◆ Start your research early – it is often the most time-consuming part of the process. The Internet is the best source of information on current issues. The best starting-points are often newspapers and magazines which have archives. You can then search past issues for articles on specific topics. The following websites are particularly useful:
  www.spiegel.de   www.welt.de
  www.zeit.de   www.focus.de

◆ A general search using a search engine (such as www.yahoo.de or www.google.de) can often prove very fruitful. This is likely to produce lists of organizations or official websites connected with your topic. Information is available on a very wide variety of topics.

◆ The Goethe Institute in London has dossiers and other resources for loan on many A2 topics. These can be borrowed and returned by post. The Goethe Institute in Munich runs a website www.goethe.de which has a lot of articles on A2 topics.

◆ If you download material from the Internet, make a note of the website address, as you will need it for your bibliography. If you use a newspaper or magazine article note the title, date or issue number and page reference.

◆ Do be selective and make sure that you sort through resources carefully. You can end up being overwhelmed with information or reading a lot of irrelevant material!

Researching and planning a coursework topic

(3) Coursework topic: 'Warum sind die Gastarbeiter nach Deutschland gekommen? Was haben sie zur deutschen Gesellschaft beigetragen?' Look at the following list of sources for information on this topic. Decide which are likely to be relevant and what you could hope to find out from each.

a   the website of the Bundesanstalt für Statistik

b   the Goethe Institute dossier 'Ausländer in unserer Stadt'

c   The magazine *Ausländer* from the Bundesanstalt för Statistik

d   Brigitte dossier 'Zu Hause und doch fremd' (from *Brigitte* 13/97)

e   Article 'Der rechte Zeitgeist und die Jugend im Osten' (*Die Welt*, 28/5/98)

f   www.netzgegenrechts.de

(4) Find three articles from different websites which could be used as a source for the essay title you chose in Activity 1 or 2.

Writing a plan

◆   Planning is very important and you must be thorough. It is important to think through your ideas and ensure they are coherent and logical.

◆   Start by planning an introduction in which you present your topic and introduce the main aspects you are going to cover. The introduction must be brief (no more than 50 words). One common error is giving away your conclusion at the beginning – make sure you don't do this.

◆   Select three or four topics, one on each aspect you have mentioned in the introduction, to focus on in the main body of your essay.

◆   Finish with a conclusion in which you sum up your main points, give your opinion, and suggest possible ways forward if appropriate.

(5) Coursework topic: 'Warum steigt der Rassismus in Deutschland? Inwiefern ist es ein ernstes Problem?' Look at the plan and decide which ideas are best suited to an introduction, which to a conclusion, and which to the main body of the coursework.

a   Immer mehr Ausländer – Vorurteile

b   Man könnte Anti-Rassismus-Kampagnen in Schulen organisieren, Neonazigruppen und Websites verbieten

c   die meisten Deutschen sind empört – Demonstrationen gegen Rassismus

d   Rassismus steigt – 100 Todesopfer seit der Wende

e   Rassismus ist ein ernstes Problem, wird aber nur von einer Minderheit vertreten

f   Man muss Maßnahmen treffen, um das Problem zu lösen

g   Ist Fremdenfeindlichkeit weit verbreitet oder nur das Problem einer Minderheit?

h   Probleme im Osten – Arbeitslosigkeit

i   Neonazigruppen – geben einer Jugend ohne Perspektive Hoffnung

◆   Next, plan each of the main paragraphs in detail. It can help to start with a spider diagram. For each point you want to make note down any of the following:
   – specific examples which illustrate the point
   – relevant statistics
   – key words and phrases from your materials

(6) Do a spider diagram for the points in Activity 5 that you allocated to the main body of the piece.

◆   You are now ready to write your first draft. If you write each paragraph separately, keeping closely to your plan, it should not be difficult to write 700 words.

Coursework skills

Writing a first draft of your coursework

Length

- The overall length for each piece of coursework is 700 words. Aim to stick to the word limit: writing substantially less risks insufficient depth and writing much more means either that you have included far too much detail or that you should have expressed yourself more concisely.

- To produce a well-structured, balanced piece of work, allocate a certain number of words to each section of your plan, including introduction and conclusion. If you think you may have to write much more for one section than for another, you may need to change your plan. **Always do this with reference to your teacher, who may give you help with the planning, but not the writing.**

Structure

- Expand your plan:
  - each paragraph should develop an idea
  - state the main idea of each section in note form
  - list three or four *relevant* examples (for literary texts, add relevant quotes)
  - evaluate the meaning of these examples in the context of the section (see below)
  - draw your conclusion and justify your opinion
  - if appropriate, link to the next point

- The **introduction** and **conclusion** are often best written after everything else and should be kept fairly brief. The **introduction** might give a brief historical outline or place a work in its historical context. Or it could explain the title and indicate how you are dealing with the subject matter. It should have immediate appeal and make the reader eager for more. The **conclusion** should summarize your main argument and show that you have achieved what you set out to do in your title. The introduction and conclusion should not take up more than about 40 to 50 words each.

Language

- List relevant vocabulary and structures for each paragraph, possibly as a spider diagram. Search your coursebooks and vocabulary lists for words and phrases which are useful for structuring arguments. Find synonyms in monolingual dictionaries such as the *Duden Bedeutungswörterbuch*. Go through your own vocabulary books and your source material and note all the expressions and idioms which you might include in your first draft. Avoid over-reliance on the dictionary and try to use constructions which you know will work. The quality and relevance of your language is very important!

- Do not copy exactly what is written in your source material. It is much better to rewrite the points in your own words. Always use inverted commas to ensure that quotations (from set texts or possibly from politicians) are recognized as such. Including footnotes to acknowledge quotes adds a professional touch.

The activities on p. 111 will help you to write your first draft. Refer to the plan below.

Coursework title: 'Was führte zum Mauerbau und was waren die Auswirkungen der Mauer?' Your plan includes the following paragraph:

Allmähliche Isolierung Westberlins durch das DDR Regime

- Aufhebung der durchgehenden Straßenbahnlinien von Ost- nach Westberlin

- Unterbrechung des Telefonnetzes zwischen Ost- und Westberlin

- Verbot des Zugangs in die DDR für Westberliner

- Störung des Transitverkehrs von der BRD nach Westberlin

Writing a first draft of your coursework

1 Match the following groups of phrases to the examples in the box on p. 110.

a nicht aufs Land fahren
keine Grabmäler pflegen
keine Schrebergärten
Grundbesitz?
Insellage

b Transport innerhalb Berlins erschwert
Einschränkung des Kontakts

c langer Aufenthalt an der Grenze
unhöfliche Vopos
Staus und unangenehme Erlebnisse
keine Lust mehr, nach Berlin zu fahren?

d schwerer in Verbindung zu bleiben
Stasi kann abhören

2 Add your own thoughts and evaluation to all the points in the box, using the relevant phrases from Activity 1.
Example: Aufhebung der durchgehenden Straßenbahnlinien von Ost- nach Westberlin
Das bedeutete, es wurde schwerer von Ost- nach Westberlin zu reisen, und das führte zu einer Einschränkung des Kontaktes zwischen der Bevölkerung beider Teile Berlins.

3 Read these notes for another paragraph, research suitable vocabulary and phrases and expand each point in your own words as you did in Activities 1 and 2:

Das Fluchtloch Berlin:

◆ Seit Mitte der fünfziger Jahre keine direkte Ausreise von der DDR in die BRD mehr möglich
◆ Bis Aug. 1961 ungehinderter Zugang zu allen Sektoren Berlins
◆ Möglichkeit für DDR-Bewohner, über Ostberlin in den Westen zu fliehen
◆ 3 500 000 Flüchtlinge 1948–1961

4 Compare and contrast the two extracts below. Which one is better structured? Consider:

a the ideas in each paragraph
b the way the paragraphs begin and end
c the way ideas progress towards a resolution:

A

Westberlin wurde mehr und mehr durch Maßnahmen der DDR Regierung isoliert. Zuerst wurden die durchgehenden Straßenbahnlinien aufgehoben, was zur Folge hatte, dass die Verkehrsverbindungen sich verschlechterten und die Menschen es schwieriger fanden, sich zu besuchen. Dann wurde auch das Telefonnetz unterbrochen und die wenigen Leitungen, die noch funktionierten, wurden vom Stasi abgehört. Die Westberliner durften auch nicht mehr die DDR betreten und konnten weder ihre Schrebergärten noch die Gräber ihrer Angehörigen pflegen. Alle diese Maßnahmen wirkten sich negativ auf die Lebensqualität der Berliner aus. Beim Transitverkehr mussten Westdeutsche viele Staus und unnötige Kontrollen auf sich nehmen und viele Berliner befürchteten, dass ihre westdeutschen Freunde die Schikanen der Vopos scheuen würden. Alles in allem meine ich, dass die Lage Westberlins immer eingeschränkter wurde: sie lebten jetzt wie auf einer Insel.

B

Viele Maßnahmen begannen die Westberliner einzuschränken: es gab keine Straßenbahnen mehr zwischen Osten und Westen, man konnte nicht mehr telefonieren, die Westberliner durften nicht mehr die Grenze in die DDR überschreiten und die Reisenden auf den Transitstrecken erfuhren viele Störungen. Das bedeutete viel weniger Kontakt zwischen den beiden Teilen von Berlin und tatsächlich fühlten sich viele Westberliner wie auf einer Insel, von der sie nicht entkommen konnten. Das Leben in Berlin war nicht mehr frei. Die Menschen fühlten sich nicht mehr wohl. Viele wollten nicht mehr in Berlin bleiben und die westdeutsche Regierung bot viele Subventionen an, um das Leben in Westberlin attraktiv zu machen. Intensive Werbekampagnen wurden gestartet, die zum Teil auch erfolgreich waren.

Coursework skills

You have completed your first draft. You have read through it and made adjustments where necessary. Now concentrate on the following areas in which you may be able to improve your essay.

Introduction

A good introduction arouses the reader's curiosity and makes him or her want to read on. You can achieve this by:

- introducing your topic in general terms with reference to the title
- pointing out how you are going to structure your coursework
- asking a rhetorical question linking your introduction to the main discussion

① Write two rhetorical questions for each of the following titles:

  a 'Analysieren Sie die Gründe, die zum Mauerbau führten, und beschreiben Sie die Auswirkungen der Mauer.'

  b 'Seit der Wende hat die Fremdenfeindlichkeit in Deutschland deutlich zugenommen. Untersuchen Sie die Ursachen und diskutieren Sie die Auswirkungen auf das Leben ausländischer Jugendlichen.'

② Which of the following phrases would be appropriate for the introduction of a literary essay and which for a factual piece of work?

  a … spielt in unserem Leben heute eine große Rolle.
  b Im Folgenden werde ich näher auf diese Punkte eingehen.
  c Wenn man diese Frage/diesen Aspekt näher betrachtet, zeigen sich Vor- und Nachteile.
  d Ich werde mich auf die folgenden Texte beziehen.
  e Es handelt sich um …
  f In … geht es um …
  g Zuerst werde ich auf … eingehen

Conclusion

In the conclusion, check that you have:

- summarized your main argument
- expressed your opinion and, if appropriate, hopes for the future
- achieved what you set out to do with reference to your title
- **not** introduced a new idea/argument

③ Translate these phrases into English:
  a Zusammenfassend kann man sagen,
  b Die Diskussion hat gezeigt, dass
  c Wenn man die Vor- und Nachteile abwägt, zeigt sich, dass
  d Abschließend lässt sich sagen,
  e Es gibt sowohl … als auch

Form and content

Check that you have:

- stuck to your plan and only made relevant points
- dealt with each idea/point/argument in a separate paragraph
- backed each point/argument with examples
- evaluated or commented on each point/argument/idea
- balanced your ideas/points/arguments and presented them logically leading to a plausible conclusion
- used linking phrases to lead from one paragraph to another

④ Translate these linking phrases into English:
  a Im Gegensatz dazu …
  b Einerseits … andererseits …
  c Dennoch darf man nicht vergessen, dass …
  d Betrachtet man jedoch …
  e Ähnlich ist es mit …
  f …dagegen (im Westen hat es schon immer Arbeitslosigkeit gegeben, im Osten dagegen erst seit …)
  g Im Vergleich dazu …

Re-drafting a piece of coursework

Language

◆ Avoid over-using certain words and phrases.

(5) Find synonyms for the following over-used verbs:
  a beschreiben
  b sagen
  c es gibt
  d denken
  e etwas machen
  f sehen
  g erklären

(6) Find synonyms for the following over-used nouns and phrases:
  a Leute
  b Problem
  c Meiner Meinung nach
  d Man sieht, dass

◆ Use a variety of conjunctions.

(7) Complete these sentences using the conjunctions in brackets.
  a Es kommt immer noch zu fremdenfeindlichen Ausschreitungen, _____ (obwohl, die Bevölkerung ist überwiegend gegen Rassismus)
  b _____, konnten sie ihre Schrebergärten in Ostberlin nicht mehr pflegen. (da, die Westberliner durften die DDR nicht mehr betreten)
  c Es konnte passieren, dass man vom Stasi abgehört wurde, _____ (während, telefonieren)

◆ Use a range of grammatical structures.

(8) Translate the following sentences using the passive, the conditional or impersonal verbs.
  a West Berlin was isolated by the government of the DDR step by step.
  b A variety of advertising campaigns were started which were partly successful.
  c If our society had been more considerate in the past, the problem would not exist today.
  d Anne Frank likes it, when Miep and Bep visit her in their hiding place. (gefallen)

◆ Check your work carefully for the following main grammatical errors:
  – Agreement between subject and verb
  – Cases. Write out a list of prepositions with the dative and those with the accusative, then write out a list of the main verbs followed by the dative.
  – Word order, especially verb second idea, verb to end of clause after subordinating conjunction
  – Agreement between adjective and noun
  – Correct form of the verb (tense)

(9) Read the following sentences relating to the topic 'Ausländer in Deutschland' and correct the mistakes. The mistakes have been underlined for you in **a** and **b**.
  a In den fünfziger Jahren gab es ein Mangel an Arbeitskräften und es fehlte an junge Deutschen.
  b Zwischen 1956 und 1972 kam mehr als zwei Million ausländische Arbeitnehmer nach Deutschland.
  c In den siebziger Jahren gab es ein Anwerbestopp, weil die großen Firmen brauchten nicht mehr so viele Arbeitskräfte.
  d Jedoch viele Asylbewerber fand Arbeit auf die Schwarzmarkt.
  e Zusammenfassend würde ich sagen, dass heute die Deutschen abhängig von die ausländische Arbeitnehmer sind.

Checklist

◆ Re-read your essay checking content and form.
◆ Check your vocabulary to improve the quality of language.
◆ Re-read and check for accuracy.
◆ Write out a final version.
◆ Check once more!

Grammar

1 Nouns and articles

1.1 Gender

Every German noun has a gender, masculine (**der Tisch**), feminine (**die Klasse**) or neuter (**das Telefon**). Some patterns can make learning the correct gender easier.

1.1.1 Nouns which refer to masculine or feminine people will have the expected gender:

der Mann, der Arzt, der Großvater

die Frau, die Ärztin, die Tante

But: **das Kind** and **das Mädchen** are both neuter.

1.1.2 Nouns which end as follows are usually masculine:

-ant	der Demonstrant, der Passant
-er	der Computer, der Keller, der Ärger
-ich	der Teppich
-ig	der Honig, der König
-ing	der Lehrling
-ismus	der Sozialismus, der Tourismus
-ist	der Polizist, der Tourist
-or	der Mentor, der Doktor

1.1.3 Nouns which end as follows are usually feminine:

-e	die Karte, die Grenze, die Szene
-heit	die Schönheit, die Mehrheit
-ik	die Politik, die Hektik, die Panik
-in	die Freundin, die Polizistin
-ion	die Lektion, die Explosion
-keit	die Freundlichkeit, die Arbeitslosigkeit
-schaft	die Freundschaft, die Landschaft, die Gesellschaft
-ung	die Meinung, die Kleidung, die Umgebung

1.1.4 Nouns which end as follows are usually neuter:

-chen	das Mädchen, das Hähnchen
-lein	das Fräulein, das Bächlein
-um	das Gymnasium, das Datum, das Zentrum

Words which have come into German from other languages are also often neuter:

das Hotel, das Taxi, das Telefon

1.1.5 The gender of any compound noun is always the gender of the last noun in it:

der Zug → der Personenzug, der Schnellzug

die Karte → die Eintrittskarte, die Zugkarte

das Geld → das Fahrgeld, das Taschengeld

1.2 Definite and indefinite articles

1.2.1 The definite article in English has one form: 'the'. In German the form varies with gender and case (see 1.1 and 2.1).

	masc	fem	neut	pl
nom	der	die	das	die
acc	den	die	das	die
dat	dem	der	dem	den
gen	des	der	des	der

1.2.2 The indefinite article in English is 'a' or 'an'. In German it is:

	masc	fem	neut
nom	ein	eine	ein
acc	einen	eine	ein
dat	einem	einer	einem
gen	eines	einer	eines

1.2.3 The equivalent of 'not a' or 'no' in German is **kein** and this also varies with gender and case. It takes the same endings as **ein**, with the addition of the plural endings:

nom	keine
acc	keine
dat	keinen
gen	keiner

Das ist **kein** Hund! *That's not a dog!*

Das ist **keine** gute Idee! *That's not a good idea!*

Du bist ja **kein** Kind mehr! *You're not a child any more!*

Bitte, **keine** Fragen. *No questions, please.*

1.2.4 In a number of places German uses the definite article where English does not:

◆ for abstract nouns:

Die Natur ist schön! *Nature is beautiful!*

Der Mensch hat viel zu lernen. *Mankind has a lot to learn.*

◆ with parts of the body in constructions where English uses the possessive adjective:

Er wäscht sich **die** Hände. *He washes **his** hands.*

Sie zerbrechen sich **den** Kopf darüber. *They're racking **their** brains over it.*

◆ with countries which are feminine:

die Schweiz *Switzerland*
die Türkei *Turkey*

◆ with proper nouns preceded by an adjective:

der kluge Martin *clever Martin*
das moderne Deutschland *modern Germany*

◆ in expressions of cost and quantity where English uses the indefinite article:

Die Birnen sehen lecker aus. Was kostet **das** Kilo?
*The pears look delicious. How much is **a** kilo?*

◆ with meals

nach dem Frühstück *after breakfast*

◆ in certain set phrases:

in **der** Schule *at school*
in **der** Regel *as a rule*
in **die** Kirche gehen *to go to church*

1.2.5   In some places where English uses the indefinite article, German has *no* article:

◆ before professions, status or nationality:

Sie ist Zahnärztin. *She is **a** dentist.*
Ihr Vater ist Franzose. *Her father is **a** Frenchman.*

◆ in certain set phrases:

Hast du Fieber? *Have you got **a** temperature?*
Ich habe Kopfschmerzen. *I've got **a** headache.*

1.3   Forming plurals

To form the plural of most English nouns you add 's'. German nouns form their plurals in various ways and it is best to learn the plural with the noun and its gender. But some patterns are worth learning.

1.3.1   Most feminine nouns add **-n** or **-en** to form the plural.

die Karte – die Karte**n**
die Meinung – die Meinung**en**
die Einzelheit – die Einzelheit**en**

1.3.2   Feminine nouns ending in **-in** add **-nen** to form the plural.

die Freundin – die Freundin**nen**
die Schülerin – die Schülerin**nen**

1.3.3   Many masculine nouns form their plural by adding an umlaut to the main vowel and **-e** to the end of the word.

der Stuhl – die St**üh**l**e**
der Fluss – die Fl**üsse**
der Pass – die P**ässe**

1.3.4   Many masculine or neuter nouns which end in **-el, -en, -er, -chen** or **-lein** do not change in the plural. A few add umlauts, but no ending.

der Ringel – die Ringel
das Unternehmen – die Unternehmen
der Einwohner – die Einwohner
das Mädchen – die Mädchen
das Fräulein – die Fräulein
der Garten – die G**ä**rten

1.3.5   To make the plural of a neuter word ending in **-um**, remove **-um** and replace with **-en**.

das Datum – die Dat**en**
das Zentrum – die Zentr**en**

1.3.6   Many neuter words of foreign origin add **-s** to form the plural.

das Hotel – die Hotel**s**
das Taxi – die Taxi**s**

1.3.7   Most other neuter nouns form their plural by adding an umlaut to the main vowel and **-er** to the end.

das Haus – die H**ä**us**er**
das Land – die L**ä**nd**er**
das Schloss – die Schl**ö**ss**er**

1.4   Adjectival nouns

Nouns can be formed from adjectives:
alt – der Alte
deutsch – die Deutschen
fremd – der Fremde

Like other German nouns, adjectival nouns have a capital letter, but they take the same endings as adjectives normally do according to the word that precedes them (see 3.3):

	masc	fem	neut	pl
nom	der Alte	die Alte	das Alte	die Alten
acc	den Alten	die Alte	das Alte	die Alten
dat	dem Alten	der Alten	dem Alten	den Alten
gen	des Alten	der Alten	des Alten	der Alten

	masc	fem	neut	pl
nom	ein Alter	eine Alte	ein Altes	Alte
acc	einen Alten	eine Alte	ein Altes	Alte
dat	einem Alten	einer Alten	einem Alten	Alten
gen	eines Alten	einer Alten	eines Alten	Alter

nom **Ein Bekannter** von mir wird uns abholen. *An acquaintance of mine will pick us up.*

acc Er hatte **den Fremden** noch nicht begrüßt. *He had not yet greeted the stranger.*

dat Wir haben noch nicht mit **den Deutschen** gesprochen. *We haven't spoken to the Germans yet.*

gen Das Büro **des Beamten** befand sich neben dem Fahrstuhl. *The official's office was situated next to the lift.*

1.5   Weak nouns

A small group of masculine nouns are known as weak nouns. They end in **-n** or **-en** in all cases except the nominative singular.

	sing	pl
nom	der Junge	die Jungen
acc	den Jungen	die Jungen
dat	dem Jungen	den Jungen
gen	des Jungen	der Jungen

They include:

der Assistent	*the assistant*
der Elefant	*the elephant*
der Franzose	*the Frenchman*
der Held	*the hero*
der Kunde	*the customer*
der Mensch	*the person*
der Nachbar	*the neighbour*

der Präsident	*the president*
der Sklave	*the slave*
der Soldat	*the soldier*
der Student	*the student*

nom **Dieser Franzose** spricht fantastisches Deutsch! *This Frenchman speaks fantastic German!*

acc Ich habe **meinen Nachbarn** nicht mehr gesehen. *I haven't seen my neighbour again.*

dat Das müssen wir alles mit **dem Kunden** besprechen. *We must discuss all that with the customer.*

gen Wo sind die Bücher **des Assistenten**? *Where are the assistant's books?*

1.6   Mixed nouns

A few masculine nouns and one neuter noun add **-(e)n** like weak nouns, but also add -**s** in the genitive (2.6):

	sing	pl
nom	der Name	die Namen
acc	den Namen	die Namen
dat	dem Namen	den Namen
gen	des Namens	der Namen

Others include:

der Friede	*the peace*
der Gedanke	*the thought*
der Glaube	*the belief*
der Wille	*the will*
das Herz	*the heart*

2 Prepositions and cases

2.1 The German case system

In German four cases – nominative, accusative, dative and genitive – help show how a sentence fits together. They are shown by the endings or forms of articles, adjectives, pronouns and weak, mixed and adjectival nouns (see the relevant sections). There are also changes to some regular nouns in the genitive and dative (see below).

2.2 The nominative case

2.2.1 The nominative case is used for the subject of a sentence. Often the subject comes first, before the verb and object:

Dein Vater hat immer Recht! *Your father is always right!*
Der Hund jagt der Katze nach. *The dog chases the cat.*

But it can come later, and the use of the nominative shows it is the subject of the sentence:

Knochen, Fleisch, Süßigkeiten – alles frisst **der Hund**!
Bones, meat, sweets, the dog eats everything!

2.2.2 The nominative case is always used after verbs like **sein**, **werden** and **bleiben**:

Er **ist ein kleiner Mann**. *He is a short man.*
Er **wurde ein reicher Mann**. *He became a rich man.*
Bleibt er immer **ein guter Freund**? *Will he always remain a good friend?*

2.3 The accusative case

The accusative case has three main uses.

2.3.1 It is used for the object of a sentence:

Kauft er **den Hund**? *Is he buying the dog?*
Ich habe **keine Ahnung**! *I have no idea!*
Er muss dringend **ein Hemd und eine Hose** kaufen. *He urgently needs to buy a shirt and trousers.*

2.3.2 It is used after the following prepositions:

bis	*until, to, as far as*
durch	*through, by*
entlang	*along* (usually follows the noun. See the example.)
für	*for*
gegen	*against, towards*
ohne	*without*
um	*round*

Die Gruppe joggt **durch den Wald**. *The group is jogging through the wood.*
Was hast du **gegen den Lehrer**? *What have you got against your teacher?*
Er hat keine Zeit **für seinen Sohn**. *He has no time for his son.*
Sie gehen gern **den Fluss entlang**. *They like walking along the river.*

2.3.3 It is used in certain expressions of time, including lengths of time:

Ich fahre **jeden Samstag** nach Hause. *I go home every Saturday.*
Wo warst du **letzte Woche**? *Where were you last week?*
Er war **drei Jahre** in der Schweiz. *He was in Switzerland for three years.*

2.4 The dative case

Add **–n** to all plural nouns in the dative case, unless they already end in **–n** or **–s**.

zwei Jahre	→ nach zwei Jahre**n**
die Brüder	→ mit meinen Brüder**n**
die Klassen	→ die Schüler von zwei Klassen
die Hotels	→ in den Hotels

The dative case has two main uses.

2.4.1 The dative is used for the indirect object of a sentence, often translated into English as 'to'. Sometimes the 'to' is optional in English.

Ich gebe **dem Hund** einen Knochen. *I give the dog a bone or I give a bone to the dog.*
Schreibst du **der Schwester**? *Are you writing to the sister?*
Wem sagen Sie das? *To whom are you saying that?*
Wir müssen **dem Kind** alles erklären. *We must explain everything to the child.*

2.4.2 The dative case is used after the following prepositions:

aus	out of / from
außer	except for
bei	'at' someone's (like **chez** in French) (bei + dem → beim)
dank	thanks to
gegenüber	opposite (follows a pronoun and can follow a noun)
mit	with
nach	after, according to
seit	since (see 6.1.1)
von	from (von + dem → vom)
zu	to (zu + dem → zum; zu + der → zur)

Wie komme ich **aus der Stadtmitte** heraus? *How do I get out of the town centre?*
Wann warst du das letzte Mal **beim Zahnarzt**? *When were you last at the dentist's?*
Sie wohnt **dem Stadion gegenüber.** *She lives opposite the stadium.*

2.5   Dual-case prepositions

Nine prepositions take either the accusative case or the dative, depending on the circumstances. They are:

an	on (vertically, e.g. hanging on a wall), at (an + dem → am; an + das → ans)
auf	on
hinter	behind
in	in (in + dem → im; in + das → ins)
neben	near, next to, beside
über	over
unter	under, below
vor	in front of, before
zwischen	between

2.5.1   When these prepositions indicate the location of a thing or an action, then they are followed by the dative case.

Er arbeitet **im** Büro. *He works in the office.*
Das Bild hängt **an der** Wand. *The picture is hanging on the wall.*
Sie gehen **im** Park spazieren. *They're walking in the park.*
Der Bahnhof ist **in der** Stadtmitte. *The station is in the town centre.*

2.5.2   When they indicate the direction of a movement, then they are followed by the accusative case.

Er geht **ins** Büro. *He goes into the office.*
Hängen Sie das Bild bitte **an die** Wand. *Please hang the picture on the wall.*
Sie gehen **in den** Park hinein. *They're going into the park.*
Der Zug fährt direkt **in die** Stadtmitte. *The train goes directly into the town centre.*

2.5.3   When these prepositions are used with anything other than their literal meaning, they usually take the accusative case, but it is wise to learn the appropriate case with the phrase:

über + *acc. = about*
Ich habe viel **über das** Rechtssystem gelernt. *I have learnt a lot about the legal system.*

2.6   The genitive case

Masculine and neuter singular nouns add **-s** or **-es** in the genitive case:

der Titel **des** Buch**es** *the title of the book*
der Sohn **des** Mann**es** *the man's son*
die Stiefel **des** Spieler**s** *the player's boots*
die Filme **des** Jahrhundert**s** *the films of the century*

One-syllable words usually add **-es** and longer words simply add an **-s**.
The genitive case has two main uses.

2.6.1   The genitive is used to show possession and is usually translated into English by 'of the' or an apostrophe s ('s).

2.6.2   The genitive is used after certain prepositions, including:

außerhalb	inside
innerhalb	outside
statt	instead of
trotz	in spite of
während	during
wegen	because of

Sie wohnen etwas **außerhalb der Stadt**. *They live a little way out of the town.*
Wegen des schlechten Wetters bleiben wir lieber zu Hause. *We prefer to stay at home because of the bad weather.*

2.7 Nouns in apposition

Sometimes a noun is followed immediately by a second noun referring to the same person or thing. The second noun is 'in apposition', and is in the same case as the first one.

Das ist Herr Schulz, **mein Englischlehrer**. *That is Herr Schulz, my English teacher.* (nom.)

Kennst du meinen Nachbarn, **den Franzosen**? *Do you know my neighbour, the Frenchman?* (acc.)

Wir sprachen mit Frau Sauer, **der Tante** meines Freundes. *We talked to Frau Sauer, the aunt of my friend.* (dat.)

Das ist das Auto meiner Schwester, **der Dolmetscherin**. *That's the car of my sister, the interpreter.* (gen.)

3   Adjectives and adverbs

3.1 Possessive adjectives

Possessive adjectives are the words for 'my', 'your', 'his' etc.

ich	mein	*my*
du	dein	*your*
er	sein	*his/its*
sie	ihr	*her/its*
es	sein	*its*
man*	sein	*one's (etc.)*
wir	unser	*our*
ihr	euer	*your*
sie	ihr	*their*
Sie	Ihr	*your*

* and other indefinite pronouns (see 4.6)

Possessive adjectives decline like **kein**:

	masc	**fem**	**neut**	**pl**
nom	mein	meine	mein	meine
acc	meinen	meine	mein	meine
dat	meinem	meiner	meinem	meinen
gen	meines	meiner	meines	meiner

Ist das **seine** Mutter? *Is that his mother?*
Gib mir bitte **deinen** Kuli. *Give me your pen please.*
Was macht sie mit **ihrem** Geld? *What does she do with her money?*
Das ist der Wagen **meines** Onkels. *That is my uncle's car.*
Sie haben nichts von **ihren** Kindern gehört. *They have heard nothing from their children.*

3.2 Demonstrative and interrogative adjectives

Demonstrative adjectives include:

dieser	*this*
jener	*that*
jeder	*each, every*

There is one interrogative adjective, used for asking questions:

| welcher | *which* |

All four words follow the same pattern as the definite article.

	masc	fem	neut	pl
nom	dieser	diese	dieses	diese
acc	diesen	diese	dieses	diese
dat	diesem	dieser	diesem	diesen
gen	dieses	dieser	dieses	diese

Diese Jutetasche ist so praktisch! *This cloth bag is so practical!*

Wirf das grüne Glas in **jenen** Container. *Put the green glass in that container.*

Welcher Gemeinde gehört es? *Which local authority does it belong to?*

Die Rolle **dieser** Organisationen ist sehr wichtig. *The role of these organisations is very important.*

3.3 Adjective endings

3.3.1 Adjectives not in front of a noun do not add any endings:

Sie sind **klug**. *They are clever.*
Seid ihr **intelligent**? *Are you intelligent?*
Ich möchte **reich** sein. *I'd like to be rich.*

3.3.2 When an adjective is used before a noun it has particular endings. These depend on the word before the adjective, and on the gender and case of the noun.

der **große** Fehler   *the big mistake*
Er hat einen **großen** Fehler gemacht.   *He's made a big mistake.*
Sein **großer** Fehler war …   *His big mistake was …*
Er ging mit **großer** Wut zurück.   *He went back, greatly annoyed.*
Sie hat jetzt **große** Ausgaben.   *She has a lot of expenses now.*

There are three sets of adjective endings to learn:

Table A
Adjective endings after the definite article, **alle, dieser, jeder, jener, welcher:**

	masc	fem	neut	pl
nom	e	e	e	en
acc	en	e	e	en
dat	en	en	en	en
gen	en	en	en	er

Der groß**e** Mann ist mein Onkel. *The tall man is my uncle.*
Siehst du den groß**en** Mann? *Can you see the tall man?*
Ich sprach mit dem groß**en** Mann. *I spoke to the tall man.*
Das ist die Hose des groß**en** Mannes! *Those are the tall man's trousers!*

Spielen die groß**en** Männer beide im Tor? *Do the tall men both play in goal?*

Table B
Adjective endings after the indefinite article, **kein** and the possessive adjectives:

	masc	fem	neut	pl
nom	er	e	es	en
acc	en	e	es	en
dat	en	e	en	en
gen	en	e	en	en

Das ist aber ein nett**er** Mensch! *That is a nice person!*
Hast du keinen gut**en** Freund? *Haven't you got any good friends?*
Ich gehe lieber mit einem intelligent**en** Menschen aus. *I prefer to go out with an intelligent person.*
Das ist der Vorteil eines modern**en** Mannes. *That's the advantage of a modern man.*
Meine best**en** Freunde sind alle Österreicher. *My best friends are all Austrians.*

Table C
Adjectives used without an article or other defining word, e.g. after a number:

	masc	fem	neut	pl
nom	er	e	es	e
acc	en	e	es	e
dat	em	er	em	en
gen	en	er	en	er

Das ist aber tief**er** Schnee! *That's deep snow!*
Ich mag heiß**en** Tee. *I like hot tea.*
Bei schlecht**em** Wetter bleibe ich lieber zu Hause! *In bad weather I prefer to stay at home!*
Verstehst du die Vorteile gut**en** Benehmens? *Do you understand the advantages of good behaviour?*
Du bekommst nur mit gut**en** Noten einen Studienplatz. *You only get a place at university with good marks.*

3.4 Adverbs

Adverbs tell you *how* something is done – well, efficiently, badly, etc. In English they usually end in '-ly', although there are exceptions such as 'well' and 'fast'.

3.4.1 In German any adjective can be used as an adverb. No alteration is needed:

langsam *slow* →
Er fuhr **langsam**. *He drove slowly.*
leise *quiet* →
„Ach, ja", sagte sie **leise**. *'Ah yes,' she said quietly.*

3.4.2 There are also adverbs of place, telling you where something happens:

hier	*here*
dort	*there*
oben	*up there*
unten	*down here*

3.4.3 Adverbs of time tell you when something happens:

häufig/oft	*often*
regelmäßig	*regularly*
nie	*never*
selten	*seldom*
sogleich	*at once*

3.4.4 There are also adverbial phrases such as:

mit Eile	*quickly*
auf Wunsch	*if desired*

3.4.5 Interrogative adverbs ask 'when', 'where', etc. something happens:

wann	*when*
wo	*where*
wie	*how*
warum/wieso	*why*

3.5 Adjectives in comparisons

Comparatives are used to compare two things to say that one is big*ger*, *more* expensive or *better* quality than another.

Superlatives are used to compare three or more things to say which is big*gest*, *most* expensive or *best* quality.

3.5.1 To form the comparative of any regular adjective, add **-er** and the appropriate adjectival ending.

schmackhaft *tasty* → schmackhaft**er** (als) *tastier (than)*

Fertiggerichte sind schmackhaft, aber Naturkost ist schmackhaft**er**. *Ready meals are tasty, but organic food is tastier.*
Mein jüng**erer** Bruder steht spät auf. *My younger brother gets up late.*
Haben Sie einen billig**eren** Pullover? *Have you got a cheaper pullover?*

To compare two things, use **als** in German for English 'than'.

Normales Gemüse ist **billiger als** biologisches Gemüse. *Ordinary vegetables are cheaper than organic vegetables.*

3.5.2 To form the superlative of an adjective, add -**(e)st** followed by the normal adjective endings.

billig *cheap* →
das billig**ste** *the cheapest (singular, referring to a neuter noun)*
schnell *fast* →
die schnell**sten** Autos *the fastest cars (plural)*

3.5.3 A number of adjectives add an umlaut when forming the comparative and superlative:

adjective	comparative	superlative
lang	länger	(das) längste
warm	wärmer	(das) wärmste
groß	größer	(das) größte
gesund	gesünder	(das) gesündeste

Ich ziehe den **kürzeren** Rock vor. *I prefer the shorter skirt.*
Meine Finger sind **länger** als deine. *My fingers are longer than yours.*

3.5.4 Some comparative and superlative forms are irregular:

adjective	comparative	superlative
gut	besser	(das) beste
hoch	höher	(das) höchste
nah	näher	(das) nächste

Was ist also **besser**? *What's better, then?*
Ist Göppingen **näher** als Stuttgart? *Is Göppingen nearer than Stuttgart?*

3.5.5 To say 'just as … as' use **genauso … wie** or **ebenso … wie**. (Do not use comparative forms here.)

Bananen sind **genauso gesund wie** Orangen. *Bananas are just as healthy as oranges.*
Radfahren macht **ebenso fit wie** Joggen. *Cycling makes you just as fit as jogging.*

To say 'not as … as' use **nicht so … wie**.

Hamburger sind **nicht so gesund wie** Karotten. *Hamburgers are not as healthy as carrots.*
Boxen ist **nicht so therapeutisch wie** Yoga. *Boxing is not as therapeutic as yoga.*

3.6 Adverbs in comparisons

3.6.1 The comparative and superlative forms of adverbs follow a very similar pattern to those of adjectives:

schnell	schneller	**am** schnellsten
quickly	*more quickly*	*most quickly*
einfach	einfacher	**am** einfachsten
easily	*more easily*	*most easily*

Ich fahre **schneller** als meine Schwester, aber unsere Mutter fährt **am schnellsten**. *I drive faster than my sister but our mother drives the fastest.*

3.6.2 Irregulars include:

adverb	comparative	superlative
gern	lieber	am liebsten
gut	besser	am besten
viel	mehr	am meisten
bald	eher	am ehesten

Meine Lieblingslehrerin erklärt den Stoff **besser als** alle anderen. *My favourite teacher explains the work better than all the others.*
Was machst du **am liebsten?** *What do you most like to do?*

4 Pronouns

4.1 Modes of address

4.1.1 Use **du** for people you know very well, such as your friends, other students, young people in general:

Kommst **du** heute Abend mit ins Kino? *Will you come to the cinema with me tonight?*
Was hältst **du** von diesem Vorschlag? *What do you think of this suggestion?*

4.1.2 Use **ihr** to address two or more people you know very well, e.g. your penfriend and his/her family:

Es ist nett von euch, dass **ihr** mich vom Flughafen abgeholt habt. *It was nice of you to pick me up from the airport.*

4.1.3 Use **Sie** to one or more people older than yourself and people in authority, such as your teacher or your boss:

Könnten **Sie** mir bitte erklären, was an diesem Ausdruck falsch ist? *Could you please explain to me what is wrong with this expression?*

4.2 Personal pronouns

4.2.1 The personal pronouns alter according to case.

	nom	acc	dat
I	ich	mich	mir
you (familiar – sing.)	du	dich	dir
he/it	er	ihn	ihm
she/it	sie	sie	ihr
it	es	es	ihm
we	wir	uns	uns
you (familiar – plural)	ihr	euch	euch
they	sie	sie	ihnen
you (polite)	Sie	Sie	Ihnen

nom/acc	Holst **du mich** bitte ab? *Will **you** pick **me** up?*
nom/dat	Ich schreibe **ihr** jede Woche. *I write **to her** every week.*
nom	Wo sind **sie**? *Where are **they**?*
	Wo sind **Sie**? *Where are **you**?*
nom/dat	Ich gebe es **euch** später. *I'll give it **to you** later.*

4.2.2 The personal pronoun is not generally used to refer to things, or clauses, rather than people, after a preposition. It is replaced by **da-** (or **dar-** before vowels) attached to the front of the preposition:

daran	*at it/on this*
darauf	*on it*
dadurch	*through/by that/it*
dafür	*for it*
dagegen	*against it*
dahinter	*behind it*
darin	*in it/this*
damit	*with it*
darunter	*underneath it*

Er fährt jeden Tag mit dem Auto zur Schule und seine Eltern haben nichts **dagegen**. *He goes to school by car every day and his parents have nothing against it.*
Ungefähr 40% aller Schüler erwerben einen Hauptschulabschluss. **Damit** können sie sich um einen Ausbildungsplatz bewerben. *Roughly 40% of all pupils obtain a school leaving certificate. They can apply for a traineeship with it.*
Hamburg hat eine Beratungsstelle für Essstörungen eröffnet. **Darin** werden vor allem Teenager mit Anorexie und Bulimia behandelt. *Hamburg has opened an advisory centre for eating disorders. Teenagers, especially those with anorexia and bulimia, are treated in it.*

4.3   Reflexive pronouns

Reflexive pronouns are used with reflexive verbs (see 5.2) and to mean 'myself', 'yourself', 'himself' and so on. They are used in the accusative and the dative cases.

	acc	dat
ich	mich	mir
du	dich	dir
er/sie/es/man*	sich	sich
wir	uns	uns
ihr	euch	euch
sie	sich	sich
Sie	sich	sich

* and other indefinite pronouns (see 4.6)

Sie waschen **sich**. *They are getting washed.*
Ich muss **mir** bald die Haare waschen. *I must wash my hair soon.*
Er sucht **sich** ein Buch aus. *He's looking for a book for himself.*

4.4   Relative pronouns

Relative pronouns mean 'who' or 'which/that' and are used to join simple sentences together:

The computer is the latest model. It is available at your dealer's. → *The computer, which is available at your dealer's, is the latest model.*

The German equivalent is:

Der Computer ist das neueste Modell. Es ist beim Fachhändler erhältlich. → Der Computer, der beim Fachhändler erhältlich ist, ist das neueste Modell.

4.4.1   There are relative pronouns for each gender and case.

	masc	fem	neut	pl
nom	der	die	das	die
acc	den	die	das	die
dat	dem	der	dem	denen
gen	dessen	deren	dessen	deren

The relative pronoun:

◆ agrees in number and gender with the noun to which it refers
◆ takes its case from its role within the relative clause
◆ must have a comma before it
◆ sends the verb to the end of the clause (8.5.1)

In a sentence beginning 'the man who …', the relative pronoun must be masculine singular because it refers back to 'man'. But it could be in any of the four cases, depending on its role within its own clause:

Viele Deutschen, **die** ihre Ferien im Inland verbringen, fahren an die Ostsee. *(nom. pl.) Many Germans who spend their holidays in Germany go to the Baltic.*
Ich fahre am liebsten mit einem Freund weg, **den** ich schon gut kenne. *(masc. sg. acc.) I prefer to go away with a friend I know really well.*
Die Familie, mit **der** wir am liebsten Zeit verbringen, kennen wir schon lange. *(fem. sg . dat. after preposition) We have known the family we most like spending time with for a long time.*
Die Touristen, **deren** Auto wir gestern gesehen haben, wohnen in diesem Hotel. *(gen. pl.) The tourists whose car we saw yesterday are staying in this hotel.*

4.4.2 The relative pronoun can be missed out in English, but not in German.

Das Haus, **das** ich kaufte, ist nicht groß genug.
Either: *The house I bought isn't big enough.*
Or: *The house **which/that** I bought isn't big enough.*

4.4.3 After **alles, viel, manches, nichts, allerlei** and superlatives, the relative pronoun **was** is used instead of **das**.

Er hat **alles** aufgegessen, **was** er auf dem Teller hatte. *He ate everything he had on his plate.*
Es gibt **nichts, was** ich lieber mag als faulenzen. *There is nothing I like better than lazing around.*
Der Skiurlaub war **das Beste, was** er je erlebt hatte. *The skiing holiday was the best thing he had ever experienced.*

4.4.4 If the relative pronoun refers to the whole of the other clause, **was** is used:

Die meisten Deutschen fahren nach Spanien, **was** mich überhaupt nicht überrascht. *Most Germans go to Spain, which doesn't surprise me at all.*

4.4.5 For some other kinds of relative clause, see 8.5.

4.5 Possessive pronouns

Possessive adjectives (3.1) can be used as pronouns, i.e. without a noun. The forms are the same as for possessive adjectives, except in the nominative and the accusative.

	masc	fem	neut	pl
nom	mein**er**	mein**e**	mein**(e)s**	mein**e**
acc	mein**en**	mein**e**	mein**(e)s**	mein**e**

A possessive pronoun takes its gender from the noun to which it refers and its case from the part which it plays in the clause or sentence.

Dein Vater ist älter als **meiner**. *Your father is older than mine.*
Ich mag mein Haus lieber als **deines**! *I like my house better than yours!*

4.6 Indefinite pronouns

Indefinite pronouns stand in place of nouns, but don't refer to anything definite (e.g. 'someone', 'no-one').

jemand	*someone*
niemand	*no-one*
einer	*one*
keiner	*no-one*
jeder	*each, everyone*

4.6.1 **Jemand** and **niemand** add **-en** in the accusative and **-em** in the dative, while the other three decline like **dieser** (3.2).

Ich kenne **niemanden** hier. *I don't know anyone here.*
Es gibt für **jeden** etwas. *There is something for everyone.*
Du sollst mit **jemandem** hingehen, der das Ganze versteht. *You should go with someone who understands the whole thing.*

4.6.2 The indefinite pronoun **man** (one) is widely used, but only in the nominative.

Man kann hier experimentelles Theater sehen. *You can see experimental theatre here.*

4.6.3 There are two more indefinite pronouns which are indeclinable, that is, do not change whatever case they are used in. They are:

etwas	*something*
nichts	*nothing*

Etwas muss geschehen! *Something must happen!*
Er weiß **nichts**! *He knows nothing!*

4.7 Interrogative pronouns

4.7.1 The interrogative pronoun **wer** (who) declines like this:

nom	wer
acc	wen
dat	wem
gen	wessen

Wer war dabei? *Who was there?*
Wen kennst du hier? *Who(m) do you know here?*
Von **wem** ist der Brief? *From whom is the letter?/Who is the letter from?*
Wessen Tochter ist das? *Whose daughter is that?*

4.7.2 These pronouns refer to people. When referring to things, use:

nom	was
acc	was or wo-/wor- + preposition, e.g. wodurch, woran
dat	wo-/wor- + preposition, e.g. womit, worauf
gen	wessen

Was ist dir wichtig? *What is important to you?*
Was hast du da? *What have you got there?*
Worüber denkst du nach? *What are you thinking about?*
Womit zahlst du? *What are you paying with?*
Wovon träumst du? *What do you dream of?*

5 Verbs – the basics

5.1 Weak, strong, mixed and auxiliary verbs

There are four groups of verbs in German, which all follow different patterns.

5.1.1 Weak verbs are regular and all tenses can be formed from the infinitive.

infinitive:	**mach**en
present tense:	ich **mache**
imperfect tense:	ich **mach**te
perfect tense:	ich habe ge**macht**

5.1.2 Strong verbs are irregular. They often have a vowel change in the different tenses, and they use different endings to weak verbs in the imperfect tense and the past participle.

infinitive:	**trink**en
present tense:	ich **trinke**
imperfect tense:	ich **trank**
perfect tense:	ich habe ge**trunken**

Their forms need to be learnt separately.

5.1.3 Mixed verbs have a vowel change in some tenses and take endings of the weak verbs to form tenses.

infinitive:	**denk**en
present tense:	ich **denke**
imperfect tense:	ich **dach**te
perfect tense:	ich habe ge**dacht**

5.1.4 The auxiliary verbs **haben**, **sein** and **werden** can be used in their own right or to help form tenses. Their forms are listed under all the tenses below.

5.2 Reflexive verbs

Reflexive verbs are verbs used with the reflexive pronouns (4.3). Many verbs are reflexive in German which are not in English, e.g.:

sich waschen *to have a wash*
sich die Zähne putzen *to clean one's teeth*

Many are to do with actions done to yourself, but this need not be the case, e.g.:

sich etwas überlegen *to consider something*
sich weigern *to refuse*

Reflexive verbs normally take the accusative reflexive pronoun, but use the dative pronoun if there is another direct object in the sentence:

accusative:	ich wasche **mich**
dative:	ich bürste **mir** die Haare

5.3 Impersonal verbs and verbs with a dative object

5.3.1 Some verbs are often used with **es** as a kind of indefinite subject, and are known as impersonal verbs.

Gefällt es dir hier? *Do you like it here?*
Es gibt … *There is/are …*
Es kommt darauf an, ob … *It depends whether…*
Es hängt davon, ab … *It depends whether…*
Es geht ihm gut. *He is well.*
Es geht ihr schlecht. *She is not well.*
Hat es geschmeckt? *Did you enjoy it (the food)?*
Es tut mir Leid. *I am sorry.*
Es ist mir kalt. *I'm cold.*
Es gelingt ihm, … zu + *infinitive* *He succeeds in …ing ….*

5.3.2 Many idiomatic verbs, including some impersonal expressions, take a dative object (see 4.2.1) rather than an accusative one. Often that object would be the subject in the equivalent English expression, so take care with translation.

Es fehlt mir sehr. *I really miss it.*
Das Bein tut mir weh. *My leg hurts.*
Das Kleid steht Ihnen gut. *The dress suits you.*
Die Hose passt ihm nicht. *The trousers don't fit him.*
Das Buch gehört meiner Mutter. *The book belongs to my mother.*
Das Bild gefällt ihm. *He likes the picture.*

5.4 Separable and inseparable verbs

5.4.1 A few prefixes in German are always inseparable and cannot be split up from the verb. These are:

be-	ge-
emp-	miss-
ent-	ver-
er-	zer-

The stress in these verbs is on the second syllable.

Meine Freundin und ich **be**halten Geheimnisse für uns. *My friend and I keep secrets to ourselves.*
Die Klasse **ent**scheidet selbst, welche wohltätige Organisation sie unterstützen will. *The class decide themselves what charity they want to support.*
Sie hat uns früher immer vom Krieg **er**zählt. *She always used to tell us about the war.*
Das Fernsehen **zer**stört meiner Meinung nach das Familienleben. *In my opinion, television destroys family life.*

5.4.2 Most other prefixes are separable and go to the end of the clause. In the infinitive the prefix is stressed.

auf   auf/stehen

In den Ferien stehen wir nie vor zehn Uhr **auf**. *During the holidays, we never get up before 10 o'clock.*

statt   statt/finden

Wo finden die nächsten Olympischen Spiele **statt**? *Where are the next Olympic games being held?*

vor   vor/haben

Habt ihr diesen Monat etwas Besonderes **vor**? *Are you planning anything special this month?*

In subordinate (including reflexive) clauses (8.4.2 and 8.5.1), the prefix joins up with the verb at the end of the clause:

Als die Polizei in Leipzig Videokameras **einsetzte**, ging die Kriminalität um 50% zurück. *When the police in Leipzig introduced video cameras, the crime rate dropped by 50%.*
Besonders bemerkenswert war auch, dass die Anzahl der Autoknacker und der Diebstähle um mehr als die Hälfte **abnahm**. *It was also especially noteworthy that the number of car break-ins and thefts reduced by more than half.*

5.4.3 A few prefixes are separable in some verbs and not in others. Learn each verb separately.

durch
über   voll
um   wider
unter   wieder

Die Polizei durchsucht das Zimmer. *The police are searching the room.*
Meine Eltern sprechen ihre Probleme durch. *My parents are talking over their problems.*

5.5   Modal verbs

There are six modal verbs in German. They usually go with the infinitive of another verb, which goes to the end of the clause. Sometimes another verb, especially a verb of motion, is implied but not actually included. These constructions are particularly idiomatic in speech.

dürfen	*to be allowed to*
können	*to be able to*
mögen	*to like*
müssen	*to have to*
sollen	*to be supposed to*
wollen	*to want to*

Note:
ich **muss** nicht *I don't need to*
ich **darf** nicht *I mustn't*

Jeder volljährige Deutsche **muss** zur Musterung. *Every adult German man has to go for an army medical.*
Mädchen können Zivildienst leisten, wenn sie das **wollen**. *Girls may do community service if they wish.*
Man **darf** dabei **nicht** vergessen, dass die jungen Deutschen dadurch ein Jahr verlieren **können**. *One must not forget here that young Germans may lose a year by doing this.*
Man **muss nicht** unbedingt Dienst mit der Waffe leisten, ein Sozialjahr geht auch. *You do not have to do armed service, a year's community service is also allowed.*

6   The main tenses

6.1   The present tense

The present tense is used for actions happening in the present, or happening regularly now, or happening in the future (6.5).

6.1.1   It is also frequently used for an action or state which started in the past and is still carrying on now. This is especially the case with an expression describing length of time with **seit** (2.4.2) or **lang**, and can happen in clauses with **seit(dem)** (8.4.2). Notice that this is different to English usage.

Er **wohnt seit** drei Jahren in Norddeutschland. *He **has lived** in Northern Germany for three years.*
Seine Großeltern **leben** schon **jahrelang** in Österreich. *His grandparents **have lived** in Austria for years.*
Seitdem er beim Bund **ist, sieht** er die Welt mit anderen Augen. *Since he **has been** in the army he **has seen** the world differently.*

6.1.2   Most verbs of all groups have the same endings in the present tense.

schreiben	*to write*
ich schreib**e**	wir schreib**en**
du schreib**st**	ihr schreib**t**
er/sie schreib**t**	sie/Sie schreib**en**

6.1.3   With many strong verbs, the main vowel changes in the **du** and the **er/sie** forms: **a → ä, e → i** or **ie**:

fahren *to travel*	ich fahre, du f**ä**hrst, er/sie f**ä**hrt
essen *to eat*	ich esse, du **i**sst, er/sie **i**sst
lesen *to read*	ich lese, du l**ie**st, er/sie l**ie**st

6.1.4   The verb **wissen** (to know) is a special case:

ich weiß	wir wissen
du weißt	ihr wisst
er/sie weiß	sie/Sie wissen

6.1.5   Auxiliary verbs form their present tense like this:

sein	haben	werden
ich bin	ich habe	ich werde
du bist	du hast	du wirst
er/sie ist	er/sie hat	er/sie wird
wir sind	wir haben	wir werden
ihr seid	ihr habt	ihr werdet
sie/Sie sind	sie/Sie haben	sie/Sie werden

6.1.6   **Modal verbs** form their present tense as follows:

dürfen	können	mögen
ich darf	ich kann	ich mag
du darfst	du kannst	du magst
er/sie darf	er/sie kann	er/sie mag
wir dürfen	wir können	wir mögen
ihr dürft	ihr könnt	ihr mögt
sie/Sie dürfen	sie/Sie können	sie/Sie mögen

müssen	sollen	wollen
ich muss	ich soll	ich will
du musst	du sollst	du willst
er/sie muss	er/sie soll	er/sie will
wir müssen	wir sollen	wir wollen
ihr müsst	ihr sollt	ihr wollt
sie/Sie müssen	sie/Sie sollen	sie/Sie wollen

6.2   The perfect tense

The perfect tense is used in speech and in colloquial passages. It can be translated into English with either the simple past (I did) or the present perfect (I have done).

6.2.1   Most verbs, including reflexives, form their perfect tense with the present tense of the auxiliary verb **haben** and a past participle. **Haben** takes the normal position of the verb, and the past participle goes to the end of the sentence.

◆   For weak verbs, the past participle is formed from the usual verb stem with the prefix **ge-** and the ending **-t** (*gemacht, gekauft*). For mixed verbs and modal verbs (but see 6.2.3), the stem is often different and has to be learnt, but the prefix and ending are the same (**bringen** – *ge*brach*t*, **denken** – *ge*dach*t*).

Meine Oma **hat** nie alleine **gewohnt**. *My grandmother has never lived alone.*

◆   The past participles of strong verbs often have a changed stem, and take the **ge-** prefix and an **-en** ending (*ge*gess*en*, *ge*sung*en*, *ge*trunk*en*). These have to be learnt separately.

Svenja und Malte **haben** über ihre Großeltern **gesprochen**. *Svenja and Malte talked about their grandparents.*

◆   The past participles of the auxiliaries are:

sein:	gewesen
haben:	gehabt
werden:	geworden

- Verbs with *separable prefixes* insert **ge** after the prefix (**ein**ge**kauft, auf**ge**schrieben, nach**ge**dacht**) and verbs with *inseparable prefixes* do not use **ge** at all (**bekommen, erreicht, missverstanden, verbracht**).

> Jugendliche **haben** damals vor der Ehe nicht **zusammengelebt**. *In those days young people did not live together before marriage.*
> Opa **hat** seit seiner Jugend sein eigenes Geld **verdient**. *Grandpa has earned his own money since his youth.*

6.2.2 Certain verbs with no object use the auxiliary verb **sein** to form the perfect tense. These are:

- Verbs expressing motion:

gehen:	ich **bin** gegangen	*I went*
fahren:	ich **bin** gefahren	*I travelled*
aufstehen:	ich **bin** aufgestanden	*I got up*

- Verbs expressing a change in state or condition:

aufwachen:	ich **bin** aufgewacht	*I woke up*
werden:	ich **bin** geworden	*I became*
wachsen:	ich **bin** gewachsen	*I grew*
einschlafen:	ich **bin** eingeschlafen	*I fell asleep*

- The following verbs:

| bleiben: | ich **bin** geblieben | *I stayed* |
| sein: | ich **bin** gewesen | *I was/I have been* |

6.2.3 Modal verbs have these past participles:

dürfen:	gedurft
können:	gekonnt
mögen:	gemocht
müssen:	gemusst
sollen:	gesollt
wollen:	gewollt

Er hat zum Militär **gemusst**. *He had to do his military service.*
Sie haben keine Geschenke **gewollt**. *They did not want any presents.*
Er hat zur Drogenberatungsstelle **gesollt**. *He was supposed to go to the drugs advisory service.*
Die Verantwortung für diesen Unfall hat sie nicht **gewollt**. *She did not want the responsibility for this accident.*
Wir haben die Verkehrsregeln nicht **gekonnt**. *We did not know the Highway Code.*

However, when modal verbs are used with another verb in the infinitive, the perfect tense is formed with the infinitive of the modal verb rather than the past participle.

Er hat sich bei den Behörden **vorstellen müssen**. *He had to present himself to the authorities.*
Sie haben keine Geschenke **erhalten wollen**. *They did not want to receive any presents.*
Er hat mit dem Sozialarbeiter **sprechen sollen**. *He was supposed to talk to the social worker.*
Die Polizisten haben das Verbrechen nicht beweisen **können**. *The police were unable to prove the crime.*

6.2.4 Certain other verbs behave like modal verbs and use the infinitive in the perfect tense if there is already another infinitive in the sentence. These are: verbs of perception (**sehen, hören**) and **lassen**.
Er hat seine Freunde **feiern hören**. *He heard his friends celebrating.*
Ich habe ihn nur ein Glas Wein **trinken sehen**. *I only saw him drink one glass of wine.*
Meine Eltern haben mich nicht nach Mitternacht **ausgehen lassen**. *My parents did not let me stay out after midnight.*
Sie hat ihr altes Auto **reparieren lassen**. *She had her old car repaired.*
Er hat den Verletzten einfach auf der Straße **liegen lassen**. *He simply left the injured person lying in the road.*

6.3   The imperfect tense

The imperfect tense tends to be used more in writing for narrative, reports and accounts. With certain verbs the imperfect tense is more commonly used than the perfect tense, even in speech, e.g. **sein – ich war**, **haben – ich hatte**.

6.3.1 Regular or weak verbs form their imperfect tense by adding the following endings to the stem of the verb (the infinitive minus **en** ending):

ich -te	wir -ten
du -test	ihr -tet
er/sie -te	sie/Sie -ten

telefonieren *to phone*	abholen *to collect*	arbeiten *to work*
ich telefonie**rte**	ich hol**te** ab	ich arbei**tete**
du telefonie**rtest**	du hol**test** ab	du arbei**tetest**
er/sie telefonie**rte**	er/sie hol**te** ab	er/sie arbei**tete**
wir telefonie**rten**	wir hol**ten** ab	wir arbei**teten**
ihr telefonie**rtet**	ihr hol**tet** ab	ihr arbei**tetet**
sie/Sie telefonie**rten**	sie/Sie hol**ten** ab	Sie/sie arbei**teten**
I telephoned	*I collected*	*I worked*

If the stem of the verb ends in -**t** (**arbeit**-) or several consonants (**trockn**-) an extra -**e** is added: **arbeitete**, **trocknete**.

6.3.2 Strong verbs change their stem in order to form this tense. Each has to be learnt separately. The following endings are then added to this imperfect stem:

ich (no ending)	wir -en
du -st	ihr -t
er/sie (no ending)	sie/Sie -en

gehen *to go*	trinken *to drink*	lesen *to read*
ich ging	ich trank	ich las
du gingst	du trankst	du last
er/sie ging	er/sie trank	er/sie las
wir gingen	wir tranken	wir lasen
ihr gingt	ihr trankt	ihr last
sie/Sie gingen	sie/Sie tranken	sie/Sie lasen
I went	*I drank*	*I read*

6.3.3 Mixed verbs change their stem, like strong verbs, but add the same endings as weak verbs.

bringen:	ich brachte
nennen:	ich nannte
denken:	ich dachte

6.3.4 Modal verbs also add the same endings as weak verbs, but mostly change their stem.

dürfen:	ich durfte
können:	ich konnte
mögen:	ich mochte
müssen:	ich musste
sollen:	ich sollte
wollen:	ich wollte

6.3.5 The imperfect tense of the auxiliaries is:

sein	haben	werden
ich war	ich hatte	ich wurde
du warst	du hattest	du wurdest
er/sie war	er/sie hatte	er/sie wurde
wir waren	wir hatten	wir wurden
ihr wart	ihr hattet	ihr wurdet
sie/Sie waren	sie/Sie hatten	sie/Sie wurden

6.4 The pluperfect tense

6.4.1 The pluperfect tense is used to express that something *had* happened before something else. It is often used in **nachdem** clauses.

It is formed from the past participle of the verb and the auxiliaries **haben** or **sein** in the imperfect tense.

sprechen *to speak*	fahren *to travel*
ich **hatte** gesprochen	ich **war** gefahren
I had spoken	*I had travelled*

etc.

Nachdem die Aussiedler einen Ausreiseantrag **gestellt hatten**, mussten sie lange auf eine Genehmigung warten. *After the German settlers had made an application for repatriation, they had to wait a long time for permission to leave.*

Man brachte die Asylanten in einem Übergangslager unter, kurz **nachdem** sie in Deutschland **angekommen waren**. *They housed the asylum seekers in a transit camp shortly after they had arrived in Germany.*

6.4.2 Modal verbs, verbs of perception and **lassen** form the pluperfect with a past participle if used alone, and their infinitive if used with another verb, as in the perfect tense (6.2.3 and 6.2.4):

In diesem Alter hatten wir noch nicht allein in die Kneipe **gedurft**. *At that age we had not been allowed to go to the pub by ourselves.*

Sie hatte zum ersten Mal ihren Freund im Jugendgefängnis besuchen **dürfen**. *She had been allowed to visit her boyfriend in the young offenders' institution for the first time.*

Wir hatten den Unfall kommen **sehen**. *We had seen the accident coming.*

6.5 The future tense

6.5.1 The present tense is often used to describe future events, especially if there is an expression of time that clearly indicates the future meaning.

Guljan **heiratet nächsten Sommer** einen Bekannten aus der Türkei. *Guljan is going to marry an acquaintance from Turkey next summer.*

Use the future tense to be more precise or to give particular emphasis to the future aspect of a statement.

6.5.2 The future tense is formed from the present tense of **werden** (6.1.5), followed by the infinitive, which goes to the end of the clause.

Ich **werde** mich bei verschiedenen Universitäten **bewerben**. *I shall apply to various universities.*
Du **wirst** gute Aufstiegschancen **haben**. *You will have good promotion prospects.*

7 Verbs – some extras

7.1 The conditional tense

The conditional tense is used to say what would happen in certain circumstances – in conditional sentences (7.2). The imperfect subjunctive (7.3) is often used as an alternative, especially for modal and auxiliary verbs.

The conditional consists of the imperfect subjunctive of **werden** (7.3) followed by an infinitive.

ich würde	wir würden
du würdest	ihr würdet
er/sie würde	sie/Sie würden

Ein Alkoholverbot bei Fußballspielen **würde** viele Probleme **lösen**. *A ban on alcohol during football matches would solve many problems.*
Wir **würden** mehr Zeit vor dem Fernseher **verbringen**. *We would spend more time in front of the television.*
Ein Universitätsabschluss **würde** ihm beruflich viele Türen **öffnen**. *A degree would open many doors for him in terms of a profession.*
Ich **würde** meine Kinder später nicht zum Arbeiten **zwingen**. *I would not force my children to work later on.*
Wir **würden** uns sicher nicht so sehr **abrackern** wie unsere Eltern. *We would surely not work as hard as our parents.*
Sie **würden** sicher gerne **erfahren**, wie der neue Kollege heißt. *You are bound to want to know what your new colleague is called.*

7.2 Conditional sentences

Conditional sentences say what will happen, would happen or would have happened under certain circumstances. They include clauses with **wenn** (= 'if').

7.2.1 If the condition is likely to be fulfilled, the conditional clauses are in the present indicative:

Wenn der Euro überall in der EU **eingeführt wird**, **wird** der internationale Zahlungsverkehr beträchtlich **erleichtert**. *If the Euro is introduced everywhere in the EU, international payments will be made considerably easier.*

Wenn die Gemeinden **sich** überall für Verkehrsberuhigungsmaßnahmen **entscheiden**, **nimmt** die Anzahl der Unfälle sicher **ab**. *If the local councils decide in favour of traffic calming measures, the number of accidents is bound to decrease.*

Wenn man keine Risiken **eingehen will**, soll man keine Aktien **kaufen**. *If you do not want to run any risks, you should not buy shares.*

Wenn man ein erstklassiges Deutsch **hören will**, dann soll man nach Hannover **fahren**. *If you want to hear first-class German, you should go to Hanover.*

7.2.2 For conditions that are not so likely to be fulfilled, the conditional tense (7.1) or the imperfect subjunctive (7.3) is used. Either the conditional tense or the imperfect subjunctive must be used in *both* parts of a conditional sentence in German (unlike in English).

Wenn Eltern ein bisschen konsequenter **wären**, **würden** Kinder nicht tagtäglich stundenlang vor dem Fernseher **hocken**. *If parents **were** a little more consistent, children **would** not **sit** in front of the TV for hours, day in day out.*

Wenn sie ein bisschen mehr Zeit für ihre Sprößlinge **hätten**, **würde** das einen positiven Einfluss auf das Familienleben **ausüben**. *If they **had** a little more time for their offspring, it **would have** a positive influence on family life.*

Wenn die Engländer ein bisschen öfter nach Deutschland **führen**, dann **würden** sie antideutsche Artikel in der Presse sicher weniger **tolerieren**. *If the English went to Germany a little more often, they **would** certainly **tolerate** anti-German articles in the press less.*

7.2.3 There are also conditional sentences where conditions have not been fulfilled, with the conditional perfect tense in both clauses (7.4).

Wenn wir nach Österreich **gefahren wären**, **hätten** wir viel Deutsch **sprechen können**. *If we **had gone** to Austria, we **would have been** able to speak a lot of German.*

Er **wäre** nicht an Drogenmissbrauch **gestorben**, **wenn** er früher Hilfe **gesucht hätte**. *He **would** not **have died** of drug abuse if he **had sought** help earlier.*

7.2.4 Conditional clauses can be constructed without the word **wenn**, by bringing the verb into first position. In that case the main clause usually begins with **so** or **dann**.

Wird der Euro überall in der EU **eingeführt**, **so wird** der internationale Zahlungsverkehr beträchtlich **erleichtert**.

Wären Eltern ein bisschen konsequenter, **dann würden** Kinder nicht tagtäglich stundenlang vor dem Fernseher **hocken**.

7.3 The imperfect subjunctive

The imperfect subjunctive is used as an alternative to the conditional tense (7.1) in conditional sentences (7.2). This occurs most commonly with modal and auxiliary verbs. It is also used in indirect speech (7.6).

7.3.1 The imperfect subjunctive of modal verbs is like the imperfect indicative except that for four verbs the main vowel takes an umlaut:

dürfen:	ich **dürfte**	*I would be allowed to, I might*
können:	ich **könnte**	*I would be able to, I could*
mögen:	ich **möchte**	*I would like to*
müssen:	ich **müsste**	*I would have to*
sollen:	ich **sollte**	*I should*
wollen:	ich **wollte**	*I would want to*

Man **müsste** sich eben mal erkundigen. *One would have to make enquiries.*

Wir **könnten** das schon schaffen. *We might be able to manage that.*

7.3.2 The imperfect subjunctive of auxiliaries is also based on the imperfect indicative with the addition of umlauts and, for **sein**, the same endings as the other two verbs.

	sein	haben	werden
ich	wäre	hätte	würde
du	wärest	hättest	würdest
er/sie	wäre	hätte	würde
wir	wären	hätten	würden
ihr	wäret	hättet	würdet
sie/Sie	wären	hätten	würden

Er **wäre** sicher der beste Kandidat. *He would definitely be the best candidate.*

Sie **hätten** bestimmt nichts dagegen. *They would surely not object.*

7.3.3 The imperfect subjunctive of weak or regular verbs is the same as the imperfect indicative, i.e. the ordinary imperfect tense of the verb:

arbeiten:	ich **arbeitete**	*I worked, I would work*
abholen:	ich **holte ab**	*I fetched, I would fetch*

Wenn er mehr **arbeitete**, würde er mehr Geld verdienen. *If he worked harder, he would earn more money.*

So it can be used in one clause of a conditional sentence, but not both.

7.3.4 The imperfect subjunctive of strong or irregular verbs is formed from the same stem as the imperfect indicative, but with similar endings to the weak verbs. The main vowel also takes an umlaut if possible.

gehen	fahren	kommen
ich ging**e**	ich führ**e**	ich käm**e**
du ging**est**	du führ**est**	du käm**est**
er/sie ging**e**	er/sie führ**e**	er/sie käm**e**
wir ging**en**	wir führ**en**	wir käm**en**
ihr ging**et**	ihr führ**et**	ihr käm**et**
sie ging**en**	sie führ**en**	sie käm**en**
Sie ging**en**	Sie führ**en**	Sie käm**en**
I would go	*I would travel*	*I would come*
etc.	*etc.*	*etc.*

Ich **führe** so gerne auf vier Wochen nach Deutschland. *I would really like to go to Germany for four weeks.*

Wenn seine Mutter **mitginge**, **käme** ich nicht mit. *If his mother was going too, I would not be coming.*

7.3.5 The imperfect subjunctive of mixed verbs is also based on the normal imperfect, with some changes to the main vowel:

bringen:	ich **brächte**	*I would bring*
denken:	ich **dächte**	*I would think*
kennen:	ich **kennte**	*I would know*
wissen:	ich **wüsste**	*I would know*

Ich **wüsste** nicht, wo ich noch nachschlagen könnte. *I would not know where else to look things up.*

Er **brächte** von seinem Deutschlandaufenthalt viel leckeres Brot und kräftige Weine mit. *He would bring back a lot of delicious bread and hearty wines from his stay in Germany.*

7.3.6 The imperfect subjunctive forms of some strong and mixed verbs sound rather old-fashioned. For these verbs modern German would prefer the conditional:

befehlen   (ich beföhle/befähle)
→ ich **würde befehlen** *I would order*

7.4   The conditional perfect (pluperfect subjunctive)

The conditional perfect (or pluperfect subjunctive) is used in conditional sentences (7.2) and indirect speech (7.6).

7.4.1   The starting point for this verb form is the pluperfect tense (6.4). The auxiliary **haben** or **sein** is in the imperfect subjunctive (7.3).

pluperfect:
ich **hatte** gemacht *I had done*
ich **war** gefahren *I had travelled*

conditional perfect/pluperfect subjunctive:
ich **hätte** gemacht *I would have done*
ich **wäre** gefahren *I would have travelled*

7.4.2   The conditional perfect is used in **wenn** clauses referring to conditions that could have happened but didn't. Again, as in 7.2, the conditional form has to be used in both parts of the sentence.

Wenn Deutschland nicht der EU **beigetreten wäre, hätten** Ausländer nicht so leicht in der BRD Studienplätze **gefunden**. *If Germany had not joined the EU, foreigners would not have found places at university so easily.*
Hätten Frankreich und Deutschland **sich** nach dem Zweiten Weltkrieg nicht **zusammengeschlossen**, so **wäre** es vielleicht niemals zu der EU **gekommen**. *If France and Germany had not joined forces after the Second World War, the EU might never have come about.*

7.4.3   Some modal verbs are frequently used in the conditional perfect. They express an obligation, a wish or permission which has not been fulfilled or granted. Just as in the perfect and pluperfect tenses, the past participle of the modal verb is used when it stands alone, but the infinitive when it is with another infinitive:

Eine Freiheitsstrafe **hätte** er nicht **gemocht**. *He would not have liked a custodial sentence.*
Die Eltern und Lehrer **hätten** früher mit ihnen über Drogensucht sprechen **sollen**. *Parents and teachers should have talked to them earlier about drug addiction.*
Die Schlagbäume **hätten** in Europa vielleicht nicht so schnell fallen **sollen**. *The barriers in Europe should perhaps not have been lifted so quickly.*
Die osteuropäischen Länder **hätten** der EU schon viel früher beitreten **wollen**. *The East European countries would have wanted to join the EU much earlier.*

Naturally the same is true with **lassen** and verbs of perception:

Hitler **hätte** die Niederlage Deutschland **kommen sehen**, wenn er nicht so verblendet gewesen wäre. *Hitler would have seen Germany's defeat coming, had he not been so blinkered.*

7.5 The future perfect tense

The future perfect is often used to express an assumption that something will have been done by a certain time. It is formed from the present tense of **werden** with the perfect infinitive (i.e. past participle + infinitive of **haben/sein**).

Bald **werden** sich die meisten Völker in Europa an den Euro **gewöhnt haben**. *Soon most nations in Europe will have got used to the euro.*

In ein paar Jahren **werden** auch die Staaten Osteuropas der EU **näher gekommen sein**. *In a few years' time, the Eastern European states will have come closer to the EU.*

In zehn Jahren **wird** die EU vielleicht doppelt so groß **geworden sein**. *In 10 years' time the EU will perhaps have doubled in size.*

Man **wird** den Euro wahrscheinlich überall **eingeführt haben**. *They will probably have introduced the euro everywhere.*

Bis zu diesem Zeitpunkt **wird** der Vertrag schon **unterschrieben worden sein**. *By that time the contract will have been signed.*

7.6 Other uses of the subjunctive

7.6.1 The present subjunctive is used to report direct speech that was in the present tense. It is formed by adding the endings as shown to the stem of the verb. The only exception is **sein**.

	machen	fahren	nehmen	haben	sein
ich	mache	fahre	nehme	habe	sei
du	machest	fahrest	nehmest	habest	seiest
er/sie	mache	fahre	nehme	habe	sei
wir	machen	fahren	nehmen	haben	seien
ihr	machet	fahret	nehmet	habet	seiet
sie/Sie	machen	fahren	nehmen	haben	seien

Where these forms are the same as the indicative forms (i.e. normal present tense), the imperfect subjunctive (7.3) has to be used to ensure that the message is understood as reported speech.

In der Zeitung stand, das Verhör **finde** am folgenden Tag **statt**. *(present subjunctive) It said in the paper that the hearing was taking place the following day.*

Der Reporter meinte, den Sicherheitsbehörden **ständen** schwere Zeiten **bevor**. *(imperfect subjunctive because present subjunctive would be* stehen.*) The reporter felt that the security services were facing difficult times.*

7.6.2 The perfect subjunctive is used to report direct speech that was in a past tense. It consists of the present subjunctive of **haben** or **sein** (7.6.1) and the past participle.

machen	gehen
ich **habe** gemacht	ich **sei** gegangen
du **habest** gemacht	du **seiest** gegangen
er/sie **habe** gemacht	er/sie **sei** gegangen
wir **haben** gemacht	wir **seien** gegangen
ihr **habet** gemacht	ihr **seid** gegangen
sie/Sie **haben** gemacht	sie/Sie **seien** gegangen
Sie **haben** gemacht	Sie **seien** gegangen

If there is ambiguity (i.e. in the plural and **ich** forms of **haben**), the pluperfect subjunctive (7.4) is used.

Man behauptet, eine Gruppe von Türken **habe** die beiden Briten durch Messerstiche **getötet**. *(perfect subjunctive) A group of Turks is alleged to have stabbed the two Britons to death.*

Der Leiter der UEFA sagte, die Sicherheitsbehörden in Istanbul **hätten** alles Nötige **veranlasst**. *(pluperfect subjunctive) The manager of UEFA said that the security services in Istanbul had done everything necessary.*

7.6.3 Reported speech is often introduced by **dass** (see 8.4.2 for word order). If **dass** is not used, normal main clause word order is used (8.1).

Die Studenten erklärten, **dass** sie mit den Vorlesungen in den überfüllten Hörsälen nicht mehr zufrieden **seien**. *The students explained that they were no longer happy with the lectures in the crowded lecture halls.*

Der Fahrer des Krankenwagens berichtete, **dass** er und seine Kollegen den Unfallort binnen zehn Minuten **erreicht hätten**. *The driver of the ambulance explained that he and his colleagues had reached the scene of the accident within ten minutes.*

Die Moderatorin stellte fest, **dass** der berühmte Politiker aus ganz bescheidenen Verhältnissen **komme**. *The TV presenter noted that the famous politician came from humble origins.*

Reported speech is also used in reported questions, after **ob, welcher** (3.2) and interrogative pronouns (4.7) and adverbs (3.4.5):

Die Grenzbeamten fragten die Ostberliner, **ob** sie denn ein Ausreisevisum **hätten**. *The border patrol asked the people from East Berlin if they had an exit visa.*

Mein Brieffreund wollte wissen, **warum** ich mich so lange nicht **gemeldet habe**. *My penfriend wanted to know why I had not been in touch for so long.*

Die Enkel waren neugierig darüber, **was** ihr Großvater wohl bei der Hitlerjugend **gemacht habe**. *The grandchildren were curious as to what their grandfather might have done in the Hitler Youth.*

7.6.4   The imperfect subjunctive is often used for politeness, especially in requests and wishes:

Die Bauern der Dritten Welt **hätten** gern hitze- und dürreresistente Samen. *Third World farmers would like to have heat- and drought-resistant seeds.*

Er **möchte** ein Handy mit Internetanschluss. *He would like a WAP phone.*

Ich wünschte, wir **könnten** die neuen Technologien zur Heilung von Krebs und Aids einsetzen. *I wish we could use the new technologies to cure cancer and Aids.*

Wären Sie bitte so freundlich, mir das Dokument per E-Mail zu schicken? *Would you be kind enough to send me the document by e-mail?*

Sometimes polite requests are expressed in the conditional:

Würden Sie bitte nach Gebrauch des Computers die Maschine wieder ausschalten? *Would you please switch the computer off after use?*

7.6.5   The imperfect and pluperfect subjunctives are frequently used after certain conjunctions, such as **als** or **als ob**:

Es sah aus, **als ob** das Klonen von Tieren **gelungen wäre**. *It looked as if the cloning of animals had been successful.*

Er benahm sich, **als ob** er noch nie im Leben ein Fax **geschickt hätte**. *He behaved as though he had never in his life sent a fax.*

Sie taten so, **als ob** die Arbeit im Büro bald der Vergangenheit **angehörte**. *They behaved as if working in an office would soon be a thing of the past.*

If **als** is used alone, the verb comes straight after the conjunction:

Er benahm sich, **als könnte** er das elektronische Wörterbuch nicht **benutzen**. *He behaved as though he could not use the electronic dictionary.*

Die Grundschulkinder bedienten den Computer, **als hätten** sie das schon jahrelang **getan**. *The primary school children used the computer as if they had been doing so for years.*

♦ Instead of the imperfect subjunctive, the present subjunctive can also be used and instead of the pluperfect subjunctive the perfect subjunctive, but both forms are rarer than the verb forms above.

♦ In colloquial German, the subjunctive can be replaced by the indicative verb form, though the subjunctive is preferred in written German:

Er gibt sein Geld aus, **als ob** er Millionen **verdient**. *He spends his money as if he were earning millions.*

7.7   The passive voice

The passive is when the subject of the sentence is not carrying out an action, but is on the receiving end of it. The 'doer' of the action is not emphasized and sometimes not even mentioned.

7.7.1   To form the passive, use the appropriate tense of **werden** with the past participle, which goes to the end of the clause.

present:	ich **werde untersucht**	*I am being examined*
imperfect:	er **wurde unterstützt**	*he was supported*
perfect:	sie **ist gefragt worden**	*she has been asked*
pluperfect:	ich **war gefahren worden**	*I had been driven*
future:	wir **werden gesehen werden**	*we shall be seen*

In the perfect and pluperfect tenses **worden** is used instead of the usual past participle **geworden**.

7.7.2   The English word 'by' when used in a passive sentence can have three different translations in German.

von (person or agent):
Das Rheinwasser wird **von** Hartmut Vobis untersucht. *The water of the Rhine is being examined by Hartmut Vobis.*

durch (inanimate):
Nur **durch** rigorose Maßnahmen wurde die Wasserqualität verbessert. *Only by rigorous measures was the water quality improved.*

mit (instrument):
Die sommerlichen Ozonwerte werden **mit** präzisen Messgeräten festgestellt. *Summer ozone levels are measured by precise instruments.*

7.7.3 All the modal verbs (5.5) can be combined with a verb in the passive voice. The modals express the tense and the other verb is in the passive infinitive (past participle and **werden**). Note the order of the various verb forms (8.4.2).

present:
Das **kann besprochen werden.** *It can be discussed.*
imperfect:
Es **musste bezahlt werden.** *It had to be paid.*
conditional:
Es **dürfte gefunden werden.** *It might be found.*
perfect:
Seine Eltern **haben** auch **gefragt werden wollen.** *His parents also wanted to be asked.*
conditional perfect:
Die Arbeit **hätte abgegeben werden sollen.** *The work should have been handed in.*

7.7.4 German passive sentences are not always the exact equivalent of English ones.

◆ If the active verb has both a dative and an accusative object, only the accusative object can become the subject of a passive sentence. The dative object always remains in the dative and never becomes the subject of the passive sentence, as can happen in English. However, it can be placed at the beginning of the sentence:

active:
Man gab **den ostdeutschen Firmen** Zuschüsse zum Bau von neuen Autobahnen.

passive:
Zuschüsse wurden **den ostdeutschen Firmen** zum Bau von neuen Autobahnen gegeben.
Den ostdeutschen Firmen wurden Zuschüsse zum Bau von neuen Autobahnen gegeben.
The East German firms were given subsidies to build new motorways.

active:
Man bot **den Schülern** preisgünstige Fahrkarten an.

passive:
Preisgünstige Fahrkarten wurden **den Schülern** angeboten.
Den Schülern wurden preisgünstige Fahrkarten angeboten. *Schoolchildren were offered inexpensive tickets.*

◆ If the active verb is followed only by a dative object, an impersonal passive can be formed, i.e. the subject is a meaningless **es**. The dative object remains in the dative:

active:
Der Umweltforscher hat **mir** gezeigt, wie der Ozonabbau ...
Man folgte **ihnen** bis zur Grenze.

passive:
Es wurde **mir** von dem Umweltforscher gezeigt, wie der Ozonabbau ...
Es wurde **ihnen** bis zur Grenze gefolgt.

If the dative object starts the sentence, **es** is omitted and there is no subject.

Mir wurde von dem Umweltforscher gezeigt, wie der Ozonabbau ... *I was shown by the environmentalist how the breakdown of the ozone layer ...*

◆ This impersonal form of the passive, with no subject or with **es** in first position, is widely used where the 'doer' is people in general and is not identified. It can be used with all types of verb, even those that take no object at all, which cannot happen in English.

Es wird heutzutage nicht genug für den Umweltschutz **getan.** *Nowadays not enough is done for the protection of the environment.*
In Deutschland **wird** um die Faschingszeit viel **gefeiert.** *At carnival time there are lots of celebrations in Germany.*
Im Sommer **wird** viel **gegrillt.** *In summer there are plenty of barbecues.*

7.7.5 In some circumstances, the passive can express an end result rather than an action. In this case, it is formed with **sein** + past participle. However, this is very much the exception and you need to consider carefully whether the *action* or a *state resulting* from the action is being emphasized. Compare the following examples:

Als wir ankamen, **wurde** der Tisch gerade **gedeckt.** *When we arrived, the table was being laid.*
Als wir ins Haus eintraten, **war** der Tisch schon **gedeckt.** *When we entered the house, the table was already laid.*

7.7.6 The passive is used much less often in German than in English, especially if it is too cumbersome. A number of German constructions would often be expressed in the passive in English.

◆ The impersonal pronoun **man** can be used, with the verb in the active voice:

Man transportierte häufig Rohstoffe wie Holz und Eisenerz auf Wasserwegen. *Raw materials such as wood and iron ore **were frequently transported** on waterways.*

◆ The verb **sich lassen** is used with the verb in the infinitive, often where in English the expression would be 'can be' + past participle:

Das **lässt sich** leicht **sagen**. *That **is easily said**.*
Diese Frage **lässt sich** mit einem Wort **beantworten**. *This question **can be answered** in one word.*

◆ Particularly after constructions like **es gibt, da ist** etc., the active infinitive is preferred in German:

Bevor wir uns zur Fahrprüfung anmelden können, ist noch viel **zu lernen**. *There is a lot **to be learnt** before we can register for our driving test.*
Es gibt noch viel **zu tun**, bis wir wirklich alle Bundesbürger vom Auto weg und in die öffentlichen Verkehrsmittel bringen. *There is still much **to be done** until we can get all Germans out of their cars and onto public transport.*

7.8 The imperative

The imperative is the command form of the verb. There are different forms depending on who is being commanded. See 4.1, modes of address.

7.8.1 To make the **du**-form, start from the **du-**form present tense, omit **du** and take off the **-st** ending (just **-t** if the stem ends in **-s** (**lesen**) or **-z** (**unterstützen**).

du schreibst	**schreib!**	*write!*
du stehst auf	**steh auf!**	*get up!*
du setzt dich	**setz dich!**	*sit down!*
du siehst	**sieh!**	*look!*
du isst	**iss!**	*eat!*
du benimmst dich	**benimm dich!**	*behave!*

However, strong verbs whose main vowel changes from **a** to **ä** in the **du-** form present tense use **a** in the imperative.

laufen	**lauf!**	*run!*
abfahren	**fahr ab!**	*set off!*

7.8.2 For the **ihr**-form, simply omit **ihr** from the **ihr**-form present tense.

ihr steht auf	**steht auf!**	*get up!*
ihr seht	**seht!**	*look!*
ihr benehmt euch	**benehmt euch!**	*behave!*

7.8.3 For the **Sie**-form, take the **Sie**-form present tense and swap the order of **Sie** and the verb.

Sie laufen	**laufen Sie!**	*run!*
Sie stehen auf	**stehen Sie auf!**	*get up!*
Sie beeilen sich	**beeilen Sie sich!**	*do hurry up!*

7.8.4 Auxiliary verbs have irregular imperative forms:

	du	ihr	Sie
haben	hab!	habt!	haben Sie!
sein	sei!	seid!	seien Sie!
werden	werde!	werdet!	werden Sie!

7.8.5 The addition of **doch, schon** or **mal** softens the command and makes it sound more idiomatic.

Setzen Sie sich **doch** hin! *Do sit down!*
Komm **mal** her! *Please come here!*
Nun sagt **doch** schon! *Do tell!*

7.9 Infinitive constructions

7.9.1 Most verbs, apart from modals and a few others (6.2.5) take **zu** + infinitive, if they are followed by another verb.

Er beschloss, seinen Zivildienst im Krankenhaus **zu leisten**. *He decided to do his community service in a hospital.*
Sie hatte vor, nach dem Studium erst mal ins Ausland **zu gehen**. *She intended to go abroad after her degree.*

7.9.2 Impersonal expressions (5.2) are also followed by **zu** + infinitive.

Es tut gut, nach Deutschland **zu fahren** und die ganze Zeit nur Deutsch **zu hören**. *It does you good to travel to Germany and to hear only German the whole time.*

7.9.3 The phrase **um ... zu** means 'in order to' and is used in the same way as other infinitive constructions.

Sie fuhr nach Leipzig, **um** ein Zimmer für das neue Semester **zu suchen**. *She went to Leipzig to find a room for the new semester.*
Wir gingen zur Hochschule, **um** uns für unsere Kurse **einzuschreiben**. *We went to the college to register for our courses.*

A few other constructions follow the same pattern.

(an)statt ... zu

Anstatt sich zu amüsieren, hockte er immer in seiner Bude herum. *Instead of enjoying himself, he just stayed in his room.*

außer ... zu

Es blieb uns nichts übrig, **außer uns** an die Arbeit **zu machen**. *There was nothing we could except settle down to work.*

ohne ... zu

Ohne mit der Wimper **zu zucken**, log er mich an. *Without batting an eyelid he lied to me.*

7.9.4 With separable verbs, **zu** is inserted between the prefix and the verb stem:

Es macht Spaß, in den Ferien mal richtig **auszuspannen**. *It is fun to relax properly in the holidays.*

7.9.5 Modal verbs (5.5), **sehen, hören** and **lassen** are followed by an infinitive without **zu**.

modal verbs:

Junge Menschen **sollten sich** frühzeitig am kommunalen Leben **beteiligen**. *Young people should take part in the life of the community from an early age.*

Man braucht nicht zum Militär, man **kann** auch Zivildienst **leisten**. *You do not have to join the army, you can also do community service.*

sehen, hören:

Man **sieht** jeden Tag so viele Unfälle **passieren**. *You see so many accidents happen every day.*

Er **hörte** die zwei Autos **zusammenstoßen**. *He heard the two cars collide.*

lassen:

Meine Eltern **lassen** mich nur bis Mitternacht **ausgehen**. *My parents only let me go out until midnight.*

Jeden Monat **ließ** sie sich von einem Starfriseur die Haare **schneiden**. *Every month she had her hair cut by a top stylist.*

7.9.6 Sometimes German verbs can be followed by an object which is also the subject of an infinitive clause:

Der Lektor riet **ihnen**, sich sofort für die Kurse einzuschreiben. *The lecturer advised **them** to enrol for the courses immediately.*

Er bat **sie** auch darum, ihre Bewerbung persönlich zum Sekretariat zu **bringen**. *He also asked **them** to take their application to the secretary's office in person.*

However, this happens much less often than in English. Especially verbs that express saying, wishing or similar are followed instead by subordinate clauses:

*The NPD **wanted women to stay** at home.* Die NPD **wollte, dass die Frauen** zu Hause **blieben**.

*Large German organizations **expect their employees to be conversant with English.*** Große deutsche Unternehmen **erwarten, dass** ihre Angestellten sich auf Englisch ausdrücken **können**.

*The police **told the football fans not to bring** alcohol to the stadium.* Die Polizei **teilten** den Fußballfans **mit, dass sie** keinen Alkohol mit ins Stadion **bringen dürften**.

8 Conjunctions and word order

8.1 Word order in main clauses

8.1.1 The *verb* must always be the second idea in a main clause. Often, clauses begin with the <u>subject</u>:

<u>Sie</u> *sind* Geschichtslehrerin. *You are a history teacher.*

However, it is also quite usual to start the sentence not with the subject, but with another element of the sentence, particularly if a special emphasis is to be achieved. If so, the verb should still be the second idea, and so the subject must follow it. This feature of German word order is called *inversion* (i.e. the verb and the subject change places, or are inverted).

Jetzt *ist* <u>Deutschland</u> wieder ein vereinigtes Land. *Now Germany is a united country again.*

8.1.2 Any phrase describing time, manner or place may begin the sentence:

Time:
Nach dem Krieg wollten die Deutschen Freundschaften schließen. *After the war the Germans wanted to make friends.*

Manner:
Gemeinsam mit anderen Ländern gründeten sie die EWG. *Together with other countries they founded the EEC.*

Place:
In Berlin steht die Mauer nicht mehr. *In Berlin there is no wall any more.*

In all these sentences, it is important to keep the verb in the second place, followed by the subject of the sentence.

Elsewhere in the sentence phrases have to be arranged in this order: time – manner – place even if only two of the three types occur:

Mozart starb 1756 fast allein in Wien. *Mozart died in Vienna in 1756, almost alone.*

Die Grenze wurde **1989 endlich** geöffnet. *The border was finally opened in 1989.*

8.2 Negative sentences

8.2.1 The negative adverbs **nicht** and **nie** go as close as possible to the end of the sentence, though they must precede the following:

◆ adjectives:
Die Nutzung der Atomkraft ist **nicht** gefahrlos. *The use of atomic power is not free of danger.*

◆ phrases of manner:
Zur Party fahren wir diesmal **nicht** mit dem Auto. *We won't drive to the party this time.*

◆ phrases of place:
Wir waren noch **nie** in Deutschland. *We have never been to Germany.*

◆ infinitives:
Ich darf dieses Wochenende wirklich **nicht** ausgehen. *I am really not allowed out this weekend.*

◆ past participles:
Er hat sich um diesen Job **nicht** beworben. *He has not applied for this job.*

◆ separable prefixes:
Wir gehen diesen Samstagabend **nicht** aus. *We are not going out this Saturday evening.*

8.2.2 **Nicht** can also precede words when a particular emphasis is intended.

Ich habe **nicht** seinen Vater gesehen, sondern seine Mutter. *I didn't see his father, but his mother.*
(**Nicht** *would not normally precede a direct object, but here* **Vater** *is contrasted with* **Mutter.**)

Note that, although **kein** (1.2.3) is used as the negative with nouns (rather than **nicht ein**), **nicht** is used with the definite article and possessive or demonstrative adjectives.

Er hatte **nicht** den Mut, den Kriegsdienst zu verweigern. *He didn't have the courage to refuse to do military service.*
Sie hat **nicht** die Zeit, sich um ihre alten Eltern zu kümmern. *She doesn't have time to look after her elderly parents.*

8.2.3 For other negative forms, see indefinite pronouns (4.6).

8.3 Questions

8.3.1 Questions in German are mainly expressed by inversion, i.e. swapping the subject with the verb.

Hat Mozart viele Oper komponiert? *Did Mozart compose many operas?*
Lebt Marlene Dietrich noch? *Is Marlene Dietrich still alive?*

8.3.2 This inversion also follows an interrogative adjective (3.2), adverb (3.4.5) or pronoun (4.7).

Wie lange wohnen Sie schon in Amerika? *How long have you lived in America?*
Seit wann dient er bei der Bundeswehr? *Since when has he been doing national service?*
Warum wohnt sie nicht mehr bei ihren Eltern? *Why doesn't she live with her parents any more?*

8.3.3 In an *indirect* question, the verb goes to the end of the clause.

Ich weiß nicht, **wie viele** Strafpunkte zum Verlust des Führerscheins **führen**. *I don't know how many points on your licence lead to the loss of it.*
Ich habe ihn gefragt, **wen** ich zur Party mitbringen **darf.** *I asked him who I was allowed to bring along to the party.*

8.4 Conjunctions

8.4.1 The following conjunctions are co-ordinating conjunctions and do not change the word order when connecting two clauses:

aber, denn, oder, sondern, und

Die Eltern erlauben ihm nicht, von zu Hause auszuziehen, **und** sein Vater macht ihm ohnehin allerlei Vorschriften. *His parents won't let him leave home and his father imposes all kinds of rules on him in any case.*

◆ **Sondern** is usually used after a negative statement, particularly if it means 'on the contrary'.

Ich möchte nicht mehr zu Hause wohnen, **sondern** so bald wie möglich ausziehen. *I would not like to live at home any more, but move out as soon as possible.*

Aber is used to express 'on the other hand'.

Ich kann mir im Moment noch keine eigene Wohnung leisten, **aber** mein Freund hat schon eine, denn er arbeitet. *I can't afford my own flat at the moment, but my boyfriend has one already, for he works.*

◆ If there is inversion in the first of two clauses linked by a co-ordinating conjunction, normal word order applies in the second clause, i.e. there is no inversion in it:

Schon seit Jahren **setzte sich die Gruppe für** Minderheiten ein und **ihr Anführer veröffentlichte** regelmäßig Aufrufe in der Zeitung. *The group had supported minorities for years and their leader regularly published appeals in the newspaper.*

8.4.2 There are a large number of subordinating conjunctions, which send the verb to the end of the clause. These are:

als	*when, at the time when* (single occasions in the past)
als ob	*as if*
bevor	*before*
bis	*until*
da	*since, because, as* (especially at the beginning of sentences instead of **weil**)
damit	*so that* (purpose, intention)
dass	*that*
falls	*if, in case*
nachdem	*after*
ob	*if, whether*
obgleich	*although*
obwohl	*although*
seit(dem)	*since* (see 6.1.1)
sobald	*as soon as*
sodass	*so that* (result)
solange	*as long as*
während	*while*
wenn	*when* (present, future), *whenever, if*
wie	*as*

Es macht Spaß im Herbst in München zu sein, **weil** dann das Oktoberfest **stattfindet**. *It is fun to be in Munich in autumn because the beer festival takes place then.*
Sie sparten ein ganzes Jahr lang, **damit** sie einen neuen Computer kaufen konnten. *They saved up for a whole year so that they could buy a new computer.*

- If the subordinate clause starts the sentence, the subject and the verb of the main clause have to be swapped round (inverted) to produce the *verb, verb* pattern so typical of more complex German sentences.

  Da sein Vater dieses Jahr fast die ganze Zeit arbeitslos **war, konnten** sie nicht in Urlaub fahren. *Since his father had been unemployed for nearly the whole year, they could not go on holiday.*

  Seitdem das neue Jugendzentrum in der Stadt eröffnet **ist, haben** die Fälle von Jugendkriminalität abgenommen. *Since the new youth centre opened in the town, cases of juvenile delinquency have decreased.*

- If the subordinating conjunction relates to two separate clauses, it governs the word order in both, even though it does not appear twice:

  Sie waren unzufrieden, **weil** sie ihre Arbeitsplätze verloren **hatten** und ihr Lebensstandard sich immer noch nicht dem westdeutschen Niveau angepasst **hatte**. *They were dissatisfied because they had lost their jobs and their standard of living had not yet reached West German levels.*

- The verb that would be second in a main clause generally goes right to the end of a subordinate clause. However, if there are also two infinitives, including a modal verb, **lassen** or a verb of perception, it goes immediately before them. This can occur in the perfect, pluperfect and future tenses, in both indicative and subjunctive.

  perfect indicative:
  Als die Soldaten die Flugzeuge **haben** kommen **hören**, haben sie sofort Zuflucht gesucht. *When the soldiers heard the planes arrive, they quickly sought shelter.*

  pluperfect indicative:
  Man hatte nicht rechtzeitig erkannt, dass der Diktator eine ethnische Säuberung **hatte** vornehmen **wollen**. *They had not realized in time that the dictator had wanted to carry out ethnic cleansing.*

  pluperfect subjunctive (conditional perfect):
  Wenn die Russen ein demokratisches Deutschland **hätten** akzeptieren **wollen**, hätten sie niemals die Berliner Blockade organisiert. *If the Russians had been willing to accept a democratic Germany, they would never have organized the Berlin blockade.*

future:
Bei allen Zeitungen werden jetzt Onlineausgaben hergestellt, sodass man bald die gesamte Weltpresse im Internet **wird** lesen **können**. *On-line editions of all newspapers are produced now, so that soon one will be able to read the whole world's press on the Internet.*

8.4.3 Some adverbs are often used to link sentences together. They are followed by the usual inversion:

also	*therefore*
darum	*for this reason*
deshalb	*for this reason*
deswegen	*for this reason*
folglich	*consequently*
und so	*and so*

Die Theater hatten am Sonntagabend zu, **also konnten sie** nur ins Kino gehen. *The theatres were closed on Sunday evening, therefore they could only go to the cinema.*
Für Medizin ist überall der Numerus Clausus eingeführt, **folglich kann man** dieses Fach nur mit einem sehr guten Abiturzeugnis studieren. *There is an entrance restriction for medicine everywhere; consequently you can only study this subject with excellent A-level grades.*

8.5 Relative clauses

8.5.1 Relative clauses are subordinate clauses introduced by a relative pronoun (see 4.4).

The verb in a relative clause is sent to the end of the clause. A relative clause has commas at each end to separate it from the rest of the sentence. The relative clause often comes before the main verb, which then follows immediately after it.

Das Schloss, **das** wir gestern **besuchten**, war unglaublich schön. *The castle we visited yesterday was incredibly beautiful.*

8.5.2 If there is no specific person to link the relative pronoun to, **wer** can be used.

Wer sich nicht bei vielen Firmen um eine Teilzeitstelle bewirbt, wird sicher keinen Ferienjob bekommen. *Anyone who doesn't apply to many firms for part-time work will certainly not get a holiday job.*

8.5.3 If the relative pronoun refers to an object rather than a person and goes with a preposition, it can be replaced by **wo(r)-** added to the beginning of the preposition.

Der Studienplatz, **wofür** er sich beworben hatte, war an einer sehr renommierten Universität. *The university place he had applied for was at a well known establishment.*
Der Computer, **womit** er seine Seminararbeit geschrieben hatte, war ans Internet angeschlossen. *The computer he had written his coursework with was connected to the Internet.*
Die Behälter, **worin** der sortierte Müll gelagert war, sollten im Zweiwochentakt abgeholt werden. *The containers in which the separated rubbish was stored were meant to be collected at two-weekly intervals.*

8.6 Comparison

In comparative sentences, the second element of the comparison is usually taken out of the sentence structure and added to the end, even after any past participles or infinitives. This applies to both main clauses (8.1, 8.4.1) and subordinate clauses (8.4.2):

Die DDR hat sich wirtschaftlich nicht so hoch entwickelt **wie die BRD**. *Economically the GDR did not develop as far as the FRG.*
Er hatte sich schneller an eine westliche Demokratie gewöhnt, da er die DDR früher verlassen hatte **als wir**. *He had grown used to a Western democracy more quickly as he had left the GDR earlier than we had.*

8.7 Order of objects

◆ Pronoun object before noun object, regardless of case.

Das Internet bietet **uns vorher ungeahnte Möglichkeiten**. *(accusative pronoun before dative noun) The Internet offers us opportunities previously undreamt of.*
Wir bekamen die Nachricht und schickten **sie** sofort **allen Abonnenten**. *(accusative pronoun before dative noun) We received the news and passed it on immediately to all subscribers.*

◆ Dative noun before accusative noun:

Die Geschäftsführung machte **den Streikenden einen Vorschlag**. *The management put a proposal to the strikers.*

◆ Accusative pronoun before dative pronoun:

Sie haben sehr viel Geld für ein Waisenheim in Rumänien gesammelt und haben **es ihnen** auch noch vor Weihnachten schicken können. *They collected a lot of money for a Romanian orphanage and were able to send it to them before Christmas.*

Strong and irregular verbs

Infinitive	Meaning	3rd ps. sg. present tense (if irregular)	3rd ps. sg. imperfect tense	3rd ps. sg. perfect tense
befehlen	to order	befiehlt	befahl	hat befohlen
beginnen	to begin	-	begann	hat begonnen
bekommen	to receive	-	bekam	hat bekommen
beschließen	to decide	-	beschloss	hat beschlossen
beschreiben	to describe	-	beschrieb	hat beschrieben
besitzen	to own	-	besaß	hat besessen
bieten	to offer	-	bot	hat geboten
binden	to tie		band	hat gebunden
bitten	to ask for	-	bat	hat gebeten
bleiben	to remain		blieb	ist geblieben
brechen	to break	bricht	brach	hat/ist gebrochen
brennen	to burn		brannte	hat gebrannt
bringen	to bring	-	brachte	hat gebracht
denken	to think	-	dachte	hat gedacht
dürfen	to be allowed to	darf	durfte	hat gedurft
empfehlen	to recommend	empfiehlt	empfahl	hat empfohlen
essen	to eat	isst	aß	hat gegessen
fahren	to go (by vehicle)	fährt	fuhr	ist/hat gefahren
fallen	to fall	fällt	fiel	ist gefallen
fangen	to catch	fängt	fing	hat gefangen
finden	to find	-	fand	hat gefunden
fliegen	to fly	-	flog	ist/hat geflogen
fliehen	to flee	-	floh	ist geflohen
fließen	to flow	-	floss	ist geflossen
geben	to give	gibt	gab	hat gegeben
gefallen	to please	gefällt	gefiel	hat gefallen
gehen	to go	-	ging	ist gegangen
gelingen	to succeed	-	gelang	ist gelungen
gelten	to be valid, count	gilt	galt	hat gegolten
genießen	to enjoy		genoss	hat genossen
geschehen	to happen	geschieht	geschah	ist geschehen
gewinnen	to win	-	gewann	hat gewonnen
gleiten	to glide	-	glitt	ist geglitten
greifen	to grasp	-	griff	hat gegriffen
halten	to hold/stop	hält	hielt	hat gehalten
hängen	to hang	-	hing	hat gehangen
heißen	to be called	-	hieß	hat geheißen
helfen	to help	hilft	half	hat geholfen
kennen	to know	-	kannte	hat gekannt
kommen	to come	-	kam	ist gekommen
können	to be able to	kann	konnte	hat gekonnt
laden	to load	lädt	lud	hat geladen
lassen	to let/leave	lässt	ließ	hat gelassen
laufen	to run, walk	läuft	lief	ist gelaufen
leiden	to suffer	-	litt	hat gelitten
lesen	to read	liest	las	hat gelesen
liegen	to lie	-	lag	hat gelegen
lügen	to tell a lie	-	log	hat gelogen
messen	to measure	misst	maß	hat gemessen
mögen	to like	mag	mochte	hat gemocht
müssen	to have to	muss	musste	hat gemusst

Infinitive	Meaning	3rd ps. sg. present tense (if irregular)	3rd ps. sg. imperfect tense	3rd ps. sg. perfect tense
nehmen	to take	nimmt	nahm	hat genommen
nennen	to name, call	nennt	nannte	hat genannt
raten	to advise, guess	rät	riet	hat geraten
reißen	to tear	-	riss	hat gerissen
rufen	to call	-	rief	hat gerufen
schaffen	to create		schuf	hat geschaffen
scheiden	to separate	-	schied	ist/hat geschieden
scheinen	to seem	-	schien	hat geschienen
schießen	to shoot	-	schoss	hat geschossen
schlafen	to sleep	schläft	schlief	hat geschlafen
schlagen	to hit	schlägt	schlug	hat geschlagen
schließen	to close	-	schloss	hat geschlossen
schmelzen	to melt	schmilzt	schmolz	hat/ist geschmolzen
schneiden	to cut	-	schnitt	hat geschnitten
schreiben	to write	-	schrieb	hat geschrieben
schweigen	to be silent	-	schwieg	hat geschwiegen
schwimmen	to swim	-	schwamm	ist/hat geschwommen
sehen	to see	sieht	sah	hat gesehen
sein	to be	ist	war	ist gewesen
sinken	to sink	-	sank	ist gesunken
sitzen	to sit	-	saß	hat gesessen
sollen	to ought to	soll	sollte	hat gesollt
sprechen	to speak	spricht	sprach	hat gesprochen
springen	to jump	-	sprang	ist/hat gesprungen
stehen	to stand	-	stand	hat gestanden
steigen	to climb	-	stieg	ist gestiegen
sterben	to die	stirbt	starb	ist gestorben
tragen	to carry	trägt	trug	hat getragen
treffen	to meet	trifft	traf	hat getroffen
treiben	to push, move	-	trieb	hat/ist getrieben
treten	to step, tread, kick	tritt	trat	hat/ist getreten
trinken	to drink	-	trank	hat getrunken
tun	to do	-	tat	hat getan
verbringen	to spend (time)	-	verbrachte	hat verbracht
vergessen	to forget	vergisst	vergaß	hat vergessen
verlieren	to lose	-	verlor	hat verloren
vermeiden	to avoid	-	vermied	hat vermieden
versprechen	to promise	verspricht	versprach	hat versprochen
verstehen	to understand	-	verstand	hat verstanden
wachsen	to grow	wächst	wuchs	ist gewachsen
waschen	to wash	wäscht	wusch	hat gewaschen
wenden	to turn	-	wand	hat/ist gewandt
werben	to advertise	wirbt	warb	hat geworben
werden	to become	wird	wurde	ist geworden
werfen	to throw	wirft	warf	hat geworfen
wiegen	to weigh	-	wog	hat gewogen
wissen	to know	weiß	wusste	hat gewusst
wollen	to want to	will	wollte	hat gewollt
ziehen	to pull, move	-	zog	hat/ist gezogen
zwingen	to force	-	zwang	hat gezwungen

OXFORD
UNIVERSITY PRESS

Great Clarendon Street, Oxford OX2 6DP

Oxford University Press is a department of the University of Oxford.
It furthers the University's objective of excellence in research, scholarship,
and education by publishing worldwide in

Oxford New York

Athens Auckland Bangkok Bogotá Buenos Aires Cape Town
Chennai Dar es Salaam Delhi Florence Hong Kong Istanbul Karachi
Kolkata Kuala Lumpur Madrid Melbourne Mexico City Mumbai Nairobi
Paris São Paulo Shanghai Singapore Taipei Tokyo Toronto Warsaw

with associated companies in Berlin Ibadan

Oxford is a registered trade mark of Oxford University Press
in the UK and in certain other countries

A catalogue record for this book is available from the British Library.

ISBN 0 19 912323 3

Printed in Italy by Conti Tipocolor srl.

ACKNOWLEDGEMENTS

Main Cover image is Corbis/Adam Woolsitt.

The publishers would like to thank the following for permission to reproduce
photographs:

p.5 (top centre) Action Press/Rex Features; p.5 (bottom centre) Peer Grimm
– Pool Zentralbild/Deutsche Presse Agentur; p.8 (top left) Deutsche Presse
Agentur; p.8 (bottom left) Konrad-Adenauer-Stiftung e.V; p.8 (top centre)
Konrad-Adenauer-Stiftung e.V; p.8 (bottom centre) Konrad-Adenauer-Stiftung
e.V; p.8 (top right) Konrad-Adenauer-Stiftung e.V; p.8 (bottom right)
Konrad-Adenauer-Stiftung e.V; p.10l Peter Turnley/Corbis UK Ltd; p.10
(centre) Rex Features; p.10 (right) Rolf Haid/Deutsche Presse Agentur; p.15
(top left) Peter Turnley/Corbis UK Ltd; p.15 (top centre) Aline
Maurice/Telegraph Colour Library; p.15 (top right) Sipa Press/Rex Features;
p.15 (centre) Arne Dedert/Deutsche Presse Agentur; p.15 (bottom) David
Simson/DAS Photo; p.17 Liba Taylor/Corbis UK Ltd; p.18 Von Spreter/
Action Press/Rex Features; p.19 David and Peter Turnley/Corbis UK Ltd;
p.20 David Turnley/Corbis UK Ltd; p.22 I. Wandmacher/ Fotex/Rex
Features; p.24 Peter Turnley/Corbis UK Ltd; p.25 (top left) Rex Features;
p.25 (bottom left) Rex Features; p.25 (top right) Jan-Peter Kasper /
Zentralbild/Deutsche Presse Agentur; p.25 (bottom right) Peter
Turnley/Corbis UK Ltd; p.25 (centre) Rex Features; p.28 David
Muscroft/Powerstock Zefa Ltd; p.30 (top) David Waldorf/Telegraph Colour
Library; p.30 Photo B.D.V./Corbis UK Ltd; p.33 Roger Ressmeyer/Corbis
UK Ltd; p.34 Tiziana and Gianni Baldizzone/Corbis UK Ltd; p.37 (centre
left) Car/Corbis UK Ltd; p.37 (left) Owen Franken/Corbis UK Ltd; p.37
(centre right) Rex Features; p.37 (right) Rex Features; p.37 (centre) Rex
Features; p.38 (top left) Bettmann/Corbis UK Ltd; p.38 (top right) AKG –
London; p.38 (bottom) Bettmann Archive/Corbis UK Ltd; p.40 James
Marshall/Corbis UK Ltd; p.42 Bob Krist/Corbis UK Ltd; p.43 Morton
Beebe, S.F./Corbis UK Ltd; p.49 (top) David Simson/DAS Photo; p.49 Steve
Belkowitz/Telegraph Colour Library; p.50 Reuters NewMedia Inc./Corbis
UK Ltd; p.55 Rex Features; p.57 (top left) Hulton-Deutsch Collection/Corbis
UK Ltd; p.57 (bottom left) Jonathan Blair/Corbis UK Ltd; p.57 (top right)
Peter Turnley/Corbis UK Ltd; p.57 (bottom right) Rex Features; p.59
CORBIS/Corbis UK Ltd; p.60 Ulrich Schwarr/Rex Features; p.62 Jan-Peter
Kasper Zentralbild/Deutsche Presse Agentur; p.63 Alexandra Boulat / Sipa
Press/Rex Features; p.66 Hugh Rooney / Eye Ubiquitous/Corbis UK Ltd;
p.68 (top) Owen Franken/Corbis UK Ltd; p.68 (bottom) Rex Features; p.69
Rex Features; p.70 Reuters NewMedia Inc./Corbis UK Ltd; p.71 Peter
Turnley/Corbis UK Ltd; p.73 Waltraud Grubitzsch / Zentralbild/Deutsche
Presse Agentur; p.75 C.L. Schmitt/Britstock-IFA; p.79 (top) Diether
Endlicher/Associated Press; p.79 (bottom) Peter MacDiarmid/Rex Features;
p.80 (top left) Powerstock Zefa Ltd; p.80 (bottom left) David Simson/DAS
Photo; p.80 (top right) David Simson/DAS Photo; p.80 (bottom right)
V.C.L./Telegraph Colour Library; p.86 David Simson/DAS Photo; p.89
(bottom left) Rex Features; p.89 (bottom left) Joseph Sohm; ChromoSohm
Inc./Corbis UK Ltd; p.89 (top) Juan Carlos Ulate/Reuters/Corbis UK Ltd;
p.89 (centre) Roger Ressmeyer/Corbis UK Ltd; p.92 Peter Turnley/Corbis
UK Ltd; p.98 (top) Liba Taylor/Corbis UK Ltd; p.98 (bottom) Richard T.
Nowitz/Corbis UK Ltd.

The illustrations are by Tim Kahane, Heinz Kessler and Richard Morris.

The authors and publishers would like to thank the following for their help and
advice: Maria Hunt and Marian Jones (authors of the Grammar section);
Marian Jones and Dr Peter Halstead (course consultants); Katie Lewis (editor
of the Zeitgeist 2 Students' Book); Pia Hoffmann (language consultant).

The publishers would like to thank the following for permission to reproduce
copyright material in this book:

Friends of the Earth; The Independent; www.shoaproject.org; Der Spiegel.

Every effort has been made to contact copyright holders of material
reproduced in this book. If notified, the publishers will be pleased to rectify
any errors or omissions at the earliest opportunity.